职业院校教学用书（汽车运用与维修专业）

汽车检测仪器设备使用技术

潘向民　编著

電子工業出版社
Publishing House of Electronics Industry
北京 • BEIJING

内容简介

本书是根据中等职业学校汽车专业的技能特点及培训要求，结合目前我国汽车维修行业对技工的实际需求而编写的，目的是帮助学员更好地学习、掌握使用各种先进的汽车检测仪器设备。本书将当今汽车维修行业常用检测仪器设备的主要技术性能、使用的条件、方法、操作步骤、使用中应注意的事项，以及容易出现的问题、诊断结果的分析和对汽车的技术要求都做了详细介绍，旨在指导汽车维修专业的学员掌握使用汽车检测仪器设备的操作技术。

图书在版编目(CIP)数据

汽车检测仪器设备使用技术/潘向民编著.—北京:电子工业出版社,2009.10
中等职业学校教学用书.汽车运用与维修专业
ISBN 978-7-121-09629-7

Ⅰ.汽… Ⅱ.潘… Ⅲ.①汽车-检测-仪器-专业学校-教材 ②汽车-检测-车辆维修设备-专业学校-教材 Ⅳ.U472.9

中国版本图书馆CIP数据核字(2009)第178081号

策划编辑:杨宏利 yhl@phei.com.cn
责任编辑:徐 萍
印 刷:北京丰源印刷厂
装 订:三河市鹏成印业有限公司
出版发行:电子工业出版社
北京市海淀区万寿路173信箱 邮编100036
开 本:787×1092 1/16 印张:11.25 字数:288千字
印 次:2012年9月第2次印刷
印 数:2 000册 定价:19.00元

前　言

随着科学技术的不断进步，现今设计制造出的汽车结构装备，在技术和控制方面都有了很大的提高和发展。先进的、复杂的汽车结构装置对汽车维修诊断技术也提出了更高的要求。

运用先进汽车维修诊断设备诊断排除汽车故障已成为当今汽车维修方式的新趋势，不少新研发的先进汽车维修诊断设备应用到汽车维修的生产实际中。作为新的维修模式和发展方向，培养的汽车维修技工不但要掌握好维修诊断的技术知识，而且应掌握好使用先进维修诊断设备的技能水平。只有这样，才能运用先进的汽车维修诊断设备，准确、快捷地诊断出现代汽车的故障，从而事半功倍地完成检修任务。

为了帮助学员更好地学习使用各种先进的汽车维修诊断设备，作者编写了这本《汽车检测仪器设备使用技术》。本书将常用汽车检测仪器设备的结构组成、使用条件、测量范围、使用方法与操作步骤、技术要求，检测中应注意的事项、容易出现的问题和诊断结果分析做了详细介绍，旨在指导汽车维修专业的学员学习掌握使用汽车检测仪器设备的操作技能，便于满足日后维修工作的需要。

为了方便教师教学，本书还配有教学指南和电子教案（电子版）。请有此需要的教师登录华信教育资源网（www.hxedu.com.cn）免费注册后再进行下载，有问题时请在网站留言板留言或与电子工业出版社联系（E-mail：hxedu@phei.com.cn）。

编　者

2009 年 7 月

目　录

第 1 章　发动机的检测仪器

发动机是汽车最主要的总成之一，是车辆行驶的动力来源。由于它的结构复杂，工作条件恶劣，因而故障率最高，往往成为故障重点检测和诊断的对象。当今专用的发动机检测设备，已成为电控发动机不解体检测的必备设备。常用的发动机诊断设备有发动机分析仪、发动机综合性能分析仪和专用示波器等。

1.1　便携式发动机分析仪的使用

元征 KES-200 便携式发动机分析仪具有四通道示波器功能，可以测量汽车传感器的输出波形，并且可以同时显示四通道的波形。其内部帮助信息提供了多种传感器的标准波形，通过与测试波形进行比较，为分析汽车各种传感器的故障提供了可靠的依据。

1.1.1　仪器的主要技术性能

1. 额定使用条件

- 温度：-30 ~ +50℃
- 相对湿度：<90%
- 主机电源：DC 12V
- 主机功率：约 9W

2. 测量范围

- 四通道示波器：可以测量汽车传感器的输出波形。
- 智能万用表：可以测量汽车传感器的电压、电流、电阻、频率、占空比、电池电压、发动机转速及进气管真空度（此项为选配）。
- 点火系统分析：可以测试和分析所有点火模式的初级和次级点火波形。
- 启动系统分析：可以测试汽车启动时的电压和电流波形，由此判断启动机和蓄电池的基本状况。
- 充电系统分析：可以测量汽车充电电压波形、蓄电池电压、充电电流大小及发动机转速大小。
- 汽缸系统分析：可以进行汽缸动力平衡测试、汽缸效率测试和汽缸相对压缩压力测试。

3. 结构组成

KES-200 便携式发动机分析仪由主机、发动机分析测试卡和各种电缆组成。

1.1.2 测试前仪器的准备

① 按图 1－1 所示连接示波器电缆线。

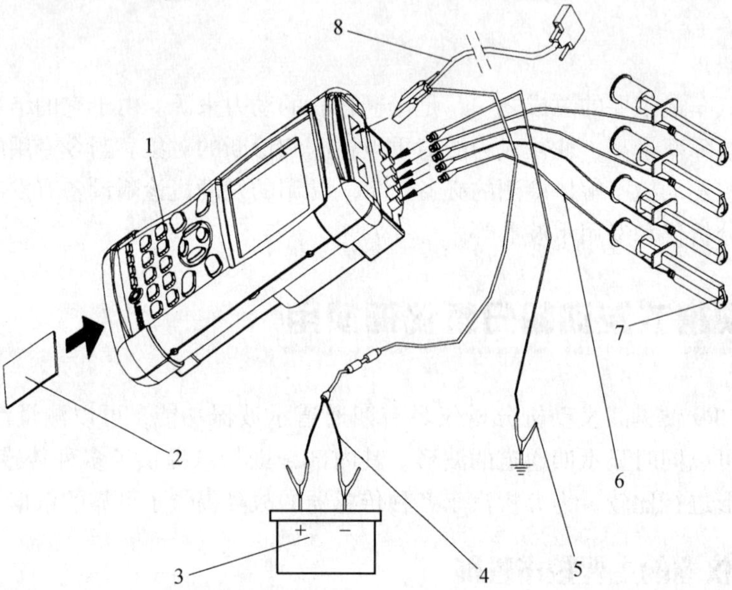

1—主机；2—测试卡；3—蓄电池；4—蓄电池电缆；5—接地电缆；
6—示波器电缆；7—示波器电缆控头；8—主电缆

图 1－1 使用示波器的接线图

② 将发动机分析测试卡插入主机后开机，屏幕显示图 1－2 所示界面。在此界面下，按下“复位”、“电源”、“退出”三个键外的任一键，均可进入 KES-200 测试功能主菜单。主菜单如图 1－3 所示，在此画面下，选择进入需要的测试项目。

图 1－2 KES-200 的准备界面

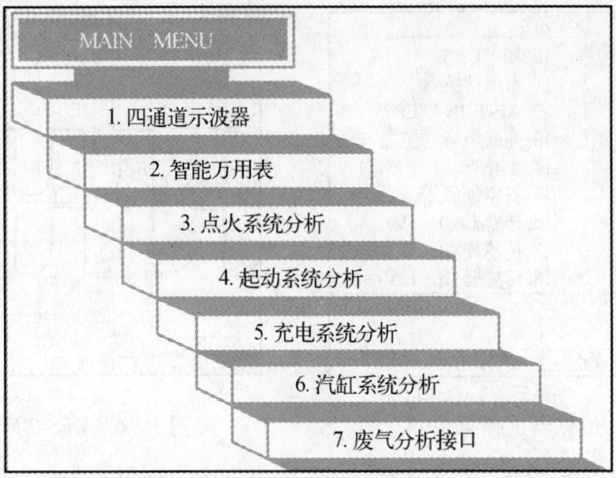

图 1－3　KES-200 测试功能主菜单

1.1.3　测试步骤

1. 四通道示波器

在如图 1－3 所示的 KES-200 测试功能主菜单下，按“1. 四通道示波器”键，KES-200 将显示如图 1－4 所示的四通道示波器功能主菜单。

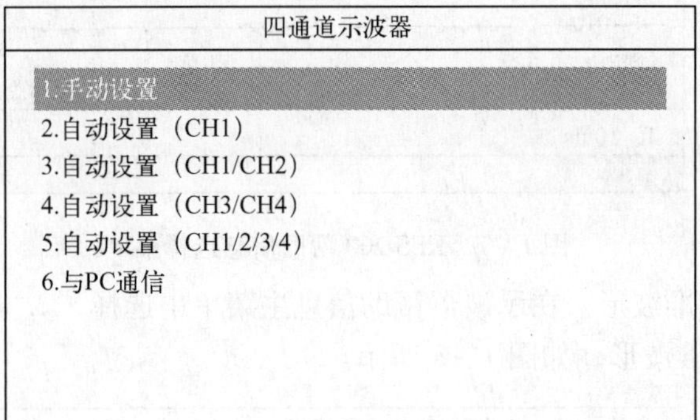

图 1－4　KES-200 四通道示波器功能主菜单

① 选择通道。进入四通道示波器主菜单后，可根据实际测试的传感器，按菜单提示选择通道。

② 选择传感器。传感器选择菜单（共 18 项）如图 1－5 所示，在该菜单的第一行，显示需要选择传感器的通道号，这一通道号是系统按通道 1 至通道 4 的顺序自动设置的。

③ 波形显示。当自动设置功能结束后，KES-200 将显示波形，波形显示格式如图 1－6 所示。

④ 显示控制。在显示控制功能中，可以根据需要，调整示波器波形的显示。

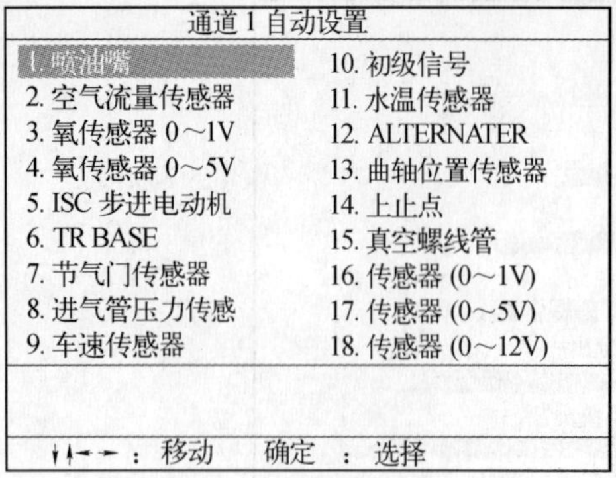

图 1－5 传感器选择菜单

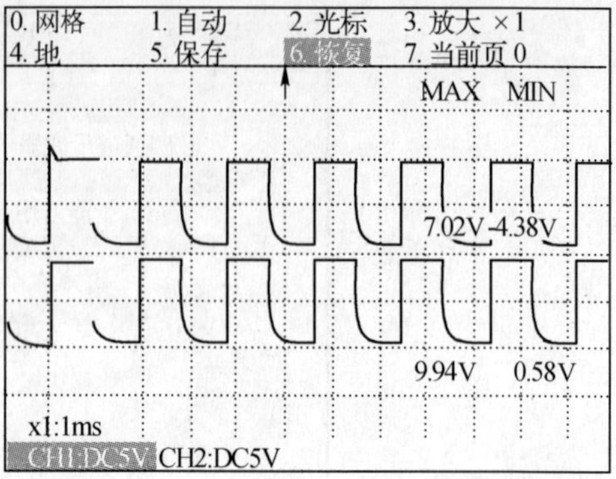

图 1－6 KES-200 波形显示格式

⑤ 查看示波器的帮助信息。当显示波形时，按下“帮助”键，将出现帮助信息选择菜单，如图 1－7 所示。

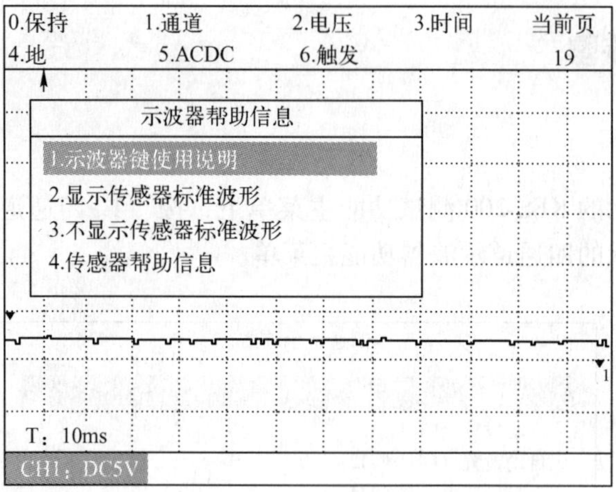

图 1－7 KES-200 帮助信息选择菜单

⑥ 显示传感器标准波形。在示波器帮助信息主菜单中选择“2. 显示传感器标准波形”，屏幕会显示传感器标准波形，如图 1－8 所示。

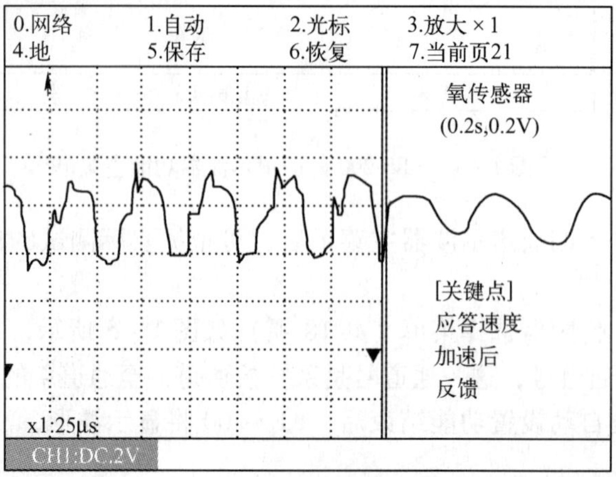

图 1－8 KES-200 显示传感器标准波形

⑦ 示波器的打印输出。用户可以打印当前示波器显示波形，或打印从存储地址恢复的存储波形资料。

2. 智能万用表

在 KES-200 测试功能主菜单下（如图 1－3 所示），按“2. 智能万用表”键，KES-200 将显示智能万用表功能主菜单，如图 1－9 所示。

智能万用表
1.电压测量
2.电流测量
3.电阻测量
4.频率测量
5.占空比测量
6.电池电压
7.转速测量
8.进气管真空度
[↓↑]：移动　　[确认]：选择

图 1－9　KES-200 智能万用表功能主菜单

KES-200 电压、电流测量模式的接线方法如图 1－10 所示。

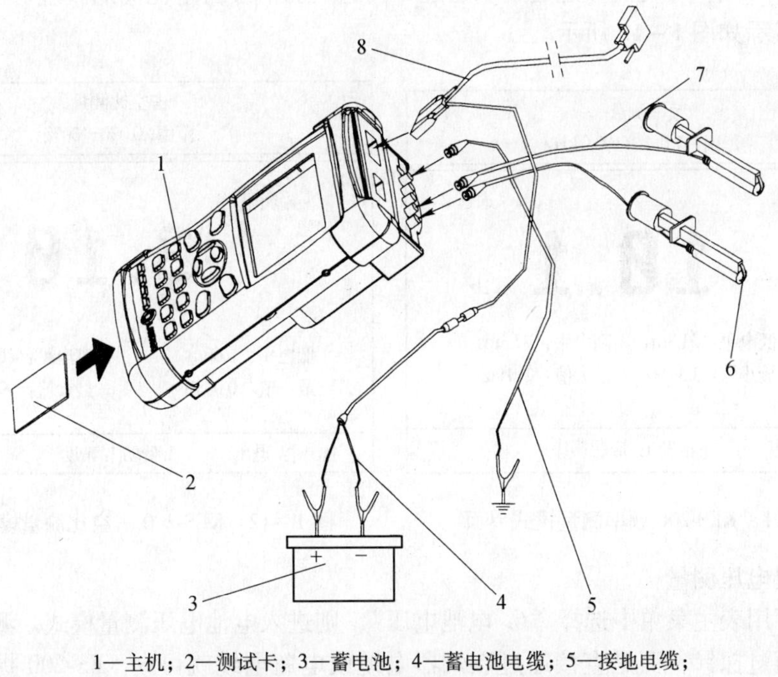

1—主机；2—测试卡；3—蓄电池；4—蓄电池电缆；5—接地电缆；
6—电缆探头；7—示波器电缆；8—主电缆

图 1－10　KES-200 电压、电流测量模式的接线方法

（1）电压测量

电压测量模式通过 CH1 输入信号，其接线方法同样适用于电流测量模式、电阻测量模

式、占空比测量模式、频率测量模式、电池电压测量模式。在智能万用表主菜单中选择“1. 电压测量”，则进入电压测量模式。通道5（CH5）通过接地电缆接汽车搭铁，通道2（CH2）接示波器电缆，用示波器探针接被测信号线，即可测量该信号电压。

（2）电流测量

在智能万用表主菜单中选择“2. 电流测量”，则进入电流测量模式。通道5（CH5）通过接地电缆接汽车搭铁，通道2（CH2）接示波器电缆，通过接地电缆和示波器电缆把该设备串联接入测量回路，即可测量该回路的电流。

（3）电阻测量

在智能万用表主菜单中选择“3. 电阻测量”，则进入电阻测量模式。通道5（CH5）接接地电缆，通道1接示波器电缆，把示波器电缆和接地电缆分别接在电阻两端，即可测量该电阻的阻值。

（4）频率测量

在智能万用表主菜单中选择“4. 频率测量”，则进入频率测量模式。通道5（CH5）通过接地电缆接汽车搭铁，通道1（通道2）接示波器电缆，用示波器电缆的测试探针接被测信号线，即可测量通道1和通道2两通道的信号频率。进入频率测量模式后，界面显示如图1－11所示。

（5）占空比测量

在智能万用表主菜单中选择“5. 占空比测量”，则进入占空比测量模式。通道5（CH5）通过接地电缆接汽车搭铁，通道1（通道2）接示波器电缆，用示波器电缆的测试探针接被测信号线，即可测量通道1和通道2两通道的信号占空比周期。进入占空比测量模式后，界面显示如图1－12所示。

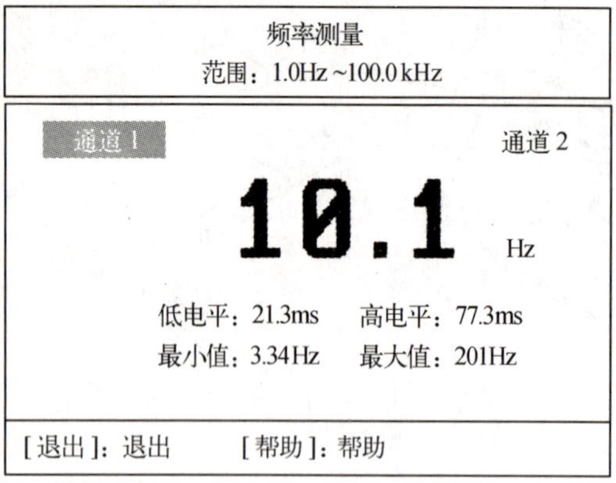

图1－11 KES-200频率测量模式界面

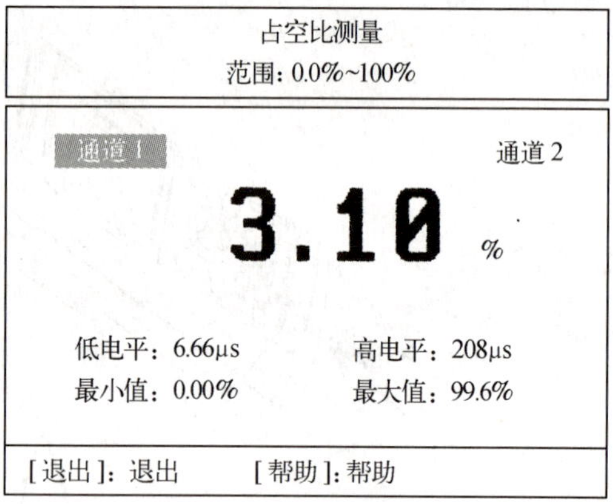

图1－12 KES-200占空比测量模式界面

（6）电池电压测量

在智能万用表主菜单中选择“6. 电池电压”，则进入电池电压测量模式。测量电池电压时，不必再通过探针，而是直接通过点烟器电缆或电瓶电缆就可向KES-200提供测量的汽车电瓶电压。电池电压测量模式的界面显示如图1－13所示。

（7）转速测量

在智能万用表主菜单中选择“7. 转速测量”，则进入发动机转速测量模式界面，如图1－14所示，用户根据所测汽车的点火模式选择相应的选项。点火模式有双缸点火和非双缸点火两种模式。双缸点火主要用于 1 个点火线圈带两个火花塞的转速测试；非双缸点火用于除双缸点火的其他点火模式的转速测试。进行测量时只需将 1 缸信号接入通道 3（CH3）即可，如图 1－15 所示。转速测量结果如图 1－16 所示。用户按“确定”键，可以重新设置最大值和最小值。

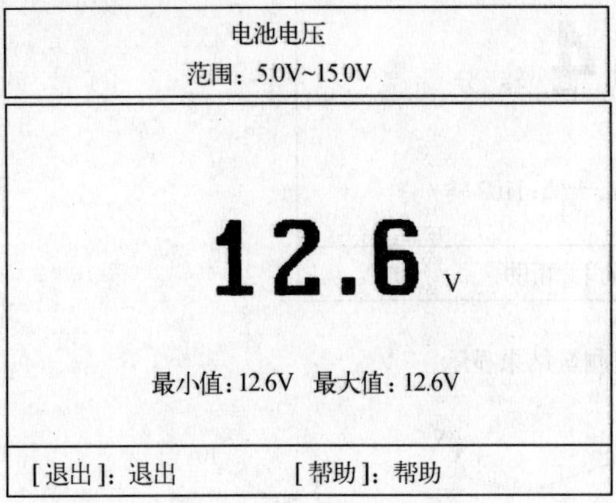

图 1－13　KES 电池电压测量模式界面

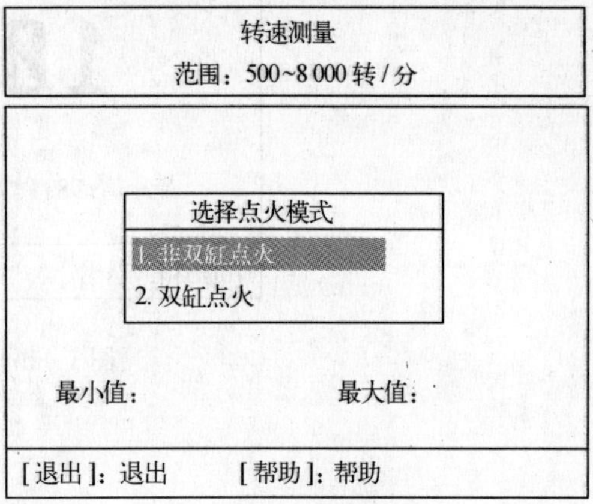

图 1－14　KES 发动机转速测量模式界面

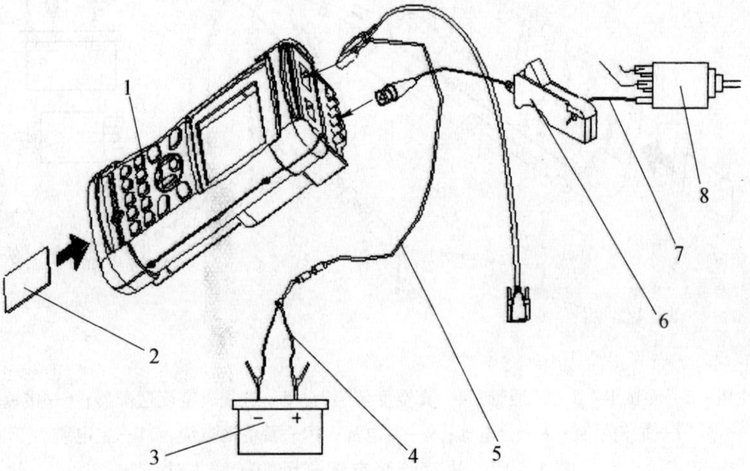

1—主机；2—测试卡；3—蓄电池；4—蓄电池电缆；5—主电缆；
6—缸信号夹；7—缸信号高压线；8—分电器/点火线圈

图 1－15　转速测量接线方法

（8）进气管真空度测量

该测量的接线方法如图 1－17 所示，进气管真空度适配器的黑色 BNC 头接主机的通道 1（CH1）、红色 BNC 头接主机的通道 2（CH2）。

在智能万用表主菜单中选择“8. 进气管真空度”，则进入进气管真空度测量界面，如图 1－18 所示。如果 1 缸信号电缆没有连接或没有连接好，屏幕将提示“没有 1 缸信号，请检查电缆是否接好”。4 缸发动机进气岐管真空度的正常波形如图 1－19 所示，靠近屏幕左边的第 1 个波形为 1 缸信号夹所夹汽缸的波形。如果点火顺序为 1－3－4－2，则 1 缸波形后面的波形依次为 3、4、2 缸的波形。从显示的波形可以看出，各汽缸进气过程中所造成的进气岐管负压基本一致，说明该发动机进气系统和活塞组技术状态正常。

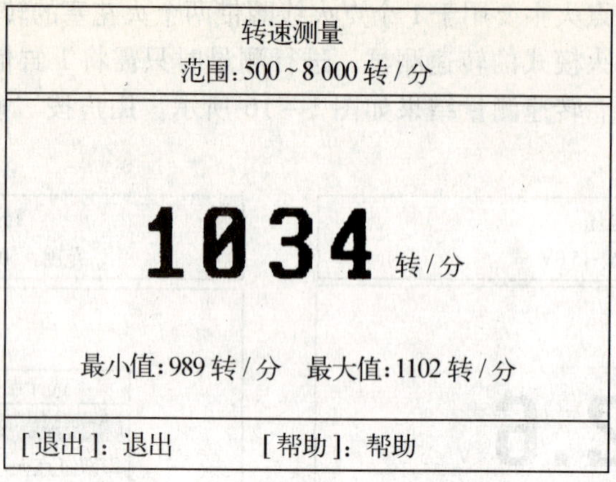

图 1－16　转速测量结果显示

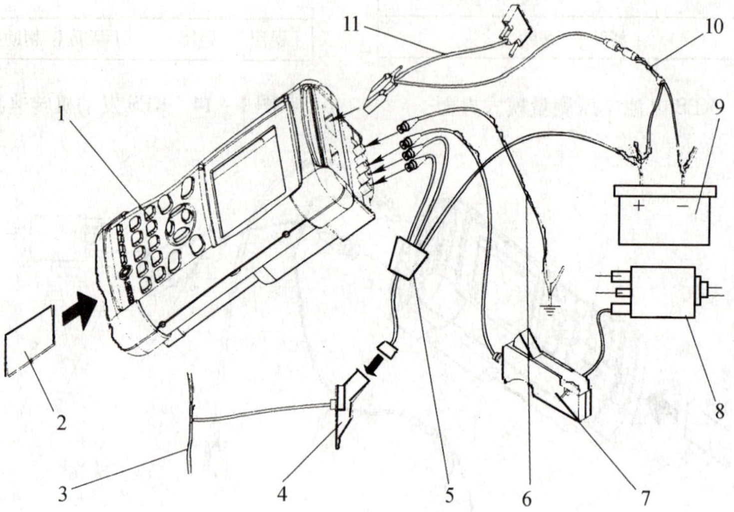

1—主机；2—测试卡；3—三通管；4—真空度传感器；5—进气真空度适配器；6—接地电缆；7—缸信号夹；8—分电器；9—蓄电池；10—蓄电池电缆；11—主电缆

图 1－17　进气管真空度测量的接线方法

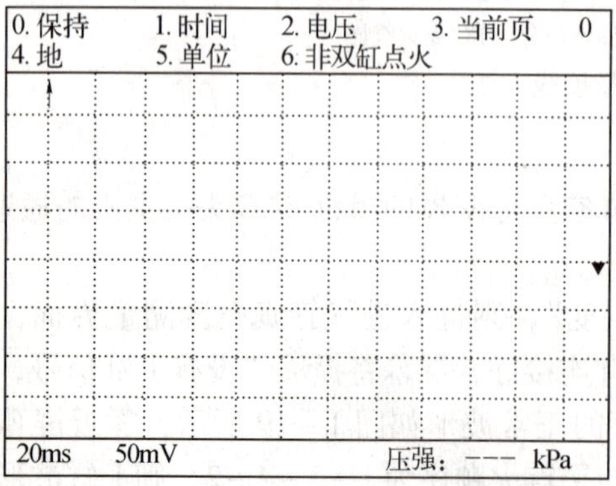

图 1－18　KES-200 进气管真空度测量界面

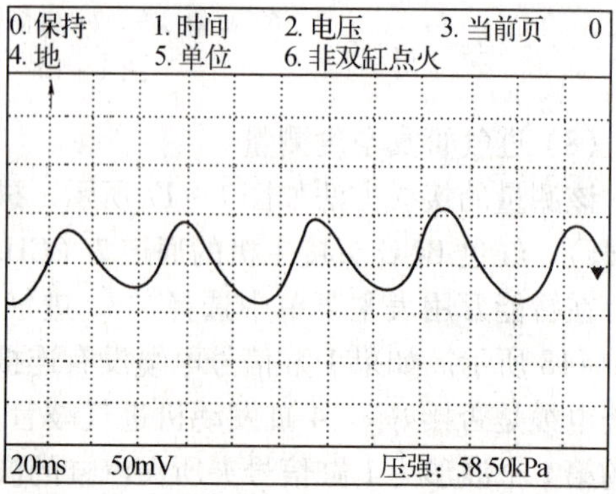

图 1－19　4 缸发动机进气岐管真空度的正常波形

3. 点火系统分析

在如图1－3所示的KES-200测试功能主菜单下，按“3. 点火系统分析”键，将进入点火系统主菜单，如图1－20所示。

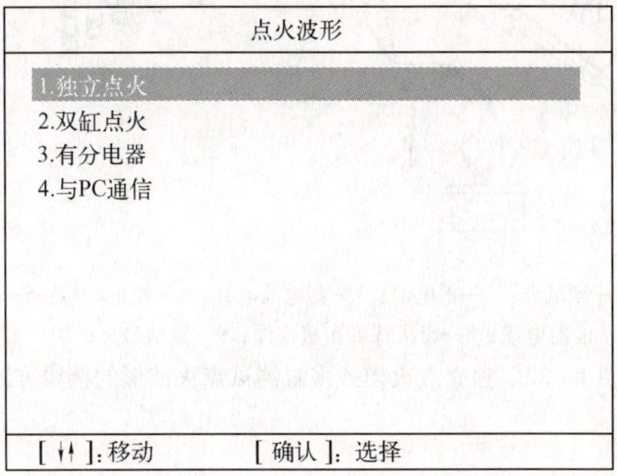

图1－20　点火系统主菜单

（1）独立点火模式

如果在功能菜单中选择“1. 独立点火”菜单项，将进入独立点火功能选择菜单，用于单缸测试独立点火模式的点火波形。

① 独立点火模式单缸初级/次级点火波形测试的接线方法如图1－21所示。这种接线方法用于高压线露在外面，并且点火线圈初级绕组的负极可以找到的类型。用这种接线方法测试次级点火波形时，应选择初级触发方式，可以测试到稳定的次级点火波形。如果点火线圈初级绕组的负极线无法找到，则选择次级触发方式可以测试到次级点火波形。如果次级高压线没有露在外面，可以采用帖片传感器来拾取次级高压信号。

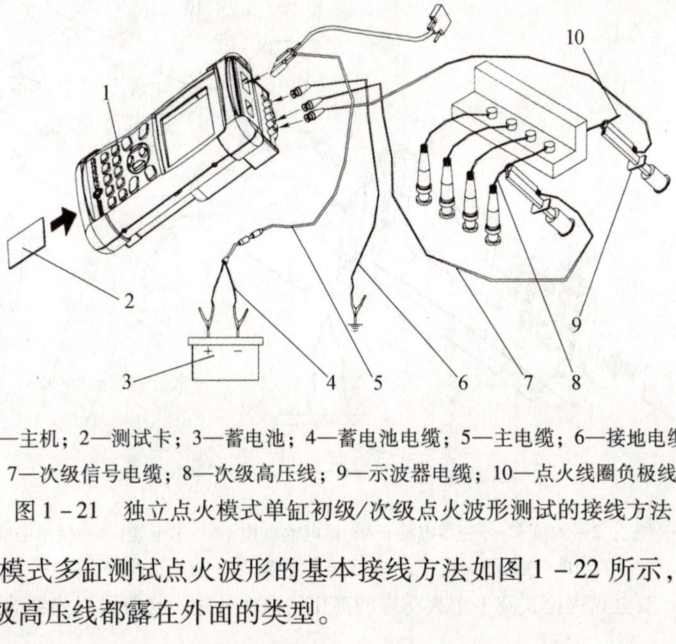

1—主机；2—测试卡；3—蓄电池；4—蓄电池电缆；5—主电缆；6—接地电缆；
7—次级信号电缆；8—次级高压线；9—示波器电缆；10—点火线圈负极线

图1－21　独立点火模式单缸初级/次级点火波形测试的接线方法

② 独立点火模式多缸测试点火波形的基本接线方法如图1－22所示，此种接线方法适用于所有缸的次级高压线都露在外面的类型。

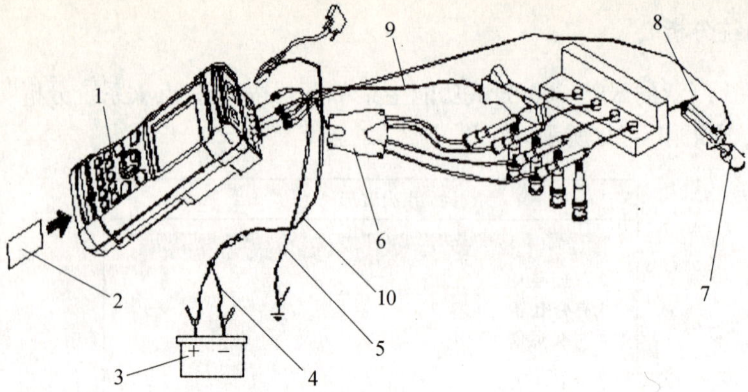

1—主机；2—测试卡；3—蓄电池；4—蓄电池电缆；5—接地电缆；6—DIS 适配器；
7—示波器电缆；8—点火线圈负极电缆；9—缸信号夹；10—主电缆

图 1 – 22　独立点火模式多缸测试点火波形的接线方法

（2）双缸点火模式

如果在功能菜单中选择“2. 双缸点火”菜单项，将进入双缸点火功能选择菜单，用于单缸测试双缸点火模式的点火波形。可以单缸测试初级/次级点火波形，该点火模式有以下 3 种接线方法。

① 有 1 个火花塞的高压线露在外边，另外 1 个火花塞的高压线隐藏在点火线圈里面，初级线可以找到。这种点火方式可以测试初级和次级的点火波形，其接线方法如图 1 – 23 所示。用这种接线方法测试次级点火波形时，应选择初级触发方式，可以测试到很稳定的次级点火波形。如果点火线圈初级绕组的负极无法找到，选择次级触发方式可以测试到次级点火波形；如果要测试隐藏在点火线圈里面的高压点火信号波形，可以用 EA 多功能感应片来测试其次级点火波形。

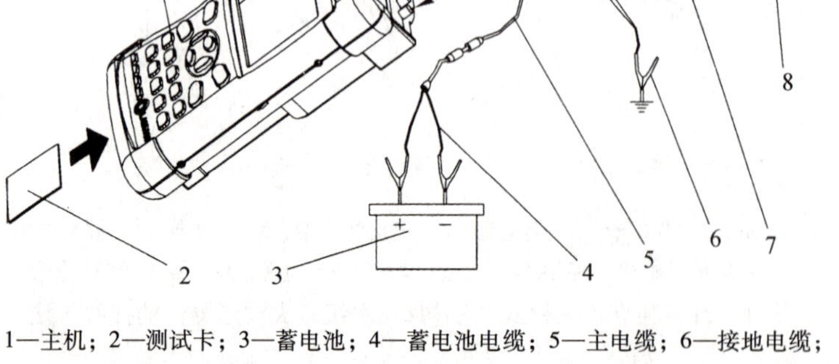

1—主机；2—测试卡；3—蓄电池；4—蓄电池电缆；5—主电缆；6—接地电缆；
7、10—次级信号电缆；8—示波器电缆；9—初级点火信号线

图 1 – 23　双缸点火模式有 1 个火花塞的高压线露在外边、初级可以找到的接线方法

② 两个火花塞的高压线都露在外边，点火线圈初级绕组的负极线无法找到，这种方式只能测试次级点火波形，其接线方法如图 1－24 所示。用这种接线方法测试次级点火波形时，选择次级触发方式可以测试到次级点火波形。

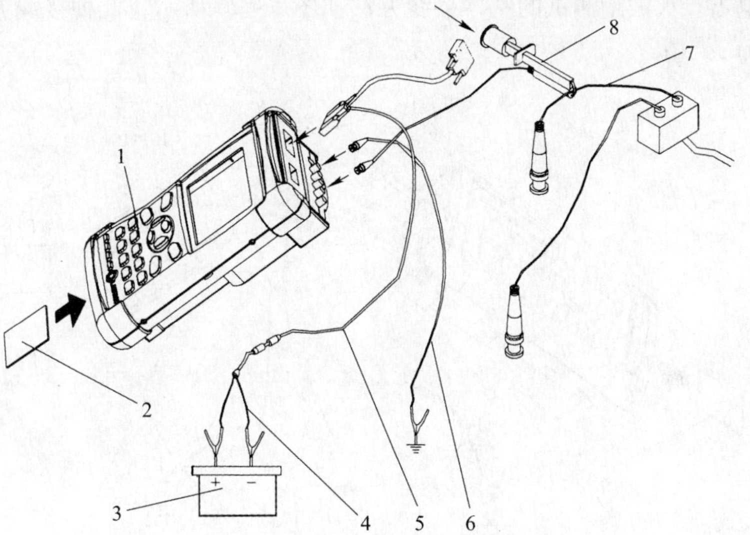

1—主机；2—测试卡；3—蓄电池；4—蓄电池电缆；5—主电缆；
6—接地电缆；7—次级点火信号线；8—次级信号电缆

图 1－24　双缸点火模式两个火花塞高压线露在外边、初级线圈无法找到的接线方法

③ 有 1 个火花塞的高压线露在外边，另外 1 个火花塞的高压线隐藏在点火线圈里面，初级线无法找到，这种方式只能测试次级点火波形。选择次级触发方式可以测试次级点火波形。如果要测试隐藏在点火线圈里面的高压点火信号波形，可以用 EA 多功能感应片来测试其次级点火波形，接线方法如图 1－25 所示。

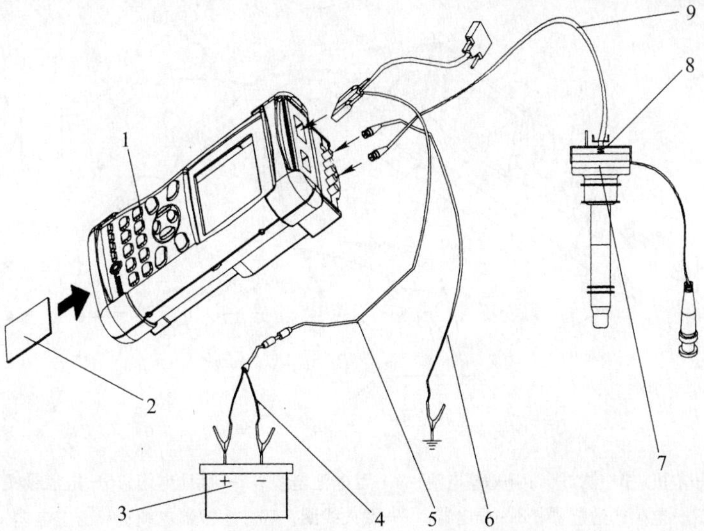

1—主机；2—测试卡；3—蓄电池；4—蓄电池电缆；5—主电缆；
6—接地电缆；7—点火线圈；8—EA 多功能感应片；9—EA 次级信号连接线

图 1－25　双缸点火模式有 1 个火花塞露在外边、初级线圈无法找到的接线方法

(3) 有分电器模式

如果在功能菜单中选择“3. 有分电器”菜单项，将进入有分电器功能选择菜单，1～5项分别用于测试有分电器点火模式3～8缸的点火波形。

① 有分电器点火波形测试的基本接线方法如图1－26所示，此种接线方法适用于有次级高压中心线的类型。

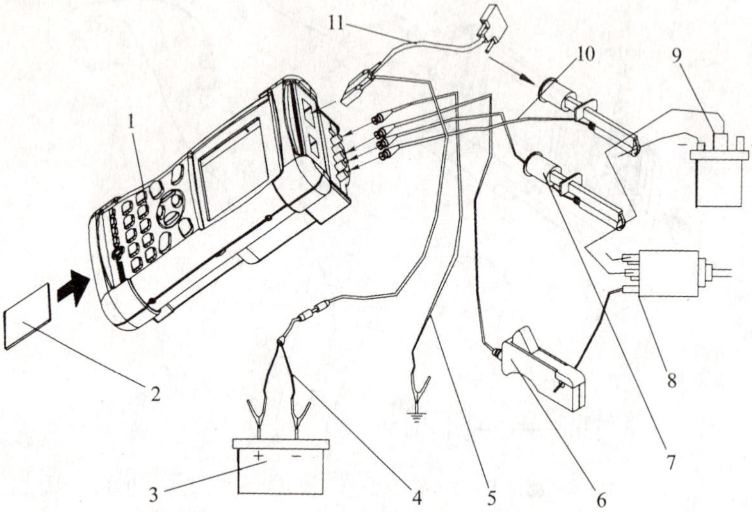

1—主机；2—测试卡，3—蓄电池；4—蓄电池电缆；5—接地电缆；6—缸信号夹；7—次级信号电缆；8—分电器；9—点火线圈；10—示波器电缆；11—主电缆

图1－26 有次级中心高压线的分电器点火波形测试接线方法

② 另一种有分电器点火波形测试的基本接线方法如图1－27所示，此种接线方法适用于没有次级高压中心线的类型。

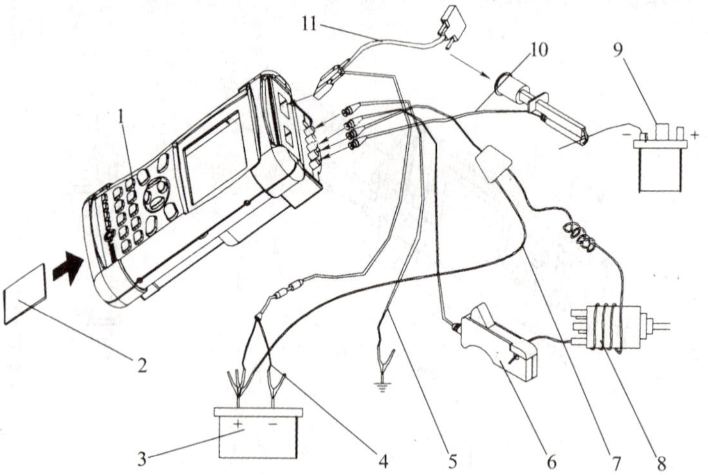

1—主机；2—测试卡；3—蓄电池；4—蓄电池电缆；5—接地电缆；6—缸信号夹；7—电感式适配器；8—分电器；9—点火线圈；10—示波器电缆；11—主电缆

图1－27 没有次级高压中心线的有分电器点火波形测试接线方法

(4) 接线时应注意的几个问题

① 初级信号电缆采用示波器电缆，用探针或鳄鱼夹刺入初级点火线圈的负极。

② 使用 1 缸信号电缆时，注意将 1 缸信号夹表面刻有“SPARK PLUG SIDE”字的一面朝向第 1 缸火花塞。最靠近发动机的通常是第 1 缸火花塞。当第 1 缸探针连接完成后，并且第 1 缸信号触发良好，KES-200 将在屏幕上闪烁显示接地标志（▼）。

③ 第 1 缸探针连接不当时，波形不能显示。如果第 1 缸高压线无效或第 1 缸不能点火，1 缸信号电缆可以连接到其他缸高压线上，这时点火规律应该重新判定。

④ KES-200 默认 1 缸信号电缆连接的汽缸是第 1 缸。4 缸发动机的点火规律通常是 1－3－4－2。如果 1 缸信号夹连接到第 3 缸，点火波形应按 3－4－2－1 的顺序显示，但屏幕依然以 1－3－4－2 的顺序显示汽缸号。同理，1 缸信号夹连接到第 2 缸，显示规律为 2－1－3－4；1 缸信号夹连接到第 4 缸，显示规律为 4－2－1－3。

⑤ 次级信号电缆连接到次级高压线时，一定要使探头的铜弧面与高压线接触严密，不能留有空隙。测量初级/次级点火波形时，一定要连接地线。

⑥ 在用 EA 多功能感应片时，必须安装到位。

（5）波形显示

① 在有分电器、独立点火或双缸点火功能菜单中，选择正确的菜单项并进入后，屏幕将提示用户连接好测试电缆。如果测试电缆连接正确，并检测到有信号输入，则初级点火波形立即在屏幕上显示出来，如图 1－28 所示。

② 点火波形测试系统进入波形显示时，默认测试初级信号，如果测试初级信号时没有连接电缆或连接不当，屏幕将提示“没有点火信号，请检查电缆是否连接好”。

③ 在测量有分电器、独立点火或双缸点火波形时，如果 1 缸信号电缆没有连接或连接不正确，屏幕将提示“没有 1 缸信号，请检查电缆是否连接好”。

（6）显示控制

用户可以根据自己的需要改变波形显示模式，如放大/缩小、移动/改变、存储/打开等。在屏幕上部显示扩展功能菜单，中间部分显示波形，底部显示当前状态，如时间和电压的分辨率、发动机的转速等。

（7）输入点火顺序

在有分电器、独立点火或双缸点火功能菜单中选择大于 4 缸的选项，屏幕将打开提示输入点火顺序对话框。初始默认点火顺序为 1－2－3－4－5－6，如果车辆的点火顺序不同，必须在输入框里重新输入正确的点火顺序，如图 1－29 所示。

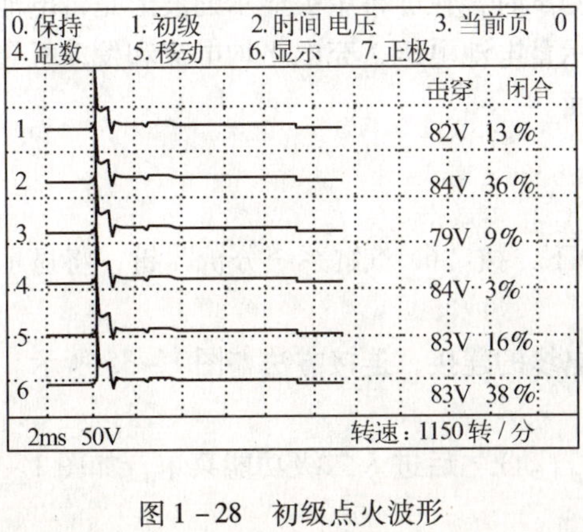

图 1－28　初级点火波形

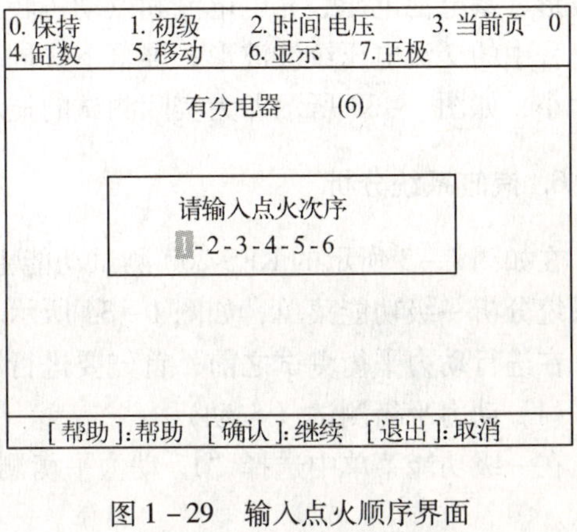

图 1－29　输入点火顺序界面

4. 启动系统分析

在如图 1－3 所示的 KES-200 测试功能主菜单下，按“4. 启动系统分析”键，将显示启动系统分析功能主菜单，如图 1－30 所示。

（1）启动电压测量

在启动系统主菜单中选择“1. 启动电压”，则进入启动电压测量模式。测量启动电压时，只需将电瓶夹的正、负极分别夹在蓄电池的正、负极，连接好主电缆，启动发动机，即可进行测量。

（2）启动电流测量

在启动系统主菜单中选择“2. 启动电流”，则进入启动电流测量模式。连接好测试电缆并启动发动机后，即可测量启动电流波形，实际启动电流波形如图 1－31 所示。

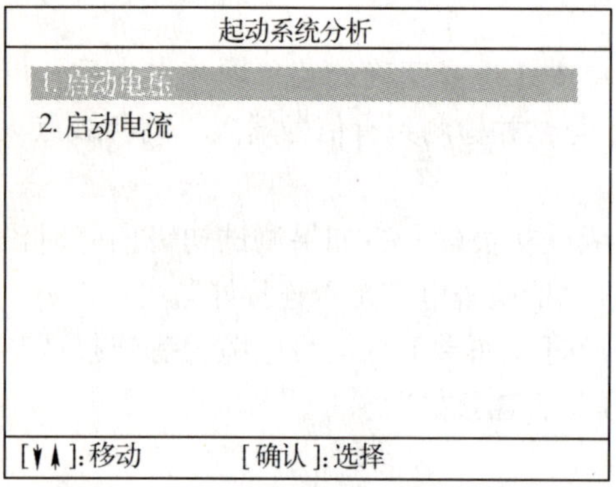

图 1－30 启动系统分析功能主菜单

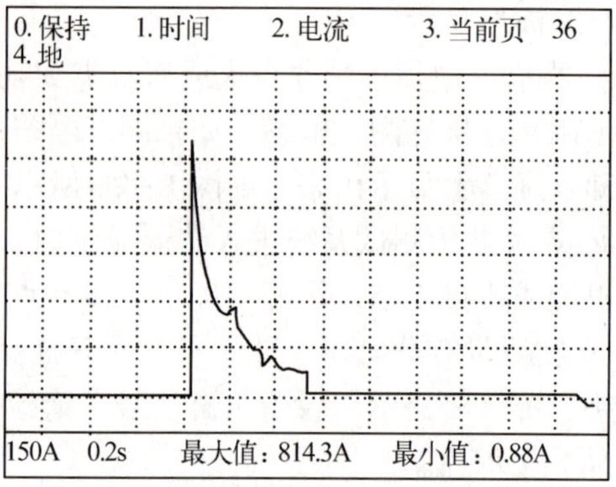

图 1－31 实际启动电流波形

5. 充电系统分析

在如图 1－3 所示的 KES-200 测试功能主菜单下，按“5. 充电系统分析”键，将显示充电系统分析功能主菜单。

当按如图 1－32 所示连接好测试电缆并启动发动机后，即可同时测试充电系统的电压纹波波形、蓄电池电压、充电电流和发动机转速。测试时，在屏幕中央显示的波形是蓄电池充电过程中的交流电压纹波波形；屏幕下方同时显示蓄电池电压、充电平均电流和发动机转速的大小，如图 1－33 所示即为实际测试的显示界面。

6. 汽缸系统分析

在如图 1－3 所示的 KES-200 测试功能主菜单下，按“6. 汽缸系统分析”键，将显示汽缸系统分析一级功能菜单，如图 1－34 所示。

在进行动力平衡测试之前，首先要进行测试电缆的连接，连接方法如图 1－35 所示。

（1）动力平衡测试（自动）

在一级功能菜单中选择“1. 动力平衡测试（自动）”后进入二级功能菜单，如图 1－36 所示。

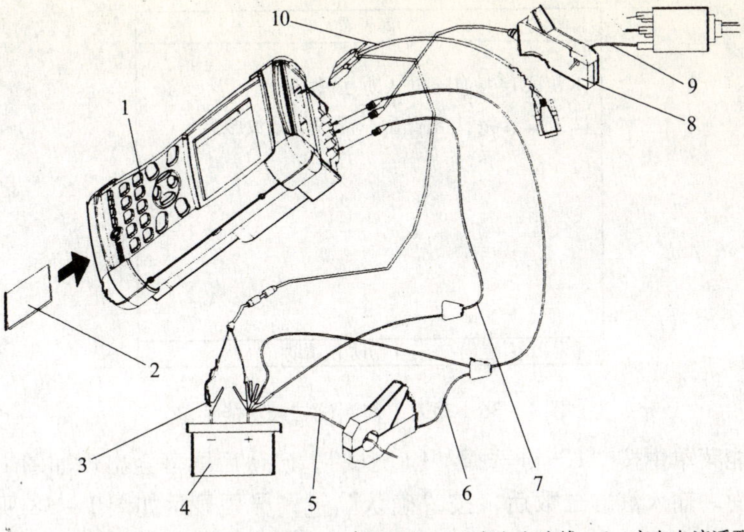

1—主机；2—测试卡；3—蓄电池电缆；4—蓄电池；5—充电电流线；6—充电电流适配器；
7—充电电压适配器；8—缸信号夹；9—缸信号高压线；10—主电缆

图 1－32　充电系统分析测试电缆连接方法

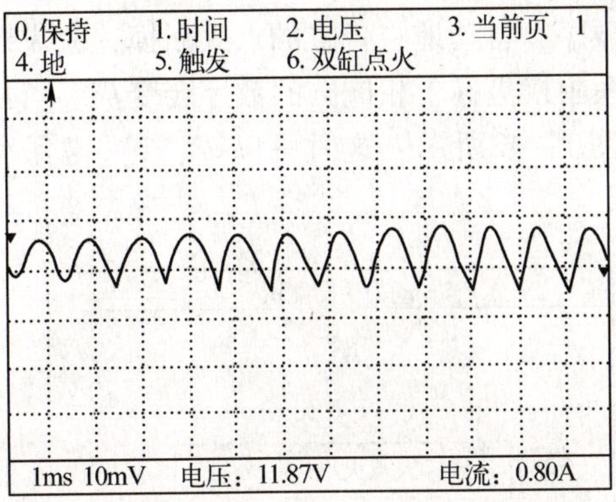

图 1－33　充电电压、充电电流显示界面

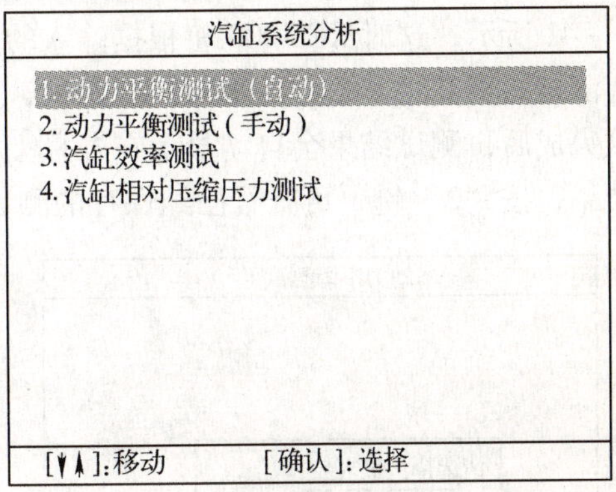

图 1－34　汽缸系统分析一级功能菜单

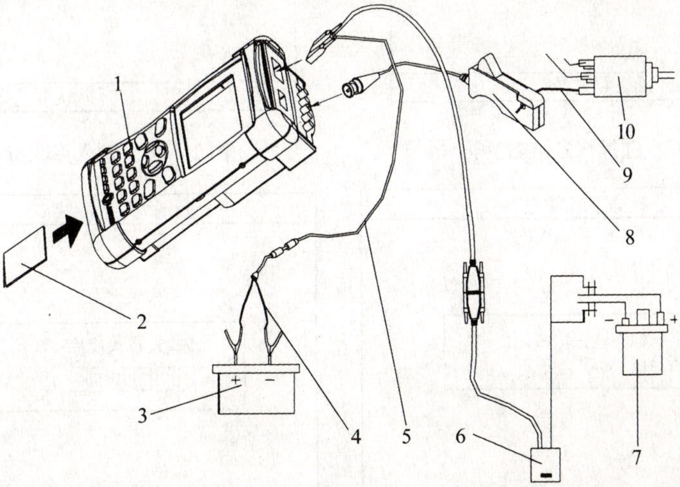

1—主机；2—测试卡；3—蓄电池；4—蓄电池电缆；5—主电缆；6—断缸电缆适配器；
7—点火线圈；8—缸信号夹；9—缸信号高压线；10—分电器

图 1－35　动力平衡测试电缆连接方法

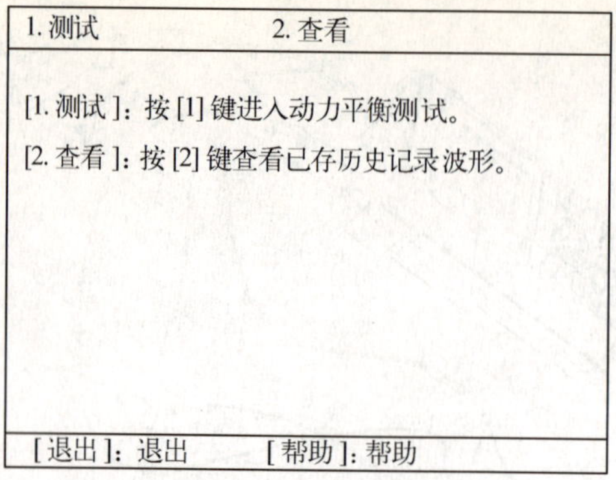

图 1－36 动力平衡测试二级功能菜单

在二级功能菜单中按“1”键选择“1. 测试”，确认后屏幕会出现如图 1－37 所示选择汽缸缸数的界面。输入汽缸缸数后，按“确认”键，屏幕显示如图 1－38 所示的界面，手动输入被测车辆的点火次序后，按“确认”键，屏幕显示如图 1－39 所示。等待 2～3s 后，系统自动进入动力平衡测试功能界面，如图 1－40 所示。这时观察屏幕右上方所显示的转速变化，直到转速基本稳定后，按“确认”键进行断缸测试。按“确认”键后，屏幕显示如图 1－41 所示，这时 KES-200 将根据输入的点火顺序，自动地将各缸的点火断掉，完成动力平衡测试。当其中某 1 缸处于断缸状态时，坐标系中横坐标下相应缸的数字会变灰。当断缸测试完成后，测试结果会自动显示在屏幕上，如图 1－42所示。这时可以按“1”键保存测试结果，按“2”键，可查看已经保存的测试结果。

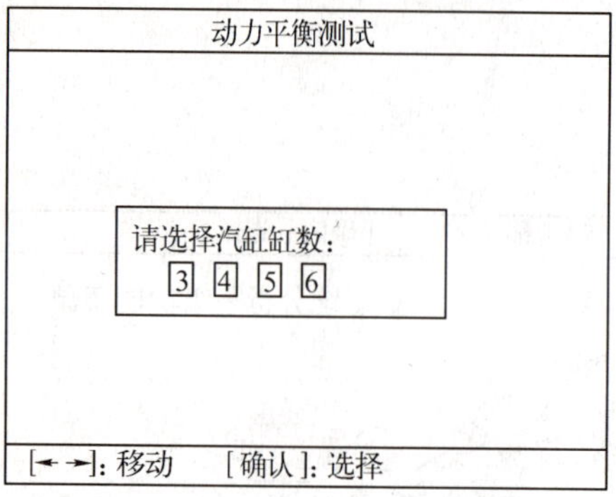

图 1－37 选择汽缸缸数界面

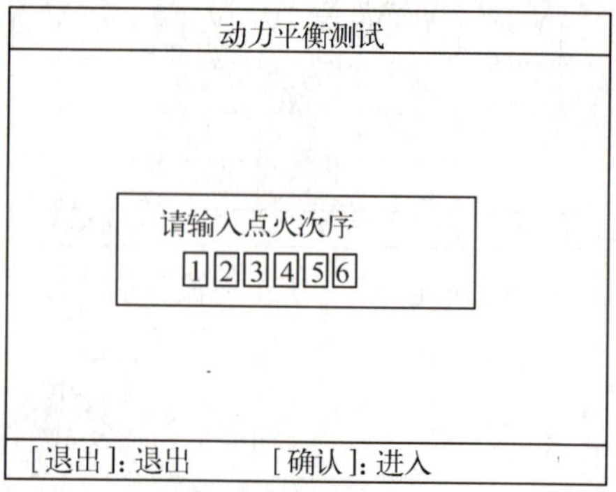

图 1－38 输入点火顺序界面

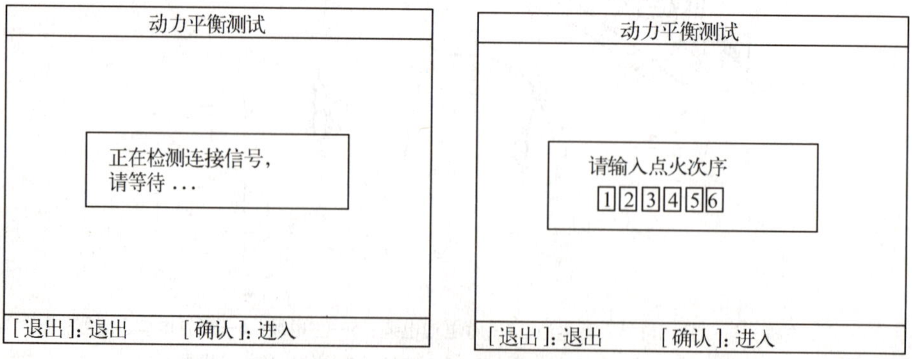

图 1－39 动力平衡测试界面

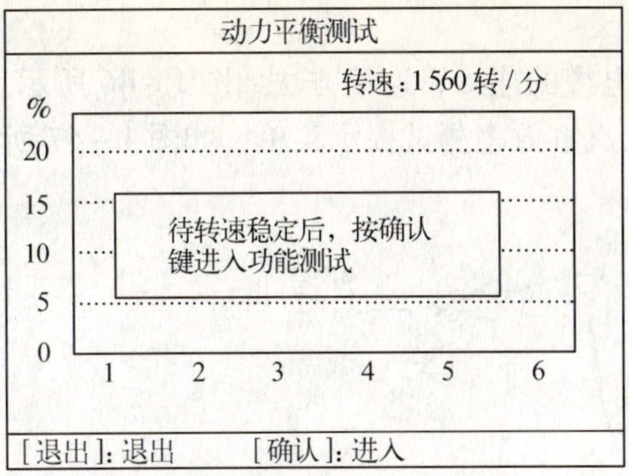

图 1－40　动力平衡测试功能界面

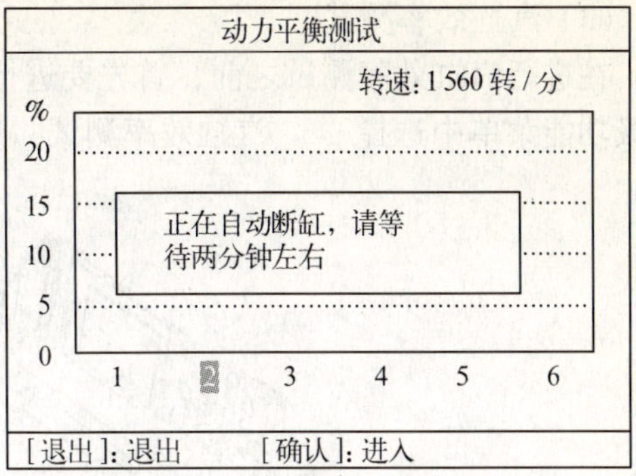

图 1－41　进行动力平衡测试界面

（2）动力平衡测试（手动）

在一级功能菜单中选择“2. 动力平衡测试（手动）”后进入二级功能菜单，如图 1-36 所示。

在二级功能菜单中按“1”键选择“1. 测试”，确认后屏幕会出现如图 1－37 所示选择汽缸缸数的界面。输入汽缸缸数后，按“确认”键，屏幕显示如图 1－38 所示的界面，手动输入被测车辆的点火次序后，按“确认”键，屏幕显示如图 1－39 所示。等待 2～3s 后，系统自动进入动力平衡测试功能界面，如图 1－43 所示。根据屏幕显示选择要断的汽缸号，按“确认”键进入断缸测试，屏幕显示如图 1－44 所示。这时观察屏幕右上方所显示的转速变化，直到转速基本稳定后，按“确认”键进行断缸测试。当断缸测试完成后，测试结果会自动显示在屏幕上。例如，选择 2 缸为要断的汽缸，按“确定”键后，屏幕显示如图 1－45 所示。这时可以按“1”键保存测试结果，按“2”键可查看已经保存的测试结果。

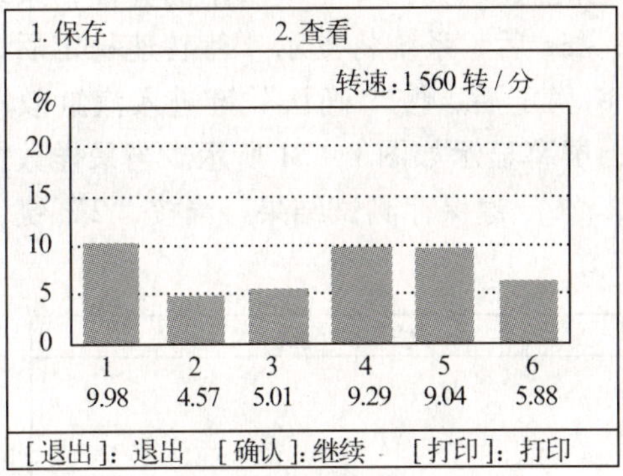

图 1－42　测试结果界面

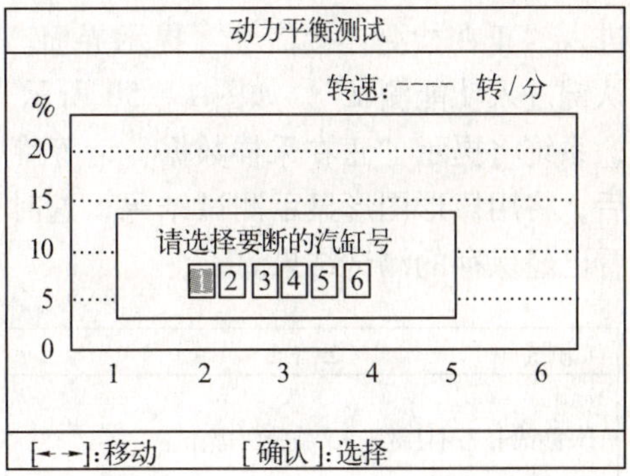

图 1－43　动力平衡测试选择要断的汽缸号

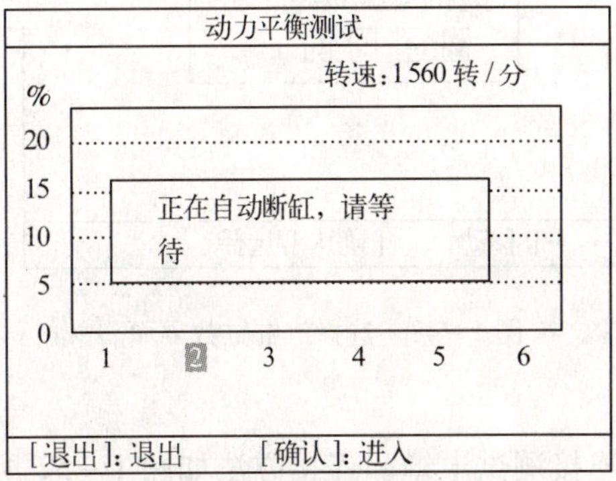

图 1－44　进入断缸测试

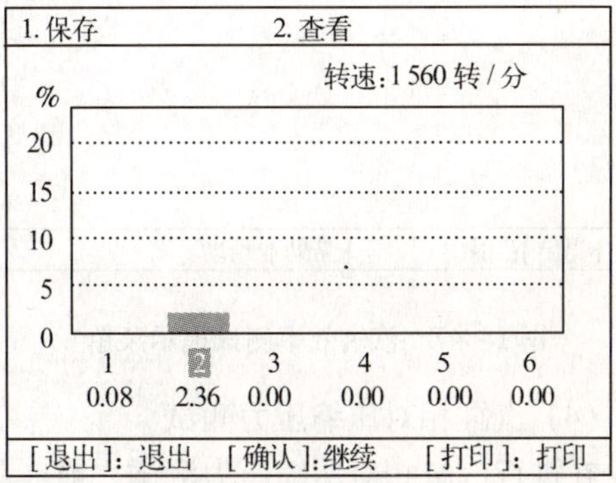

图 1－45　测试结果显示

(3) 汽缸效率测试

在进行汽缸效率测试之前，首先要进行测试电缆的连接，连接方法如图 1－46 所示。在一级功能菜单中选择“3. 汽缸效率测试”后进入汽缸效率测试提示菜单，如图 1－47 所示。

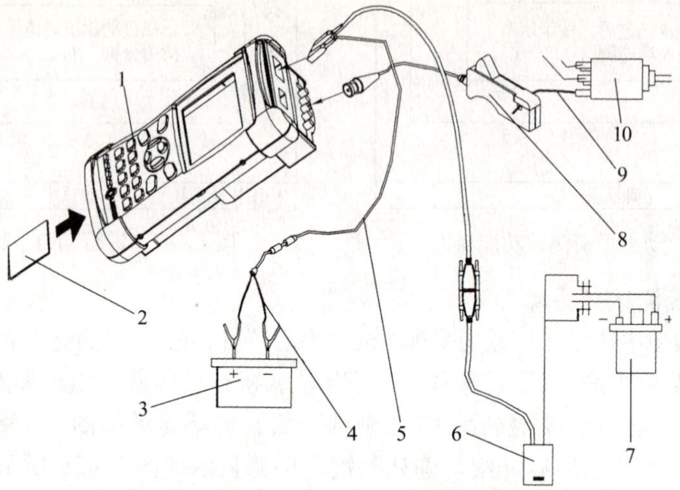

1—主机；2—测试卡；3—蓄电池；4—蓄电池电缆；5—主电缆；6—断缸电缆适配器；
7—点火线圈；8—缸信号夹；9—缸信号高压线；10—分电器

图 1－46 汽缸效率测试电缆连接方法

在提示菜单中按“1”键选择“1. 测试”，确认后屏幕会出现如图 1－48 所示的选择汽缸缸数界面。输入汽缸缸数后，按“确认”键，屏幕显示如图 1－49 所示的界面，系统自动进入“正在检测连接信号”提示界面。等待 2 ~ 3s 后，系统将提示“待转速稳定后，按确认键进入功能测试”，如图 1－50 所示。待转速稳定后，按“确认”键进入汽缸效率测试，系统将提示“正在采样数据，请等待……”，屏幕显示如图 1－51 所示。当采样数据完成后，将用棒形图形显示测试结果，这时可以按“1”键保存测试结果。当按“2”键，可查看已经保存的测试结果。

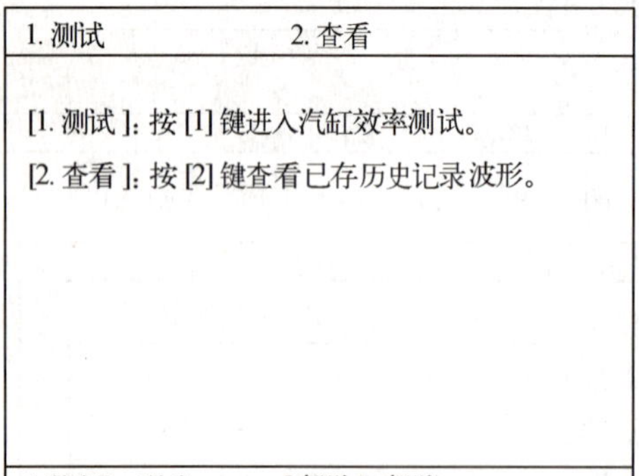

图 1－47 汽缸效率测试提示菜单

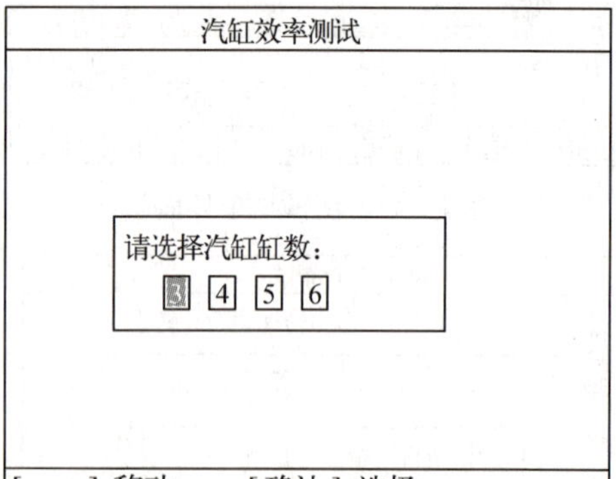

图 1－48 选择汽缸缸数界面

(4) 汽缸相对压缩压力测试

在进行汽缸相对压缩压力测试之前，首先要连接测试电缆，连接方法如图 1－52 所示。在一级功能菜单中选择“4”后进入汽缸相对压缩压力测试二级菜单，如图 1－53 所示。

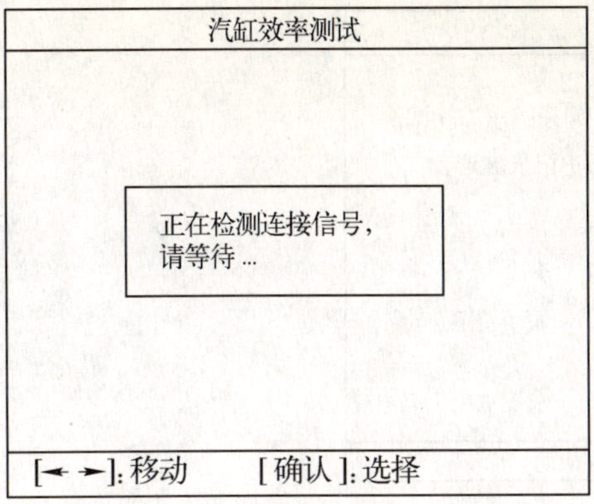

图 1－49　正在检测连接信号提示界面

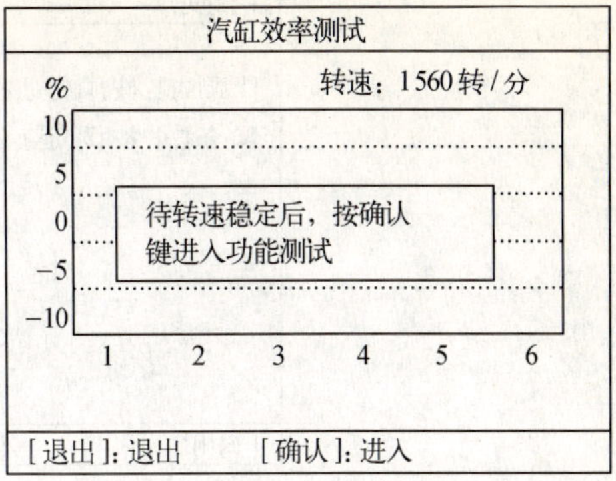

图 1－50　进入功能测试界面

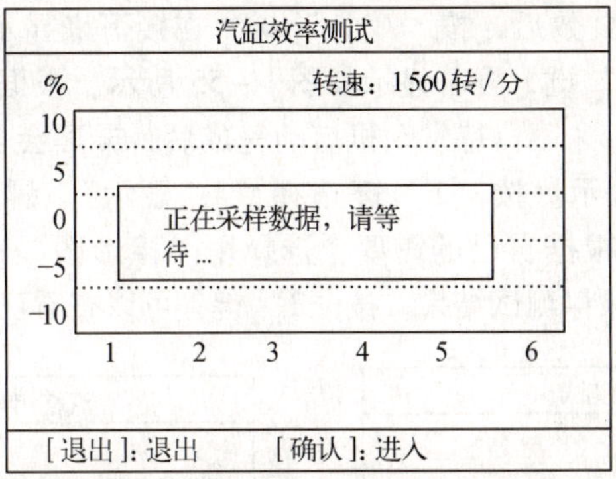

图 1－51　正在采样数据界面

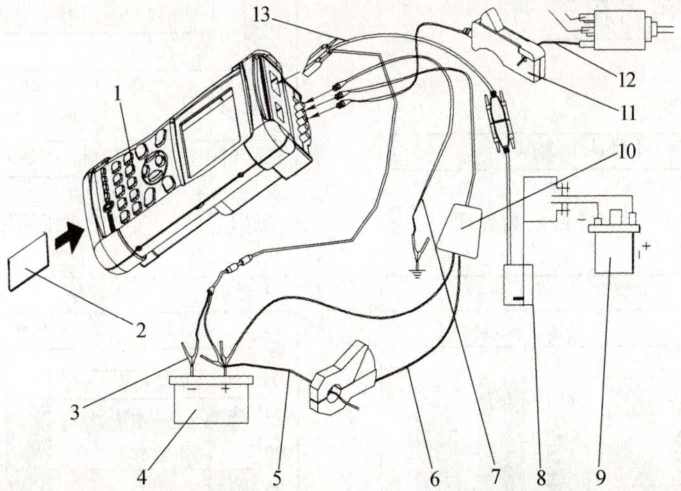

1—主机；2—测试卡；3—蓄电池电缆；4—蓄电池；5—启动机电流线；6—大电流适配器；
7—接地电缆；8—断缸电缆；9—点火线圈；10—大电流适配器另一端（接通道 4）；
11—1 缸信号夹；12—缸信号高压线；13—主电缆

图 1－52　汽缸相对压缩压力测试电缆连接方法

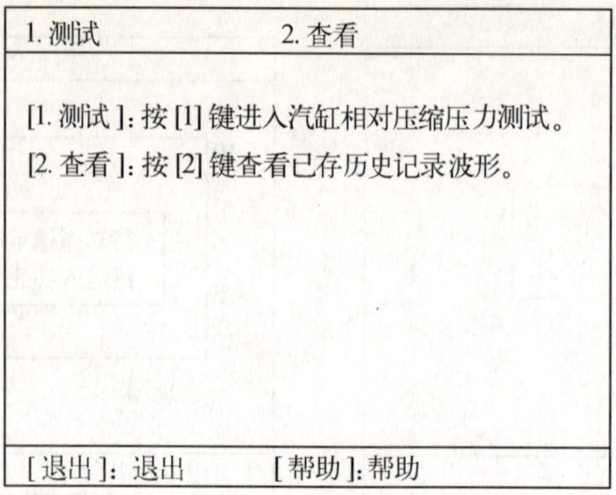

图 1－53 汽缸相对压缩压力测试二级菜单

在二级功能菜单中按“1”键选择“1. 测试”，确认后屏幕出现如图 1－54 所示的选择汽缸缸数界面。输入汽缸缸数后，按“确认”键，在接下来显示的界面中手动输入被测车辆的点火次序，按“确认”键，屏幕显示如图 1－55 所示。根据屏幕的提示，启动发动机，启动时间较长，大约需要 5～7s。待发动机启动完成后，屏幕会自动显示汽缸相对压缩压力测试结果，如图 1－56 所示。按“1”键选择“1. 显示”，屏幕弹出波形选择菜单，如图 1－57 所示。用户可以根据自己的需要，选择用“棒形图”/“峰值波形”显示测试结果。这时可以按“2”键保存测试结果。按“3”键，可以查看已经保存的测试结果。

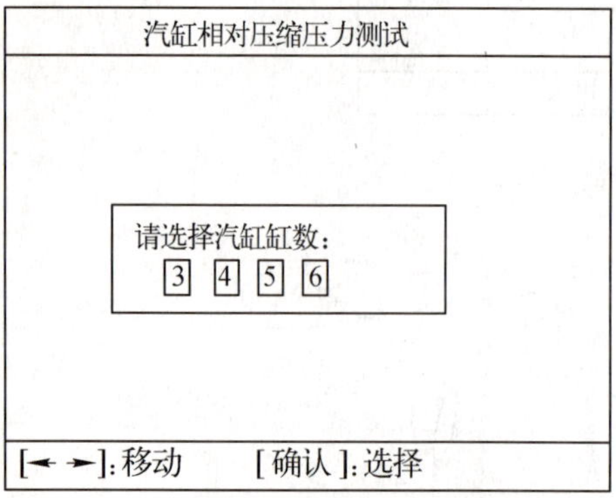

图 1－54 选择汽缸缸数界面

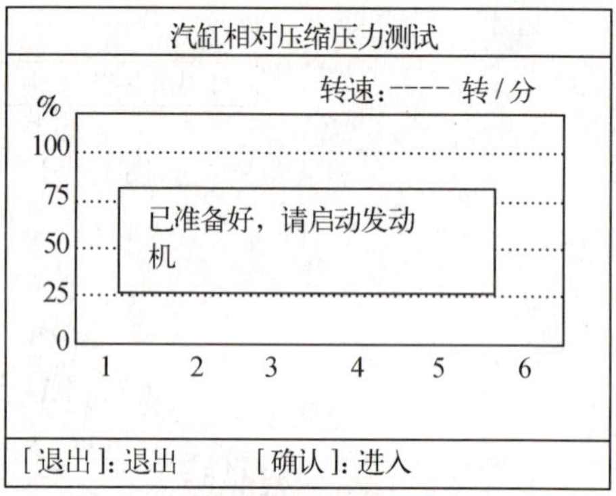

图 1－55 汽缸相对压缩压力测试界面

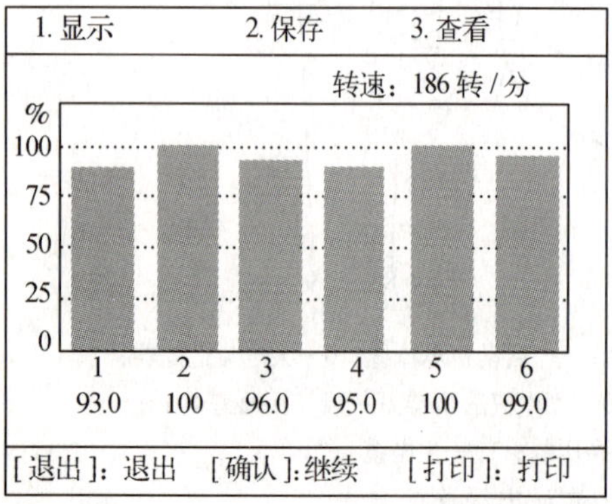

图 1－56 汽缸相对压缩压力测试结果

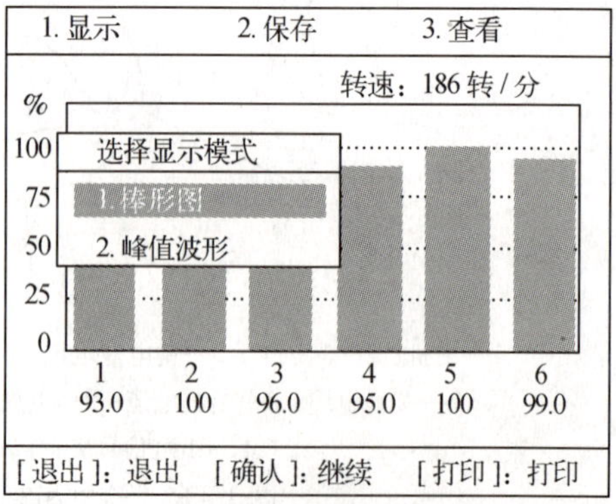

图 1－57 汽缸相对压缩压力波形选择菜单

1.1.4 检测中应注意的事项

① 当点火开关接通时，一定不能断开工作电压为 12V 的电气装置，因为在断开时，由于线圈的自感作用，会产生很高的瞬间电压，这种电压将会造成传感器及 ECU 的损坏。

② 测试前，首先将测试卡插入仪器的测试卡插口，然后接通电源。

③ 发动机点火瞬间主机屏幕可能发生闪烁，有时可能掉电，属正常现象。

④ 若屏幕闪烁后程序未运行或屏幕出现乱屏现象，这时需要关机后重新启动。

⑤ 测试结束后，应先切断电源，然后将测试卡从仪器上取下。

⑥ 若以电瓶作为电源，须用红色鳄鱼夹接电瓶正极，黑色鳄鱼夹接电瓶负极。

⑦ 使用本仪器时，将所有的测试配件（电缆和接头）与汽车上的转动部件保持一定的距离。

⑧ 发动机次级点火信号有很高的电压，在发动机运转时，不能用手直接触摸电缆的芯线。

1.2 便携式发动机综合性能分析仪的使用

元征 EA3000 便携式发动机综合性能分析仪是元征科技股份有限公司推出的能够对汽车发动机及其电控系统进行检测与诊断的全新设备，可检测发动机各系统的工作状态、运行参数及排放性能，可实时采集初级点火信号、喷油信号、电控传感器信号、进排气系统等的动态波形，同时可进行性能分析、波形存储与回放、测试结果查询等。与 smar-box 连接，还能对汽车电控系统进行诊断，如读故障码和数据流等。同时，还具有强大的在线帮助系统，为发动机的技术状态判断和故障诊断提供科学依据。

1.2.1 仪器的主要技术性能

1. 额定使用条件

- 温度：0 ~ 50℃
- 相对湿度：<90%
- 主机电源：DC 12V
- 主机功率：约 20W

2. 测量范围

- 借助本仪器无外载测功的功能检测汽车发动机的动态性能，为营运车的等级评定提供定量数据。
- 对维修后的车辆测试，可检验维修质量和性能的恢复程度。
- 对发动机各系统新结构和新技术的效果进行测试与分析。
- 依靠本仪器，可将在用车的点火提前角、混合气浓度、怠速、排放指标、调速器和配气相位等参数调整到正确数值。

3. 结构组成

EA3000便携式发动机综合性能分析仪由信号提取系统（由各类夹持器、探针和传感器组成，与发动机的被测部位直接或间接连接以拾取被测信号，该系统由12组拾取器组成）、前端处理器、高速信号采集处理系统、热键、故障码诊断系统、排放测试系统、LAUNCH信息网络系统、24针打印机、显示器与机柜十大部分组成，其外形如图1－58所示，背面接线如图1－59所示。

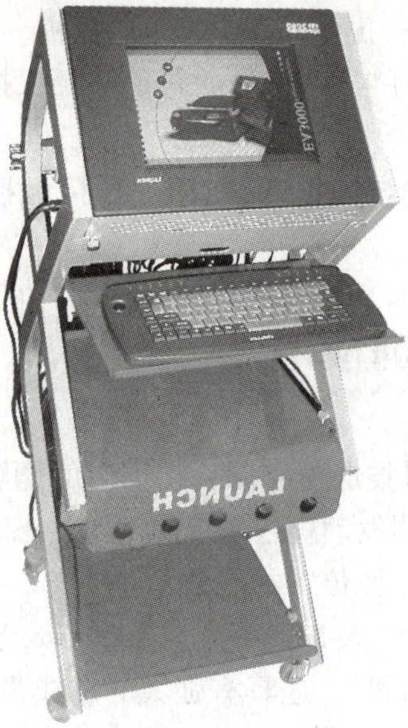

图1－58　EA3000发动机综合分析仪外形图

图1－59　EA3000发动机综合分析仪背面接线图

1.2.2 测试前仪器的准备

根据检测的项目，连接相关的信号提取传感器、信号夹和汇接器到相应的部位。在测试前先开机预热20min。

1.2.3 测试步骤

1. 输入用户及车辆信息

① 进入检测界面。接通开关后系统通过自检首先进入主界面，如图1－60所示。在主界面中单击“检测”图标，进入检测项目界面，如图1－61所示。然后单击用户资料图标，按提示首先输入用户所测车型的相关资料。

② 用户必须首先输入或在该栏位的下拉菜单中选择所测车辆的牌照号。若输入或选择的牌照号为以前测过车辆的牌照号，则系统自动在相关的栏位内弹出以前输入的该车辆的相关信息，然后可直接按“确定”键，确认本次输入。如果新增加的车牌号码在主机数据库中已经存在，则会弹出对话框，如图1－62所示，提示是否删除原有测试记录。

图 1－60　EA3000 主界面

图 1－61　检测项目界面

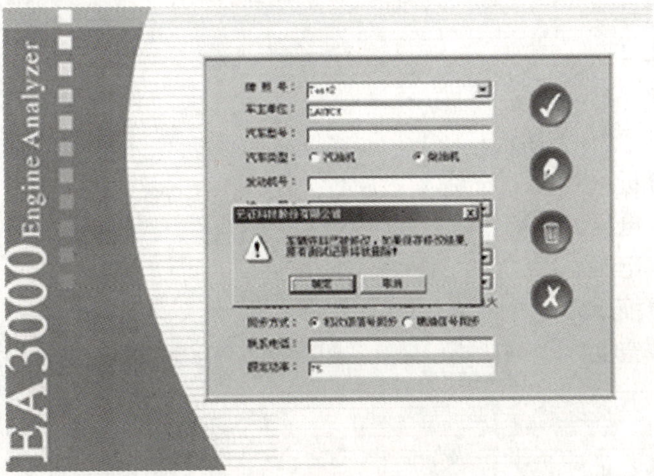

图 1－62　提示对话框界面

③ 若想改变以前输入的有关信息，应先单击“修改”按钮，否则系统会提示“修改用户参数请单击‘修改’按钮”。改变以前的信息后，再按“确定”按钮，将弹出对话框“该记录的‘汽车类型’‘冲程’‘点火次序’‘发动机缸数’‘点火方式’其中之一已被修改，如果保存，则它在数据库中原有的测试记录都将被删除！您确认吗?”，选择“是”，系统将确认本次修改，选择“否”，系统将返回用户数据设定界面，供用户重新输入。

④ 若为新测车辆，须再按以下步骤操作。

a. 必须选择汽车类型。

b. 必须选择汽车冲程数。

c. 必须选择汽车发动机缸数。

d. 必须选择或手动输入汽车点火次序。

e. 必须选择点火方式。

⑤ 若用户准备测试无外载测功，则必须输入汽车的额定功率。否则，在无外载测功界面打印的结果表单中无测试数据。

⑥ 其他项目用户可根据需要手动输入。

⑦ 数据输入完毕后，单击“确定”按钮，完成数据录入，进入测试界面（主菜单）。

⑧ 单击“修改”按钮可对确认过的信息进行修改（否则系统将弹出对话框提示“修改用户参数请单击‘修改’按钮”）。

⑨ 单击“删除”按钮可清空所有输入项。

⑩ 单击“退出”按钮可取消该次操作。

⑪ 该项操作中还有其他提示性对话框，可根据需要选择执行，在此不一一介绍。

⑫ 数据输入完毕后，单击“确定”按钮，回到检测界面。

2. 选择测试项目

此时可以在检测菜单中选择所要测试的项目，只要单击所要测试的项目，就可进入此项检测菜单。检测菜单项目结构层次说明如下。

（1）用户资料

（2）汽油机

➢ 初级点火信号
➢ 次级点火信号
➢ 点火提前角
➢ 动力平衡
➢ 汽缸效率分析
➢ 启动电流、电压
➢ 充电电流、电压
➢ 汽缸相对压缩压力
➢ 进气管内真空度
➢ 温度信号
➢ 废气分析
➢ 车速稳定性分析
➢ 无外载测功

(3) 柴油机
➢ 喷油压力
➢ 喷油提前角
➢ 启动电流、电压
➢ 充电电流、电压
➢ 烟度分析
➢ 转速稳定性分析
➢ 无外载测功
(4) 电控发动机
➢ 转速传感器
➢ 温度传感器
➢ 进气管真空度传感器
➢ 节气门位置传感器
➢ 爆震信号传感器
➢ 氧传感器
➢ 空气流量传感器
➢ 喷油脉冲
➢ 车速传感器
(5) 诊断（选配）
(6) 测试记录
➢ 测试波形回放
➢ 测试数据查询
(7) 实用工具
➢ 数字万用表
➢ 数字示波器
(8) 参数设定
➢ 废气分析仪设置
➢ 烟度分析仪设置
➢ 检测线通信设置

1.2.4　检测中应注意的事项

① 大多数情况是在怠速工况进行检测的，必要时汽车将在底盘测功机上进行加载调试，如调整化油器量孔、调试真空提前角等。

② 进行测试时，在一切准备就绪后，根据所测项目参照后面相关内容进行。

③ 测试界面说明如下。

a. 标题栏，位于最上端，显示该软件的程序名称和版本号，如“EA3000V1.0”。最右侧为关闭按钮，单击可直接退出该程序。

b. 汽车参数栏，显示所测汽车的技术参数。

c. 菜单层次栏，表明当前所测功能的菜单层次。

d. 测试项目及主要数据显示栏，表明当前所测的项目并显示主要参数，如转速、闭合角、占空比等。

e. 波形或测试数据显示区，所要测试的波形或数据会在这个区域放大显示，以便于观看。

f. 功能按钮区，单击此区域的功能按钮会自动执行相应的功能。这些功能按钮在不同的测试项目下会有不同的状态，若鼠标放到按钮上时有响应，则可用，否则该按钮在此功能下不可用。

g. 日期显示栏，显示当前日期。

h. 功能选择栏，单击相应的功能按钮，会弹出窗口，在弹出窗口中可选择相应的功能。在某些测试项目中有1个或多个、甚至全部没有或以一个斜杠表示该功能按钮不可用。一般情况下，最上面的是功能选择，如在次级波形测试中单击它会出现平列波、并列波、阶梯波等。中间的是波形观察工具，单击它会在界面下部出现一个工具窗口，如图1－63所示。单击相应的工具图标可对所测的波形进行单位变换、缩放和平移。下面的是缸号选择，单击它可选择所要测试的汽缸。

图1－63 工具窗口

④ 打印测试结果。

a. 在测试过程中单击“打印”图标，可对当前测试界面进行打印。

b. 测试结束后，在测试结果记录中单击“打印”图标，可对测试结果进行预览、打印；单击“专家分析”图标，可预览、打印当前测试车辆的分析报告。

1.2.5 汽油机性能检测

汽油机性能检测包括13个项目的检测，以下都是在进入“检测”→“汽油机”界面后单击所要测试的项目开始的。如图1－64所示，称为“汽油机检测”菜单。

1. 初级点火信号

(1) 连接

1）常规点火系统

首先将电瓶电压充电电压测试线的红、黑夹分别夹在电瓶的正、负极上，将初级点火信号适配器（1280401）的红、黑探头分别连接到点火线圈的正、负极，再将1缸信号适配器夹在1缸高压线上，如图1－65所示。

2）直接点火系统（包括单缸和双缸独立点火系统）

首先将电瓶电压充电电压测试线的红、黑夹分别夹在电瓶的正、负极上，然后将单/双缸初级信号提取适配器（1280401-1DIS）的各探针依次接入各缸的波形输出端。

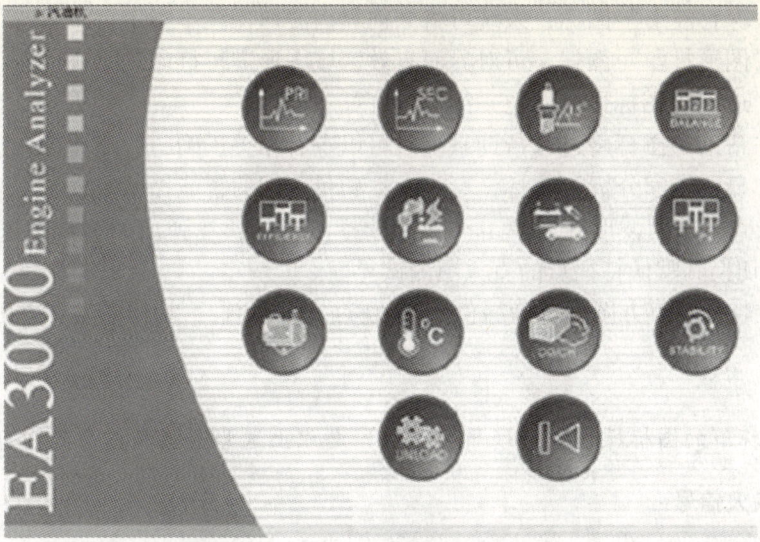

图 1－64　“汽油机检测” 菜单

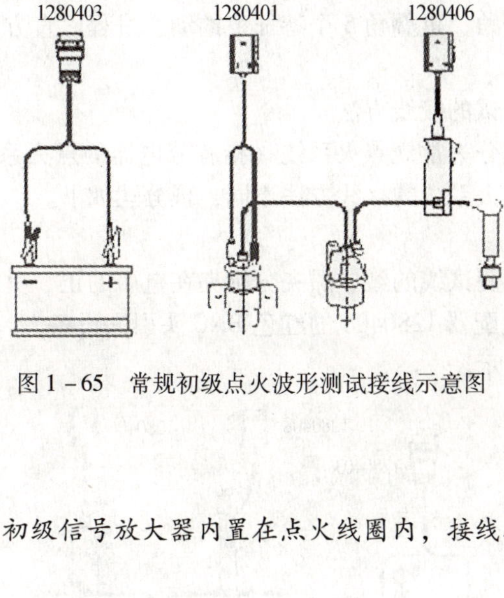

图 1－65　常规初级点火波形测试接线示意图

注意

有些直接点火车辆的初级信号放大器内置在点火线圈内，接线端只能测到初级信号的触发信号。

（2）操作步骤

在“汽油机检测”菜单下单击“初级信号”图标，进入初级信号检测界面，然后启动发动机即可测到初级点火波形。界面说明如下。

① 单击“停止”图标（“停止”图标被按下后即变为“测试”图标），系统停止采集，再单击此图标即可恢复测试（同时“测试”图标恢复为“停止”图标）。

② 单击“波形选择”图标，系统弹出波形选择窗口，可在其中选择其他波形显示形式。

③ 单击“选择缸号”图标，在系统弹出的小窗口中可选择显示每一缸或所有缸的初级波形。

④ 单击“显示调整”图标，系统弹出显示调整窗口，用户可根据需要单击相应图标，进行 X 轴单位调整和将波形进行横、纵向平移与缩放。

⑤ 单击“保存数据”图标，系统将当前特征值保存到数据库。

⑥ 单击“保存波形”图标，系统可将当前界面波形保存于指定目录。

⑦ 单击“图形打印”图标，可对界面有效区域图形进行打印。

⑧ 单击“返回”图标可返回上一级菜单。

⑨ 单击“帮助”图标将进入帮助系统，可以查看相关正确与故障波形，进行参考。

⑩ 单击“显示专家分析”图标，可显示本项目测试的智能提示内容。

⑪ 在初级点火平列波形界面单击“波形选择”图标，在弹出的窗口中选择“直方图”图标，系统可切换到默认特征点的直方图测试界面。

⑫ 正常缸特征点直方图颜色为绿色，有故障或不良的缸，其特征点直方图为红色。

注意

以下检测环节的图标操作含义（界面说明）与以上这些图标操作含义相同。

2. 次级点火信号

该设备具有强大的点火波形检测、处理、分析能力。它不仅具有对次级点火波形进行平列波、并列波、阶梯波、重叠波的分析检测能力，还能将次级点火信号的击穿电压、火花电压、火花持续时间、闭合角、重叠角 5 个特征值的动态过程以直方图、折线图、数据表的形式显示出来。

（1）次级点火信号测试的接线方法

点火系统按点火形式分为常规点火系统（指有分电器的点火系统）、单缸点火系统和双缸点火系统 3 种。不同点火系统的接线方法不同，现分述如下。

1）常规点火系统

将电瓶电压充电电压测试线的红、黑夹分别夹在电瓶的正、负极上，将红色次级信号夹夹在中心高压线上（从适配器 1280408 的红色 BNC 头引入设备），1 缸信号适配器夹在 1 缸高压线上，如图 1－66 所示。

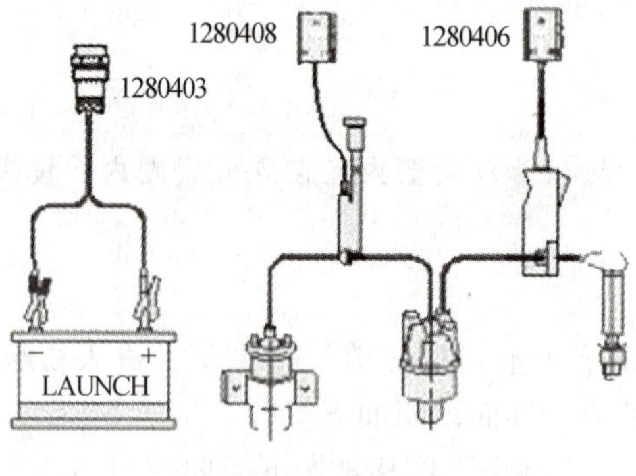

图 1－66　常规点火系统接线示意图

2）单缸点火系统

首先将电瓶电压充电电压测试线的红、黑夹分别夹在电瓶的正、负极上，然后将同步信号适配器（1280406-1）接在 1 缸喷油器或初级信号线上（必须是有效的信号线，二者只能选其一），最后将与所测车型相对应的次级信号感应片卡在点火线圈上，并通过次级信号转接线、跨接线（某些车辆不用接）和次级信号连接线输入单缸次级信号提取适配器（1280408-SX）相应的 BNC 头，如图 1－67 所示。

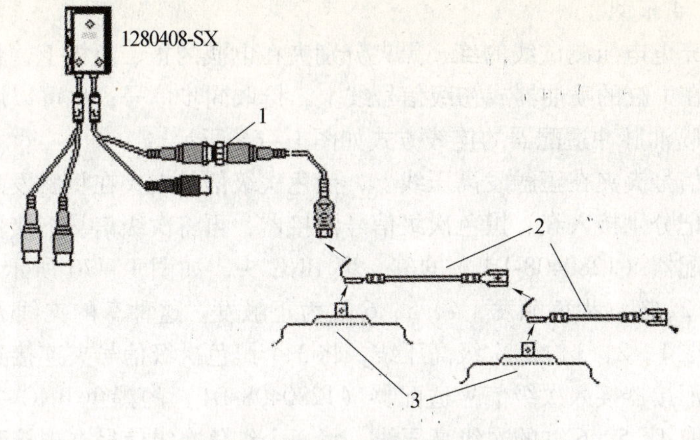

1—次级信号连接线；2—转接线；3—感应片

图 1－67　单缸点火系统接线示意图

注意

① 喷油器信号线的连接方式为，将喷油器信号线座拔开，再用转接线将其按原来的连接关系两两连接，将同步信号适配器的喷油脉冲测试探针头插入转接线的通用母插头中，将信号取出，如图 1－68 所示。

② 喷油器信号线有 2 根，其中 1 根有效 1 根无效（相对喷油脉冲适配器而言）。验证有效无效的办法是：先接其中 1 根，进入转速稳定性测试界面，看有无转速，若有转速则该信号线有效，若无转速则另 1 根信号线有效。

③ 不同的车辆需要选择不同的次级信号输入通道，若适配器输入通道标贴上的车型号与所测车辆的型号不相符，则可能造成次级信号波形失真。

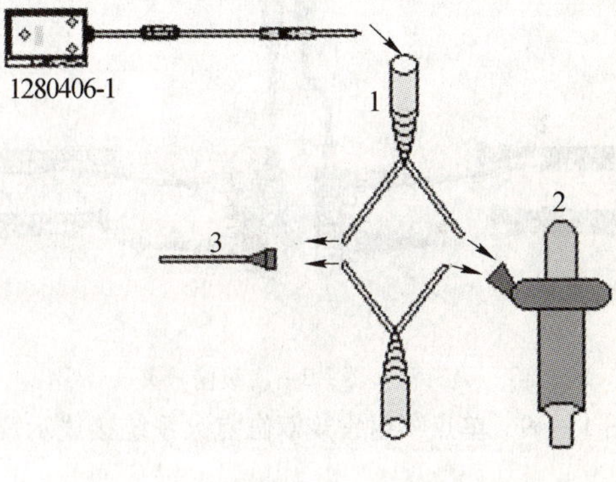

1—转接线；2—喷油嘴；3—喷油嘴接线座

图 1－68　喷油器接线示意图

3）双缸点火系统

① 常规双缸点火系统。常规双缸点火系统泛指每两缸共用一个点火线圈，且点火线圈与火花塞之间均通过高压线连接的点火系统。

a. 单点喷射的常规双缸点火系统。

单点喷射的常规双缸点火系统是指只在进气歧管的交汇处装有 1 个主喷射阀的常规双缸点火系统，如 BORA 1. 8 车型。

将电瓶电压充电电压测试线的红、黑夹分别夹在电瓶的正、负极上，将 1 缸信号适配器（1080406）夹到 1 缸的高压线上。

将红色次级信号夹夹在正触发高压线上，黑色次级信号夹夹在负触发高压线上，然后将次级夹按颜色标记分别接入红、黑色次级信号汇接器，再将次级信号汇接器按颜色标记分别接入双缸次级信号适配器（1280408-D1）的红、黑 BNC 头，如图 1－69 所示。

b. 多点喷射的常规双缸点火系统。

多点喷射的常规双缸点火系统是指在各缸进气歧管上均装有喷射阀的常规双缸点火系

统，如奥迪 A6 2.4 车型。

将电瓶电压充电电压测试线的红、黑夹分别夹在电瓶的正、负极上，将同步信号适配器（1280406-1）接在1缸的喷油器或初级信号线上，拾取同步信号；也可以用1缸信号适配器拾取同步信号（喷油脉冲适配器的连线方式如图1－68所示）。

将红色次级信号夹夹在正触发高压线上，黑色次级信号夹夹在负触发高压线上，然后将次级夹按颜色标记分别接入红、黑色次级信号汇接器，再将次级信号汇接器按颜色标记分别接入次级信号适配器（1280408-D1）的红、黑 BNC 头，如图1－70所示［例如，奥迪 A6 2.4 车型，其1、2、3缸为负触发，4、5、6缸为正触发。这种车的夹线方式为：取3个黑色次级夹分别夹取1、2、3缸的次级高压线，将3个黑色次级信号夹连接到黑色次级信号汇接器，再将黑色汇接器接入次级信号适配器（1280408-D1）的黑色 BNC 头；取3个红色次级信号夹分别夹取4、5、6缸的次级高压线，将3个红色次级信号夹连接到红色次级信号汇接器，再将红色汇接器接入次级信号适配器（1280408-D1）的红色 BNC 头］。

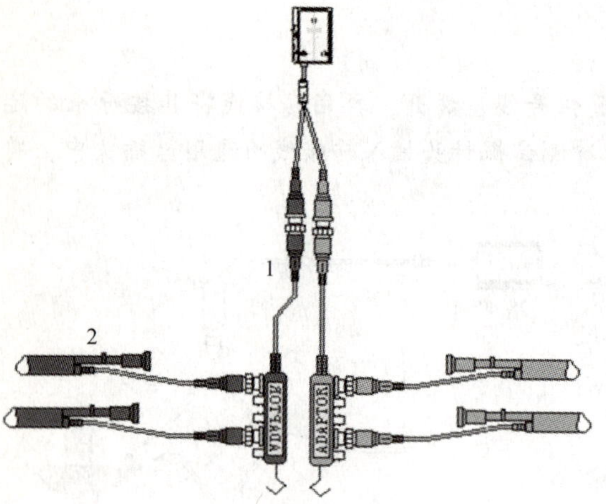

1—汇接器；2—次级信号夹

图1－69　单点喷射常规双缸点火系统接线示意图

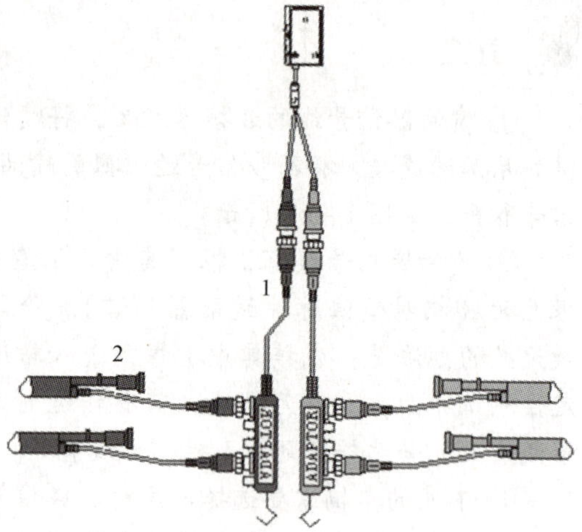

1—汇接器；2—次级信号夹

图1－70　多点喷射常规双缸点火系统接线示意图

进入用户数据设定界面，按照被测车辆的实际参数设置好车辆的冲程数、缸数，并将车辆的点火方式设置为“双缸点火”、同步方式设置为“喷油信号同步”，然后按“确定”按钮，退出用户数据设置界面，返回检测界面。

依次单击“汽油机”图标、“次级信号”图标，系统进入双缸点火初始化对话框，提示用户选择输入“红色通道有效点火缸号”，即正触发的缸号。用户只要单击从红色 BNC 头输入的次级信号夹所对应的缸号即可（单击1次，缸号标记亮显，表示该缸被选定为正触发方式；再单击，则缸号标记灰显，表示该缸被系统默认为负触发信号）。例如，测试奥迪 A6 2.4AT 车型时，应设置的方式如图1－71所示。选择完毕，单击“确定”按钮，系统即进入次级信号测试界面。

② 直接双缸点火系统。直接双缸点火系统泛指每两缸共用一个点火线圈，其中1个缸的火花塞通过高压线与点火线圈连接，另一个缸的火花塞不通过高压线而是直接与点火线圈连接，这种点火方式的车辆称为直接双缸点火系统。

将电瓶电压充电电压测试线的红、黑夹分别夹在电瓶的正、负极上，将同步信号适配器

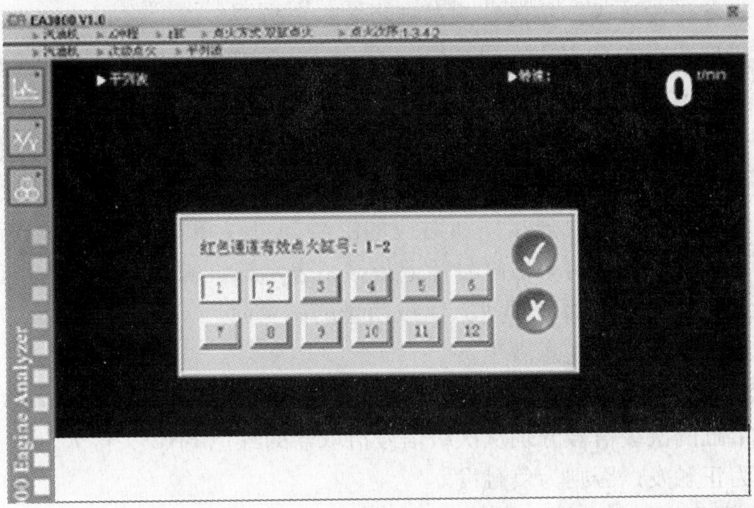

图 1－71　双缸点火初始化对话框

(1280406-1）接在 1 缸的喷油器或初级信号线上拾取同步信号。也可以用 1 缸信号适配器拾取同步信号（喷油脉冲适配器的连线方式如图 1－68 所示）。

判断高压线的次级触发类型，按照高压线的触发类型选取与之相对应颜色的次级信号夹（正触发信号接红色次级信号夹、负触发信号接黑色次级信号夹），夹取高压线，通过对应颜色的汇接器接入次级信号适配器的相应输入通道。

把次级信号感应片卡在点火线圈上，用次级信号转接线连接各个感应片，通过次级信号转接线、跨接线和次级信号连接线输入次级信号适配器的相应 BNC 头（感应片信号与高压线信号的触发方式相反。若高压线次级信号从红色 BNC 头输入，则感应片次级信号从黑色 BNC 头输入；否则从红色 BNC 头输入），如图 1－72 所示。例如，奔驰 S320 车型，其 XXX 缸为正触发高压线，YYY 缸为负触发感应片，这种车的接线方式为：取 3 个红色次级信号夹分别夹取 XXX 缸的次级高压线，将 3 个红色次级信号夹连接到红色次级信号汇接器，再将红色汇接器接入次级信号适配器的红色 BNC 头；取 3 个奔驰用感应片分别卡在 YYY 缸的点火线圈上，用次级信号转接线连接各感应片，再通过次级信号引入线接入次级信号适配器的黑色 BNC 头。

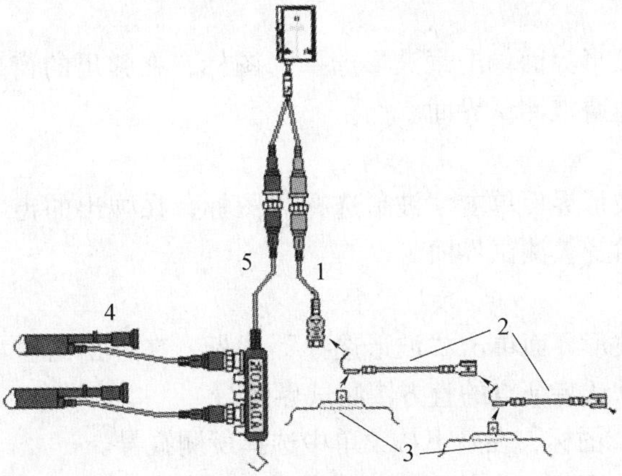

1—次级信号连接线；2—转接线；3—感应片；4—次级信号夹；5—汇接器

图 1－72　双缸点火系统接线示意图

进入用户数据设定界面，按照被测车辆的实际参数设置好车辆的冲程数、缸数，并将车辆的点火方式设置为“双缸点火”，同步方式根据实际夹取的同步信号源分别设置为“初次级同步”、“喷油同步”，然后按“确定”按钮，退出用户数据设置界面，返回主界面。

依次单击“汽油机”图标、“次级信号”图标，系统进入双缸点火初始化对话框，提示用户选择输入“红色通道有效点火缸号”，即正触发的缸号。用户只要单击从红色 BNC 头输入的次级信号夹或次级信号连接线所对应的缸号即可（单击 1 次，缸号标记亮显，表示该缸被选定为正触发方式；再单击缸号标记灰显，表示该缸被系统默认为负触发信号）。选择完毕，按“确定”按钮，系统即进入次级信号测试界面。

（2）双缸点火系统测试注意事项

① 次级信号正、负触发方式的判断方法为：选择常规点火方式，进入次级信号测试界面，把夹在各个缸的次级信号分别从次级信号拾取器的红色 BNC 头接入，若波形显示正常，则该缸的点火为正触发，否则为负触发。

② 用户数据设定中选择的同步方式应与实际夹取的同步信号相同（同步方式分初次级同步和喷油同步，用 1 缸信号适配器 1280406 或同步信号适配器 1280406-1 的初级信号线提取同步信号时，选择“初次级信号同步”；用喷油信号提取同步信号时，选择“喷油信号同步”），否则将造成缸号识别错误。

③ 要根据不同的车型选择与之相对应的适配器，否则可能造成波形失真（设备配制了多种车型的次级信号适配器，适配器测试线上标有所测车辆的型号）。

④ 用户必须正确输入被测车辆的缸数、点火次序和正触发的缸号，正确夹持所有次级信号夹或次级信号感应片，否则可能会造成波形不能正常显示。

（3）测试方法

1）平列波

在“汽油机检测”菜单下单击“次级信号”图标，进入次级信号测试界面（默认为平列波），然后启动发动机即可测得次级平列波。界面说明及操作同上。

2）并列波

在次级点火平列波形界面单击“波形选择”图标，在弹出的窗口中选择“并列波”图标，系统即可切换到并列波测试界面。

3）重叠波

在次级点火平列波形界面单击“波形选择”图标，在弹出的窗口中选择“重叠波”图标，系统即可切换到重叠波测试界面。

4）阶梯波

在次级点火平列波形界面单击“波形选择”图标，在弹出的窗口中选择“阶梯波”图标，系统即可切换到阶梯波测试界面。

5）直方图

在次级点火平列波形界面单击“波形选择”图标，在弹出的窗口中选择“直方图”图标，系统即可切换到默认特征点的直方图测试界面。

单击“选择缸号”图标，在其下拉菜单中选择所测缸号。

单击“参数选择”图标，在其下拉菜单中可选择击穿电压、火花电压、火花持续时间、闭合角、重叠角之一。

正常缸特征点直方图颜色为绿色，有故障或不良的缸，其特征点直方图为红色。

6）折线图

把选定的特征点按采集的先后顺序依次排列，然后用直线把相邻的特征点两两相连即得到该特征点的折线图。折线图能反映车辆该项性能在所测试一段时期内的变化范围及趋势。

在次级点火平列波形界面单击“波形选择”图标，在弹出的窗口中选择“折线图”图标，系统即可切换到默认特征点的折线图测试界面。

单击“参数选择”图标，在弹出的窗口中选择参数。

7）数据表

在次级点火平列波形界面单击“波形选择”图标，在弹出的窗口中选择“数据表”图标，系统即可切换到数据表界面，并将测得所有缸所有特征点的数据显示于屏幕上。

3. 点火提前角

在“汽油机检测”菜单中单击“点火提前角”图标，然后启动发动机。

连接好频闪灯，按下频闪灯电源按钮，将频闪灯对准曲轴飞轮或皮带轮上的 1 缸上止点标记处，调整频闪灯上的电位器，使闪光相位前后移动，直到曲轴飞轮上的标记对准飞轮壳上的刻度零点或皮带轮上的 1 缸上止点标记对准指示标记，如图 1－73 所示，此时显示器会显示点火提前角的数值。

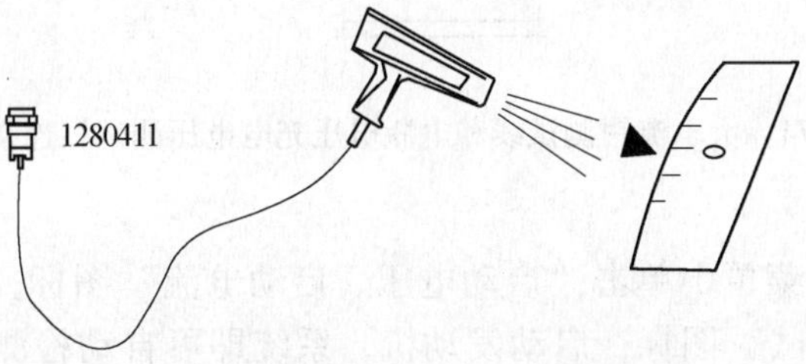

图 1－73　用频闪灯测定点火提前角

4. 动力平衡

（1）测试前的连接

在测试前，需将 1 缸信号适配器夹在 1 缸高压线上，初级点火信号适配器夹在点火线圈上（红正黑负）。

（2）测试

在“汽油机检测”菜单中单击“动力平衡”图标，即进入动力平衡测试状态。

5. 汽缸效率测试

本功能是根据汽车发动机各缸间歇工作造成转速微观波动的特点，高速采集各缸点火的间隔时间，通过计算各缸点火的间隔时间，求出各单缸的瞬时转速与平均转速之差值，作为判断各汽缸工作能力及比较各缸工作均匀性的指标。

与动力平衡相比，汽缸效率测试不必进行断缸测试，因而不会发生排气温度过高及催化转换酶中毒的情况，更适合于电子燃油喷射的车辆。

（1）测试前的连接

将次级高压适配器与 1 缸信号适配器夹到相应的高压线上。不同点火形式的连接方法可参照“2. 次级点火信号”的相关部分。

(2) 测试

在“汽油机检测”菜单中单击“汽缸效率分析”图标，系统即进入测试状态。

6. 启动电流、电压测试

(1) 测试前的连接

在测试之前，须将大电流钳测试线夹在与电瓶相连的电动机电流线上（大电流钳测试线箭头的指向应与电流的流向相同），将电瓶电压充电电压测试线的红、黑夹分别夹在电瓶的正、负极，将1缸信号适配器夹在1缸高压线上，如图1－74所示。

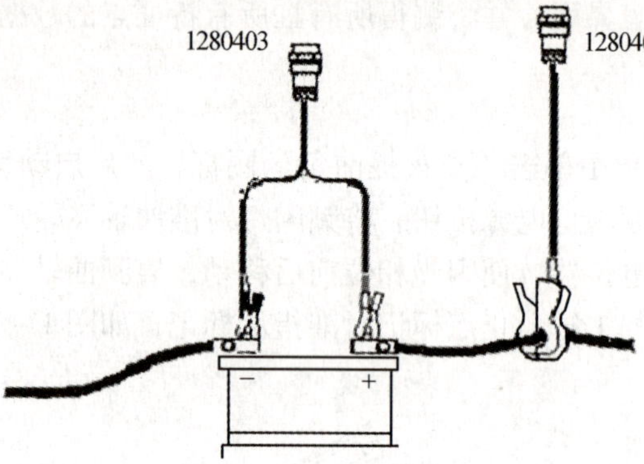

图1－74　大电流钳测试线和电瓶电压充电电压测试线连接示意图

(2) 测试

在“汽油机检测”菜单中单击“启动电压、启动电流”图标，进入启动电压、启动电流测试界面。单击“测试”图标，启动发动机，系统即可自动检测启动电压、启动电流波形并显示发动机当前转速、电瓶电压值、启动电压值、启动电流值。

7. 充电电流、电压测试

(1) 测试前的连接

在测试之前，须将充电电压探针接在汽车发电机的正极，将电瓶电压充电电压测试线的红、黑夹分别夹在电瓶的正、负极，将小电流钳测试线夹在与电瓶相连的充电电流线上（小电流钳测试线上箭头的指向应与电流的流向相同），将1缸信号适配器夹在1缸高压线上，如图1－75所示。

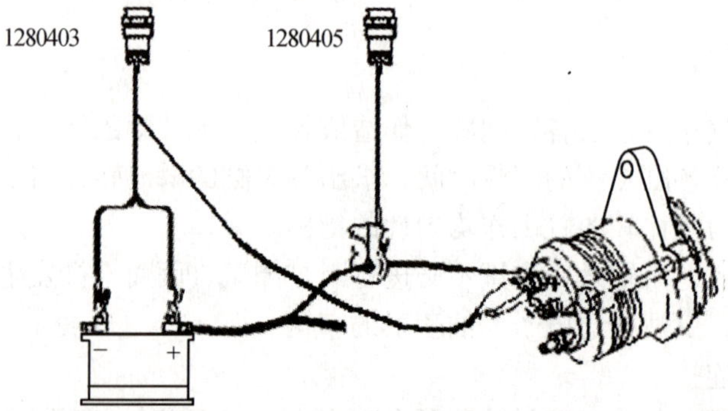

图1－75　小电流钳测试线和电瓶电压充电电压测试线连接示意图

（2）测试

在“汽油机检测”菜单中单击“充电电压、充电电流”图标，进入充电电压、充电电流测试界面。单击“测试”图标（“测试”图标被按下后即变为“停止”，若想停止该项操作，再单击此图标即可），系统即可自动检测充电电压、充电电流波形并显示发动机当前转速、电瓶电压值、充电电流值。

8. 汽缸相对压缩压力测试

（1）测试前的连接

该测试的连接方法与启动电流、电压测试一样。

（2）测试

在相应界面中单击“测试”图标（“测试”图标被按下后即变为“停止”；若想停止该项操作，再单击此图标即可），系统进入测试状态；若汽车已经启动，则会弹出对话框，提示用户先关闭发动机。

启动发动机，系统测试完毕将自动显示发动机启动转速、电瓶电压值、汽缸相对压缩压力直方图及启动电流波形。右侧坐标系内在启动电流波形上方对应标出各缸启动电流峰值，左侧为汽缸相对压缩压力百分比值的直方图。

9. 进气管真空度波形

（1）测试前的连接

在测试前，将进气压力测试线（1280407）上的橡胶软管通过三通连接到发动机真空管的接头处，将 1 缸信号适配器夹在 1 缸高压线上，如图 1－76 所示。

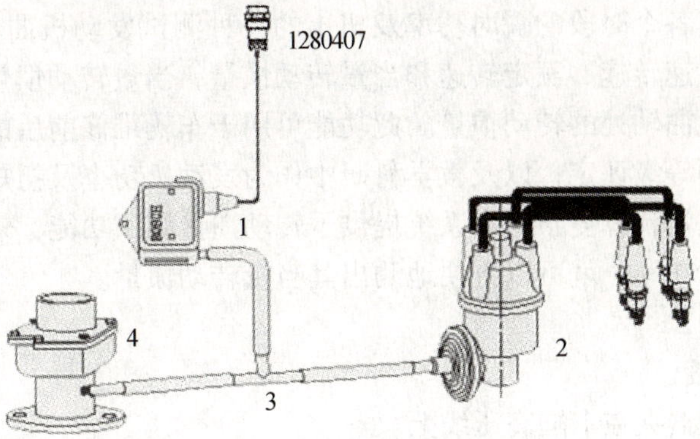

1—真空度传感器；2—分电器；3—三通；4—化油器

图 1－76　进气压力测试线连接示意图

（2）测试

在“汽油机检测”菜单中单击“进气管真空度”图标，进入进气管真空度测试状态。

10. 温度测试

（1）测试前的连接

将温度测试线分别插入进气管口、机油出口和冷却水箱口中。

（2）测试

在“汽油机检测”菜单中单击“温度测量”图标，系统即进入温度测试状态，并显示所测部位的温度及发动机的转速。

11. 废气分析

（1）测试条件

启动发动机，使之运转至工作温度正常。

（2）测试前的连接

使废气分析仪通过主机的 RS-232 接口与 EA3000 正常联机，将废气测试管插入汽车排气管中。

（3）测试

在“汽油机检测”菜单中单击“废气分析”图标，系统进入废气检测功能，默认界面为折线图。

12. 转速稳定性分析

（1）测试前的连接

将 1 缸信号适配器夹在 1 缸高压线上。

（2）测试

在“汽油机检测”菜单中单击“转速稳定性分析”图标，系统即进入转速测试状态，并显示发动机的实时转速及在 32 个循环内的最高、最低转速；用户也可自行输入平均循环数值。

13. 无外载测功

无外载测功是指利用发动机在无外载加速运行过程中，其主要做功转化为本身旋转元件的动能，从而求出其各个时段的瞬时功率及扭矩的一种测试发动机曲轴功率和扭矩的方法。在检测前要求输入怠速转速、额定转速和当量转动惯量，当量转动惯量是测试过程中所有旋转元件换算到发动机曲轴处的转动惯量。此功能可用于车辆维修前后的动力性对比、汽车综合性能检测站的车辆等级评定，以及教学科研中作为发动机功率及扭矩分析的一种方法。

由于当量转动惯量计算复杂，本系统提供了转动惯量测试功能，输入怠速转速、额定转速和被测车辆的实际功率，就可以方便地测出其当量转动惯量。

（1）无外载测功

1）测试前的连接

将 1 缸信号适配器夹在 1 缸高压线上。

2）测试

① 在“汽油机检测”菜单中单击“无外载测功”图标，系统即进入无外载测功测试界面，或单击“方式选择”图标选择“P”进入无外载测功界面。设定怠速转速 n_1（发动机怠速转速）、额定转速 n_2（发动机额定转速）和当量转动惯量（当量转动惯量可在同型号的车上通过测试得到，但此车必须保证处于良好的工作状态，一般小型车的当量转动惯量在 0.1 ~ 0.5 之间，大货车的当量转动惯量在 1.0 ~ 5.0 之间）。

② 记数为零时，迅速踩下汽车油门踏板，使发动机尽可能快地将转速迅速提高；当发动机转速超过设定的额定转速 n_2 时，迅速松开油门，使发动机回到怠速工况。系统将自动检测发动机的输出功率并显示。其中：

加速时间——发动机从怠速加速到额定转速的时间。

额定功率——发动机在额定转速时的瞬时功率。

3）说明

由于不同型号的发动机对应不同的当量转动惯量，即使同一型号的发动机，由于机油温度、活塞与汽缸的摩擦阻力等的不同，其当量转动惯量也不同。加之在采集过程中，转速采集误差较大，且发动机速度的提升与操作有很大关系，所以该方法作为法定检测器具的误差比较大，仅能用于车辆维修前后的动力性对比。

（2）转动惯量测试

1）测试前的连接

该测试的连接与无外载测功相同。

2）测试

① 在“汽油机检测”菜单中单击“无外载测功”图标，系统即进入无外载测功测试界面。单击“方式选择”图标，在弹出的窗口中选择测试转动惯量图标“J”，即进入转动惯量测试。设定怠速转速 n_1（发动机怠速转速）、额定转速 n_2（发动机额定转速）和待测车辆的额定功率。

② 单击“测试”图标，系统开始倒记数（“测试”图标被单击后变为“停止”，再次按下后“停止”恢复为“测试”，且系统停止测试）。

③ 记数为零时，迅速踩下汽车油门踏板，使发动机尽可能快地将转速迅速提高；当发动机转速超过设定的额定转速 n_2 时，迅速松开油门，使发动机回到怠速工况。系统将自动检测发动机的转动惯量并显示。

1.2.6　柴油机性能测试

1. 柴油机喷油压力检测

在测试前，先按图 1－77 所示的方法把柴油机喷油压力测试线及接地线（1280402）夹在柴油机某 1 缸的高压油管上，启动发动机。

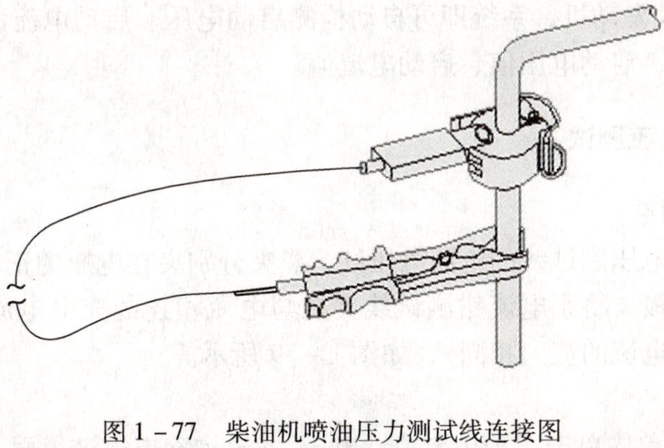

图 1－77　柴油机喷油压力测试线连接图

在“柴油机”菜单中单击“喷油压力”，进入柴油机喷油压力测试界面。

2. 柴油机喷油提前角

（1）测试前的连接

在检测前，把柴油机喷油压力测试线及接地线夹在 1 缸高压油管上。

（2）测试

启动发动机，选定柴油机喷油提前角功能，取下频闪灯，按下频闪灯电源按钮，将频闪灯对准飞轮或皮带轮上的1缸上止点标记，通过调整频闪灯上的电位器，改变频闪相位，使闪光相位前后移动，当看到标记不动时，系统显示的角度值即为喷油提前角。

3. 启动电压、电流测试

（1）测试前的连接

在测试之前，须将大电流钳测试线（1280404）夹在与电瓶相连的电动机电流线上（大电流钳测试线上箭头的指向应与电流的流向相同），如图1-78所示。

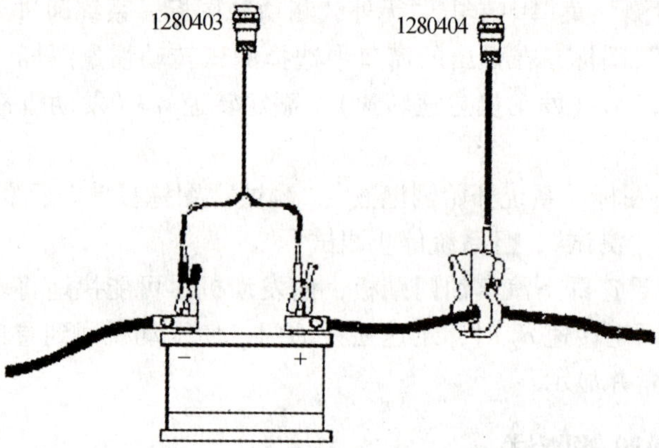

图1-78　大电流钳测试线连接示意图

（2）测试

在“柴油机”菜单中单击“启动电流、电压”图标，进入启动测试界面。

单击“测试”图标（“测试”图标被按下后即变为“停止”，若想停止该项操作，再单击此图标即可），启动发动机，系统即可自动检测启动电压、启动电流波形并显示发动机当前转速、电瓶电压值、启动电压值、启动电流值。

4. 充电电压、电流测试

（1）测试前的连接

将电瓶电压充电电压测试线的电瓶电压红、黑夹分别夹在电瓶的正、负极，充电电压探针插在汽车发电机正极，将小电流钳测试线夹在与电瓶相连的充电电流线上（小电流钳测试线箭头的指向应与电流的流向相同），如图1-79所示。

（2）测试

在“柴油机”菜单中单击“充电电流、电压”，进入充电测试界面。

单击“测试”图标（“测试”图标被按下后变为“停止”，若想停止该项操作，再单击此图标即可），系统即可自动检测充电电压、充电电流波形并显示发动机当前转速、电瓶电压值、充电电压值、充电电流值。

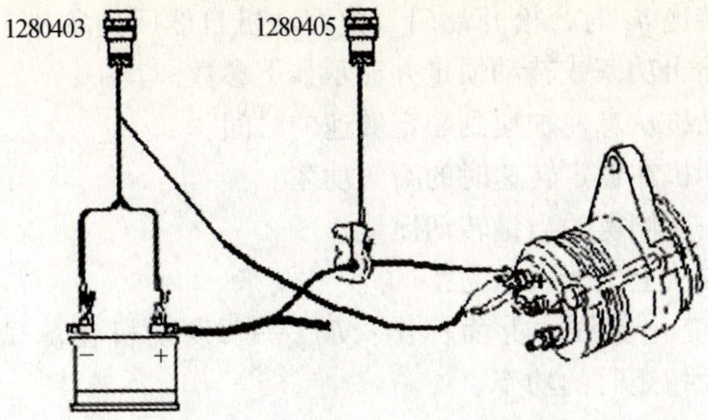

图 1－79　充电测试连接示意图

5. 自由加速烟度

(1) 测试前的连接

将烟度计通信电缆接到主机 RS-232 通信接口，启动发动机使其达到正常工作温度，将温度测试线插入排气管中。

(2) 测试

单击“测试”图标（“测试”图标被按下后即变为“停止”，若想停止该项操作，再单击此图标即可)，系统即可测得自由加速烟度。

“显示菜单”和“保存数据”的操作同前。

单击“帮助”图标可进入帮助系统查看相关数据。

6. 转速稳定性

(1) 测试前的连接

将柴油机喷油压力测试线夹在 1 缸高压油管上，启动发动机。

(2) 测试

在“柴油机”菜单中单击“转速稳定性分析”图标，系统即进入转速测试状态，并显示发动机的实时转速及在 32 个循环内的最高、最低转速；用户也可自行输入平均循环数值。

7. 无外载测功

(1) 测试前的连接

将柴油机喷油压力测试线夹在 1 缸高压油管上。

(2) 测试

① 在“柴油机”菜单中单击“无外载测功”图标，系统即进入无外载测功测试界面。设定怠速转速 n_1、额定转速 n_2 和当量转动惯量（当量转动惯量可在同型号的车上通过测试得到，此车必须保证处于良好的工作状态，一般小型车的当量转动惯量在 0.2 ~ 0.5 之间，货车的当量转动惯量在 2.0 ~ 5.0 之间)。

② 单击“方式选择”图标，选择测功率 P 还是测当量转动惯量 J。

③ 单击“测试”图标，系统开始倒记数（“测试”图标被单击后变为“停止”，再次按下后“停止”恢复为“测试”，且系统停止测试)。

④ 记数为零时，迅速踩下汽车油门踏板，使发动机尽可能快地将转速提高；当发动机

转速超过设定的额定转速 n_2 时，松开油门，使发动机自然回到怠速工况。系统将自动检测发动机的加速时间及输出功率或转动惯量并显示如下参数。其中：

加速时间——发动机从怠速加速到额定转速的时间。

额定功率——发动机在额定转速时的瞬时功率。

当量转动惯量——所测得的当量转动惯量。

测功图中右侧曲线从上至下表示为：

a. 测试过程功率变化曲线。上面标出：P_{emax}——发动机在测试过程中的最大功率；P_{mmax}——发动机在最大扭矩时的功率。

b. 测试过程转速变化曲线。

c. 测试过程扭矩变化曲线。上面标出：M_{emax}——发动机在测试过程中的最大扭矩；M_{pmax}——发动机在最大功率时的扭矩。

注意

① 由于不同型号的发动机对应不同的当量转动惯量，即使同一型号的发动机，由于机油温度、活塞与汽缸的摩擦阻力等的不同，其当量转动惯量也不完全相同。加之发动机速度的提升与操作有很大关系，所以该方法作为法定检测的误差比较大，仅能用于车辆维修前后的动力性对比。

② 测试结果的重复性与操作者每次踩油门的习惯和前后时机有一定关系。

1.2.7 电控发动机参数检测

1. 转速（相位）传感器检测

（1）测试前的连接

在检测前，用通用探针测试线连接转速传感器输出信号线，将 1 缸信号适配器（1280406）夹在 1 缸高压线上。

（2）操作说明

在“电控发动机参数”菜单中单击“转速（相位）传感器”图标，进入转速传感器测试界面并显示所测得的转速传感器波形。

2. 温度传感器检测

（1）测试前的连接

将通用探针测试线连接到预测温度传感器输出信号线上。

（2）操作说明

在“电控发动机参数”菜单中单击“温度传感器”图标，系统进入温度传感器测试界面并显示所测得的相应温度传感器电压数值。

3. 进气管真空度传感器检测

（1）测试前的连接

将通用探针测试线连接到真空度传感器输出信号线上，将 1 缸信号适配器夹在 1 缸高压线上。

（2）操作说明

在“电控发动机参数”菜单中单击“进气管真空度”图标，系统即进入进气管真空度传感器测试界面并显示所测得的进气管传感器波形。

4. 节气门位置传感器检测

（1）测试前的连接

用通用探针测试线连接节气门位置传感器输出信号线，将 1 缸信号适配器夹在 1 缸高压线上。

（2）操作说明

在“电控发动机参数”菜单中单击“节气门位置”图标，系统即进入节气门位置传感器测试界面并显示所测得的节气门位置传感器波形。

5. 爆震信号传感器检测

（1）测试前的连接

用通用探针测试线连接爆震信号传感器输出信号线，将 1 缸信号适配器夹在 1 缸高压线上。

（2）操作说明

在“电控发动机参数”菜单中单击“爆震信号”图标，系统即进入爆震信号传感器测试界面并显示所测得的爆震信号传感器波形。

6. 氧传感器检测

（1）测试前的连接

用通用探针测试线连接氧传感器输出信号线，将 1 缸信号适配器夹在 1 缸高压线上。

（2）操作说明

在“电控发动机参数”菜单中单击“氧传感器”图标，系统即进入氧传感器测试界面并显示所测得的氧传感器波形。

7. 空气流量传感器检测

（1）测试前的连接

用通用探针测试线连接空气流量传感器输出信号线，将 1 缸信号适配器夹在 1 缸高压线上。

（2）操作说明

在“电控发动机参数”菜单中单击“空气流量”图标，系统即进入空气流量传感器测试界面并显示所测得的空气流量传感器波形。

8. 喷油脉冲检测

（1）测试前的连接

用通用探针测试线连接喷油脉冲传感器输出信号线，将 1 缸信号适配器夹在 1 缸高压线上。

（2）操作说明

在“电控发动机参数”菜单中单击“喷油脉冲信号”图标，系统即进入喷油脉冲传感器波形测试界面并显示所测得的喷油脉冲传感器波形。

9. 车速传感器检测

(1) 测试前的连接

用通用探针测试线连接车速传感器输出信号线，将1缸信号适配器夹在1缸高压线上。

(2) 操作说明

在“电控发动机参数”菜单中单击“车速”图标，系统即可进入车速传感器测试界面并显示所测得的车速传感器波形。

1.2.8 测试记录

(1) 测试波形回放

在“测试记录”菜单中单击“测试波形回放”图标，进入波形回放界面。

单击“装载文件”图标，系统弹出测试过程中保存的波形文件夹，供用户选择。选定某一文件后，系统将在该界面下重新显示该波形。

(2) 测试数据查询

在“测试记录”菜单中单击“检测结果查询”图标，系统将显示以前所测所有车的测试结果记录，方便用户查询，也可作为修车档案以备用户查询。

单击“返回”图标可返回上级菜单。

在界面左侧检测车辆栏内单击要打印检测数据的车牌号码，选择检测日期，单击“打印”图标，即可打印所选车辆信息的数据报表。

单击“上传结果”图标，则该数据将向检测线主机传送（检测线联网时用）。

单击工具栏中的第一个“打印”按钮将进入打印机设置界面，设置好后即可进行报表打印。

1.2.9 实用工具

1. 数字万用表

在主菜单中单击“实用工具”图标可进入实用工具菜单，再单击“数字万用表”图标，即进入数字万用表测试界面。

单击“方式选择”图标，在弹出的窗口中选择“电阻”、“电压”、“电流”，可分别进行单项测试（万用表测试笔有红色、黄色和黑色3种，其中红表笔、黑表笔用于测试电压和电阻，其测试范围分别为电阻0～40MΩ、直流电压0～400V；黄表笔、黑表笔用于测试直流电流，其测试范围为0～4A）。

单击“帮助”图标，可进入帮助系统查看技术指导和有关技术数据。

单击“返回”图标可返回上级菜单。

注意

① 在检测电压时，红表笔为“+”，黑表笔为“-”。

② 在检测电流时，黄表笔为“+”，黑表笔为“-”。

③ 在检测电阻时，采用红色表笔和黑色表笔，不分正、负极，但应注意，在测量过程

中用户尽可能不要用手触摸被测电阻。

2. 数字示波器

在主菜单中单击“实用工具”图标可进入实用工具菜单，再单击“数字示波器”图标，即进入数字示波器测试界面。

说明：该示波器通道1设定为通用探针测试线（输入电压不得超过50V），通道2设定为内置通道，可有选择性地显示分析仪传感器所测得的波形（使用通用探针测试线时必须将电瓶电压夹依红+、黑-夹在电瓶的正、负极上）。

图形右侧为示波器功能软开关，其放大图形如图1-80所示，详细功能介绍如下。

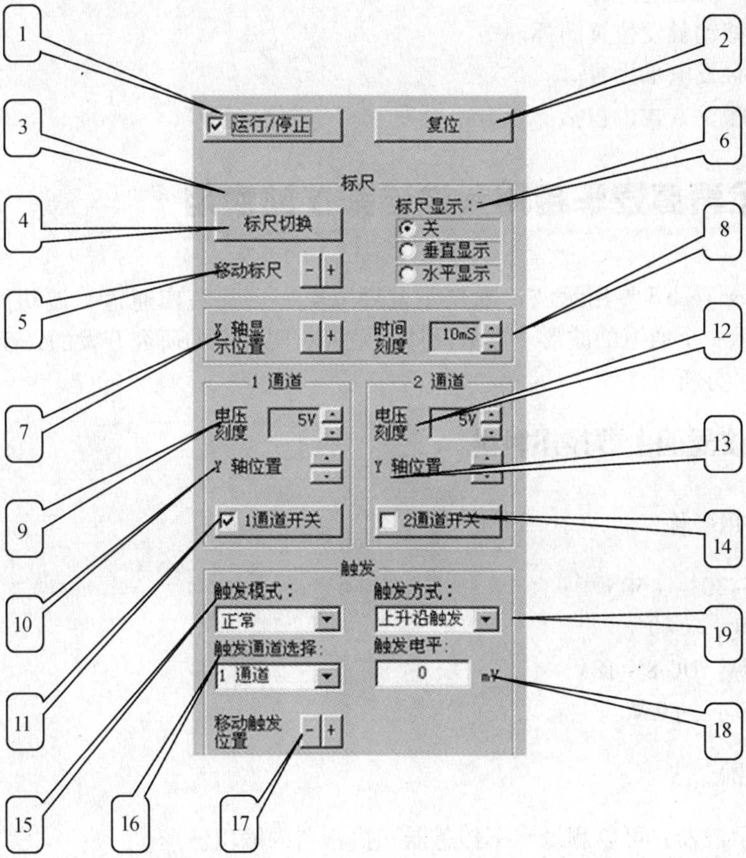

图1-80 示波器软开关功能表示图

图标1：示波器开关，单击此软开关，示波器将在运行和停止之间切换。

图标2：复位，单击此软开关，将更改示波器的当前设置为系统的默认设置。

图标3：标尺操作栏位，该栏位列出所有关于标尺移动和显示的操作开关。

图标4：标尺切换，用于选择即将移动的标尺线。

图标5：标尺移动开关，“+”表示向右（对于垂直标尺）、向下（对于水平标尺）移动；“-”表示向左（对于垂直标尺）、向上（对于水平标尺）移动。

图标6：标尺显示栏，包括“关”、“垂直标尺”、“水平标尺”三种操作。

图标7：X轴显示位置，示波器处于停止状态时，该开关用于将测试过的波形进行回放，“-”表示将波形右移、“+”表示将波形左移。

图标8：时间刻度，用于切换X轴时间刻度。

图标9：1通道电压刻度，用于切换1通道电压刻度。

图标10：1通道Y轴位置，用于上下移动1通道波形。

图标11：1通道波形开关。

图标12：2通道电压刻度，用于切换2通道电压刻度。

图标13：2通道Y轴位置，用于上下移动2通道波形。

图标14：2通道波形开关。

图标15：触发模式选择，该栏位有“自动”、“正常”、“单次”三种触发方式。

图标16：触发通道选择。

图标17：移动触发位置图标。

图标18：触发电平设置。

图标19：触发方式，包括“上升沿触发”、“下降沿触发”。

1.3 金奔腾汽车专用示波诊断仪的使用

金奔腾Diag Tech-I专用示波诊断仪是世界上第一台拥有四通道示波功能的扫描工具，它可以同时演示4个通道的波形。它的设计不是针对实验室的研究开发的，而是用于汽车电路中的电子信号分析。

1.3.1 仪器的主要技术性能

1. 额定使用条件

- 温度：-30～+50℃
- 相对湿度：<80%
- 主机电源：DC 8～18V
- 主机功率：约9W

2. 测量范围

- 四通道示波器：可以测量汽车传感器和执行器的输出波形。
- 智能万用表：可以测量汽车传感器的电压、电流、电阻、频率、占空比、电池电压。
- 点火波形检测：可以测试和分析所有点火模式的初级和次级点火波形。
- 扫描仪：可以进行故障代码检测，测量数据流，测试执行机构。

3. 结构组成

金奔腾汽车专用示波诊断仪主要由主机、程序测试卡、微型计算机和各种测试电缆及接头组成。

（1）主机

主机由主机线路板和外表的显示屏幕、键盘等部分构成，其底面设有插放测试软件卡的槽口。

（2）程序测试卡

程序测试卡装载有测试程序，当连接上汽车的诊断座后，通过操作面板上的相关功能键，可以和汽车的电控系统通信，进行示波器测试等各项诊断功能。

（3）微型打印机

微型打印机与主机相连的是标准并口，用于打印测试结果。

（4）测试电缆和测试接头

测试电缆由连接主机和测试接头的测试主线，以及连接主机和电源及其他部件的测试辅线所组成。测试接头通过测试主线连接主机和车上的诊断插座。

1.3.2　测试前仪器的准备

① 选择测试接头，找到汽车诊断座位置。

② 将仪器正确连接，保证仪器正确通电。

③ 根据要诊断的特殊故障，选择所需的测试系统和相应的测试功能。

1.3.3　测试步骤

1. 示波器

使用示波器功能的连接线路如图1－81所示。开始使用时按下仪器启动开关，仪器屏幕将显示四通道功能主菜单，如图1－82所示。

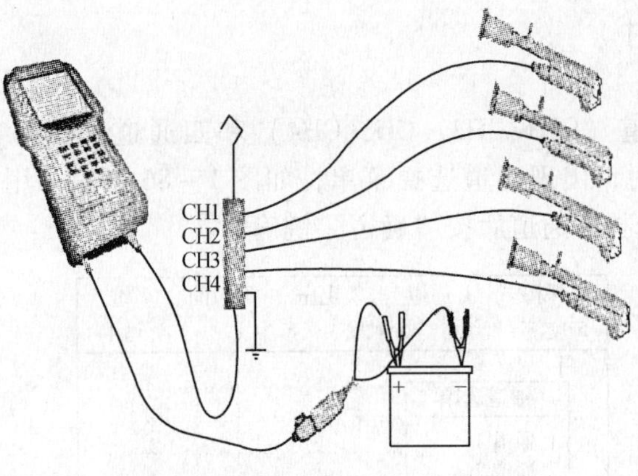

图1－81　四通道示波器的连接线路

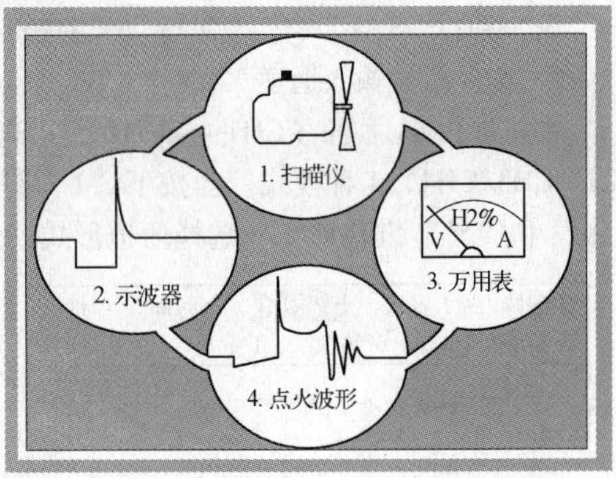

图1－82　主菜单

（1）选择通道

在四通道功能主菜单上按“2”选择示波器功能，进入示波器初始菜单，如图1－83所示。在初始菜单上可根据实际测试的需要选择通道。

（2）传感器选择

在初始菜单上选按“2”时，“自动设置”菜单将出现，如图1－84所示。因为电压等级和传感器的输出速度相互影响，所以要选择适当的传感器。如果在初始菜单中选按“3”，则选择了双通道自动设置模式，相应的菜单也会出现，但该设置还要为CH2选择传感器；如果是四通道自动设置模式，同样还要为CH2、CH3、CH4选择传感器。

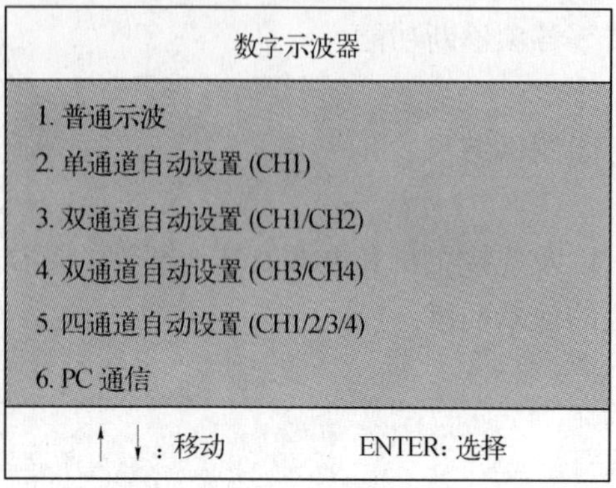

图 1－83 示波器初始菜单

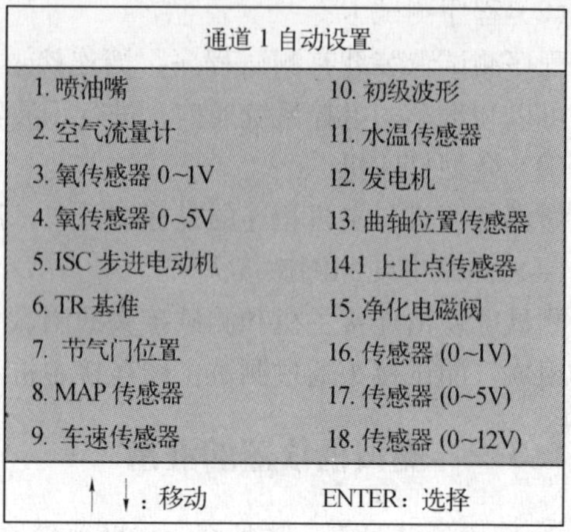

图 1－84 “自动设置”菜单

（3）显示格式

当选择完成后，示波诊断器屏幕会出现如图 1－85 所示的波形显示界面。

① 屏幕的上部是显示控制菜单。

② 屏幕的中部是波形显示。

③ 屏幕的底部是当前状态。

（4）显示控制

在显示控制功能中，可以根据需要改变波形的显示方式。有两种方式可供选择：“普通”和“保持”，实际上就是“保持”模式是否被选中。

第一种：“普通”（即“保持”没有被选中）

1）选择信号输入通道

本机提供单通道（CH1 ~ CH4）、双通道（CH1/CH2，CH3/CH4）和四通道（CH1/CH2/CH3/CH4）4 种模式。当按下“1”键时，出现通道选择菜单，如图 1－86 所示。用“▲”和“▼”键移动光标选择通道形式，选择好通道后按“确定”键确定。

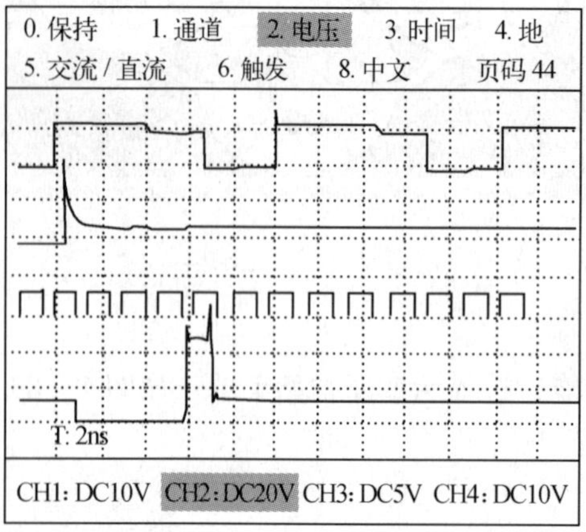

图 1－85 四通道波形显示

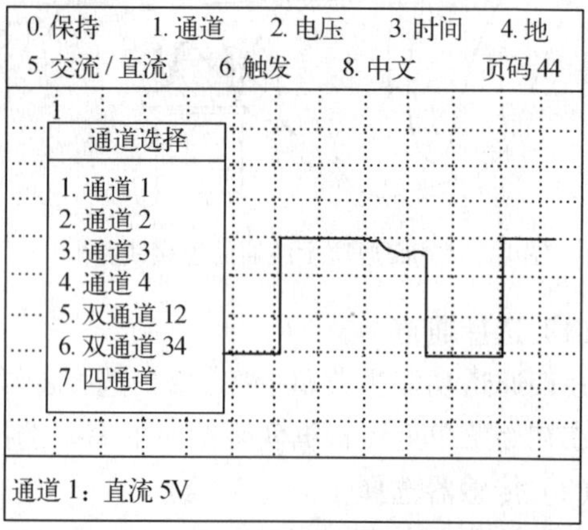

图 1－86 “通道选择”菜单

2）电压划分

对于单通道模式，按下“2”键后，用“▲”和“▼”键可以调节电压划分。对于双通道和四通道模式，需通过“◀”和“▶”键或按下“2”键后再按“确定”键选中要调整的通道，此时会看到光标在窗口底部左右移动，然后可以使用“▲”和“▼”键来调节电压划分。

3）时间划分

时间划分可以通过“◀”和“▶”键在25μs、50μs、0.1ms、0.2ms、0.5ms、1ms、2ms、5ms、10ms、20ms、50ms、0.1s、0.2s、0.5s、1s、2s、5s、10s、20s之间选择。任何超过0.1s的都称为侧倾（ROLL）模式。对于双通道和四通道而言，时间划分的改变对所有通道都是同时的。时间划分调整之后的波形如图1－87所示。

4）地电平的调节

地电平可以用“▲”和“▼”键移动。在双通道和四通道模式下，通过“◀”和“▶”键确认要选择的通道，然后用“▲”和“▼”键来移动地电平。在显示器的最右端，有一个小小的带有数字的倒三角，它指明了地的位置，如图1－88所示。

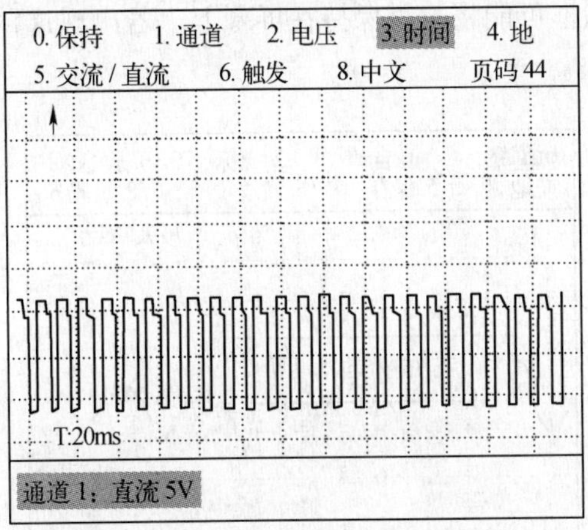

图1－87　时间划分调整后的波形

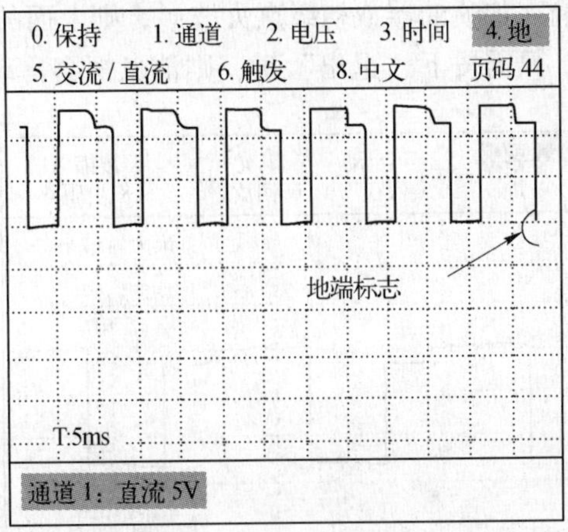

图1－88　地端标志

5）交流与直流电压转换

反复按“5”键，可以在直流模式和交流模式之间转换。系统默认的模式是直流。交流电压模式是用来测试交流信号的，如发电机的波形，如图1－89所示。

6）触发设置

当按下“6”键后，触发设置菜单会出现，如图1－90所示。反复按“1”键可以切换双通道模式下的CH1和CH2及CH3和CH4；在四通道CH1/CH2/CH3/CH4模式下也是同样的操作。反复按“2”键，可以在“自动→普通→单脉冲→自动”几种模式下转换。要首先确定触发信号和触发沿。“3. 触发沿”指明哪种信号作为触发信号：电压的上升沿或下降沿。

第二种“保持”（即选择“保持”模式）

选择“0. 保持”模式停止波形显示，并激活更多的功能用于详细分析，此时屏幕顶端的显示数据已经改变，如图1－91所示。

1）自动设置

启动“自动设置”功能，根据电压的输入自动设置电压划分。当“1”键被按下后屏幕显示“正在进行自动设置”消息框，如图1－92所示，之后消息框会自动消失。如果有高电

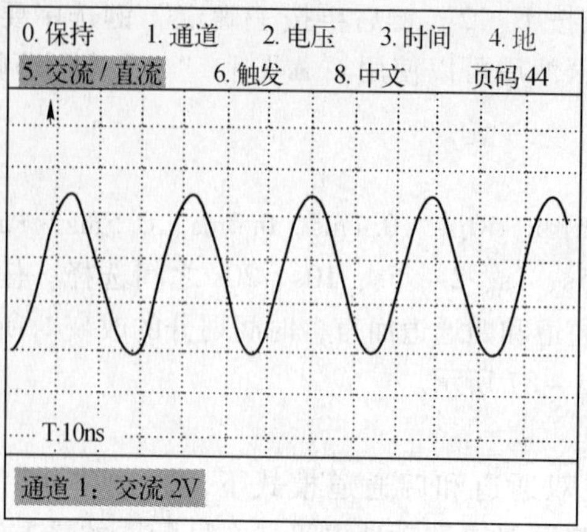

图 1－89 交流波形图

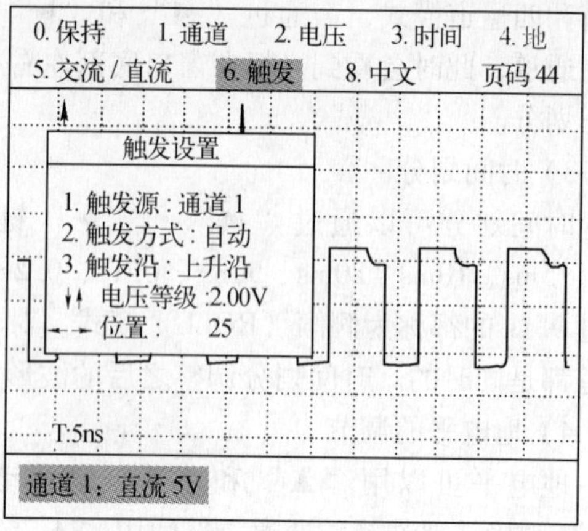

图 1－90 “触发设置”菜单

压输入如喷油器或初级点火波形，则上面的消息框可能将一直保持在屏幕上。若出现这种情况，只需按下“退出”键，则消息框会自动消失。

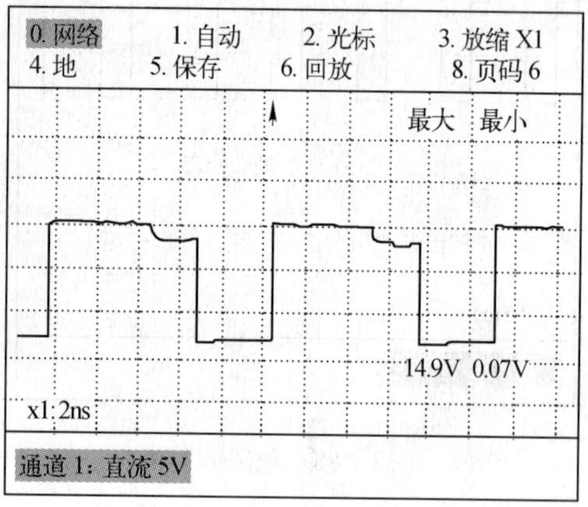

图 1－91 保持模式

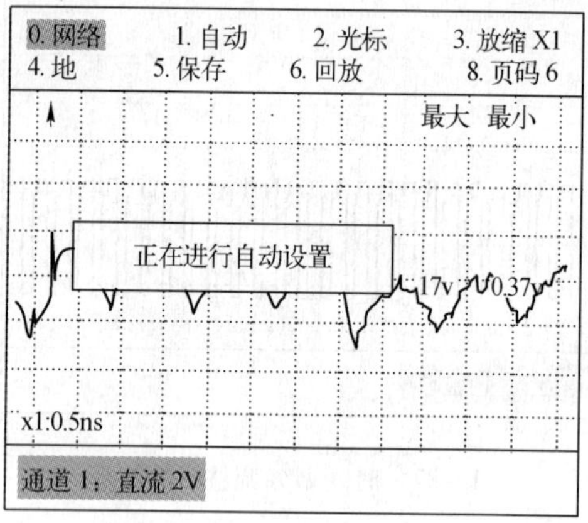

图 1－92 自动设置界面

2）光标

光标选择菜单如图 1－93 所示，菜单说明如下。

①“1. 光标关闭”：关闭光标。

②“2. 光标 A”：打开并移动实线光标。

③“3. 光标 B”：打开并移动虚线光标。

④“4. A＋B”：同时打开并移动实线和虚线光标。

当选择了 2、3、4 时，光标如图 1－94 所示。其中：

- dV 表示水平实线和虚线的电压差；
- dT 表示垂直实线和虚线的时间差；
- xl 表示每格的时间划分。

可以通过方向键移动所选择的光标线。

对于双通道和四通道，可以用“确认”键选择输入通道，dT 和 dV 将按具体通道的时间划分和电压划分计算。所选择的通道将在显示器的下端加亮显示。

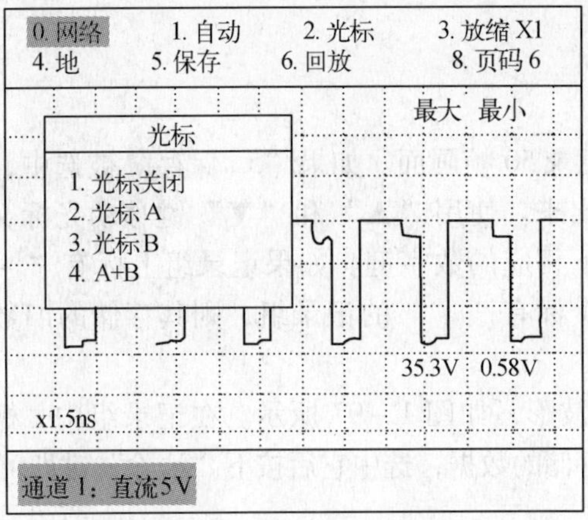

图 1－93　“光标”选择菜单

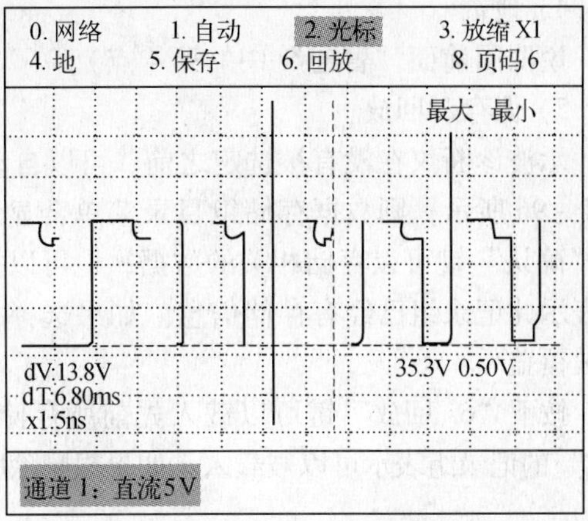

图 1－94　光标显示界面

3）波形的放缩

在水平方向可以放大和缩小波形，增加和减少时间划分也可以达到同样的效果。示波诊断仪有数据存储/载入功能，选择“5”键和“6”键可以实现这些功能。放缩界面如图 1－95所示。当记录的数据被载入时，按下“2”键，通过“▲”和“▼”键可以一帧接一帧地显示记录的波形。

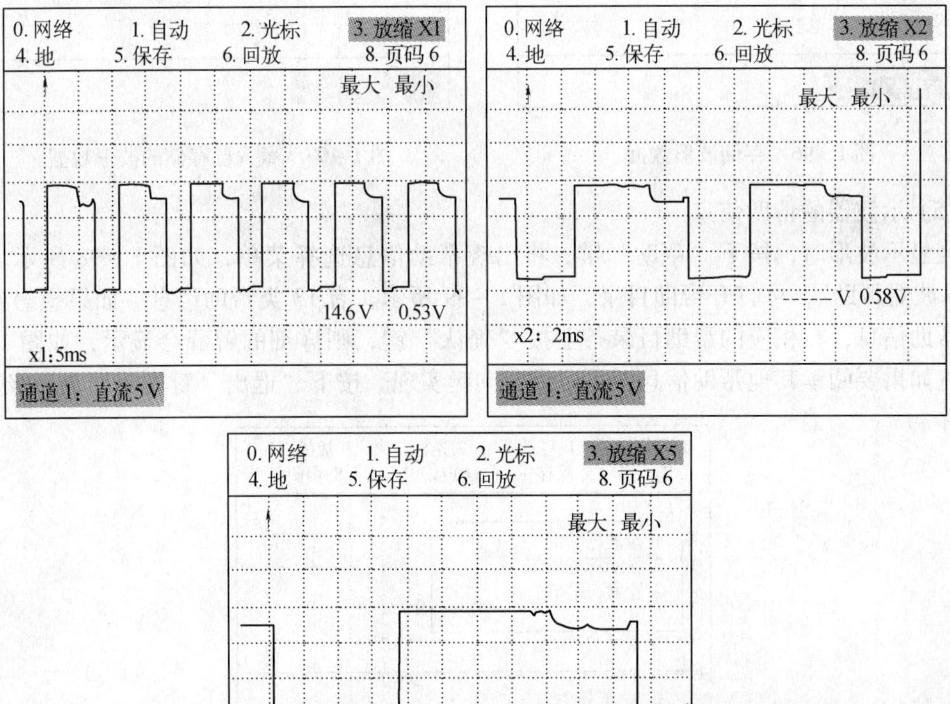

图 1－95　放缩界面

4）地端

说明同前面“普通”中的第4点）。

5）保存和回放

示波诊断仪在没有被选定之前，可以自动记录50帧画面。如果“5. 保存”被选中，如图1－96所示，则数据存储组目录菜单会显示出来。使用“▲”和“▼”键移动光标，按下“确认”键可以存储相关的数据；也可以按下相应的数字键。如果记录组上标有“＊”，则表示此记录组已经有存储信息。如果选择一个标有“＊”的记录组，则其存储的旧数据会被覆盖。

按下“6. 回放”键可以载入先前所存储的波形，如图1－97所示。在记录组中，标有“＊”的记录组表示可以被载入。如果想删除所存储的数据，选中它后按下“清除”键即可。

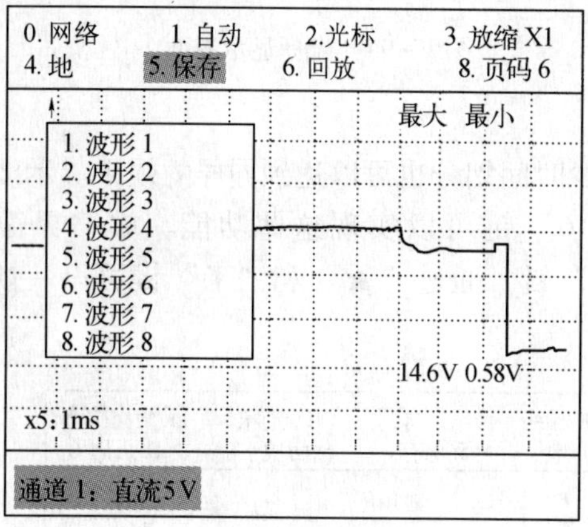

图1－96　存储波形数据

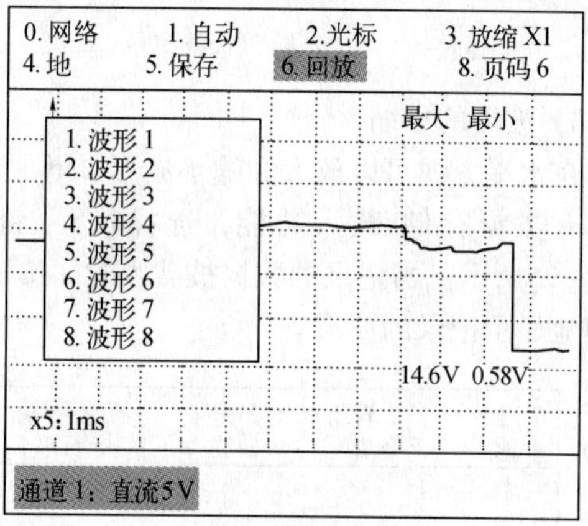

图1－97　载入已存储的波形数据

（5）示波器的帮助信息

当显示波形时，按下“帮助”键，将出现帮助信息选择菜单，如图1－98所示。选择“1. 示波器帮助”，可打开帮助目录，如图1－99所示，有13类帮助信息。如果想得到更详细的帮助信息，在相应的帮助目录条上按“确认”键，则详细的解释会显示，如图1－100所示。如果要阅读其他帮助信息，可以用方向键实现。按下“退出”键则返回上一级目录。

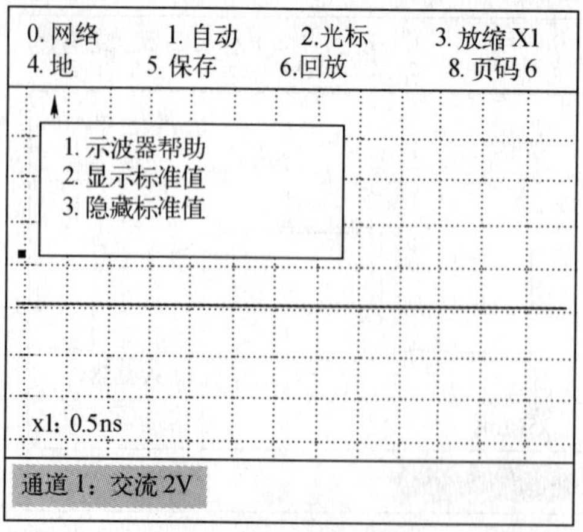

图1－98　示波器帮助菜单

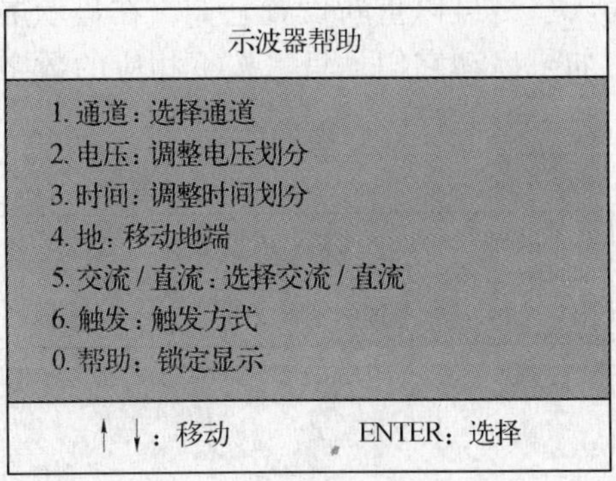

图 1－99　帮助目录

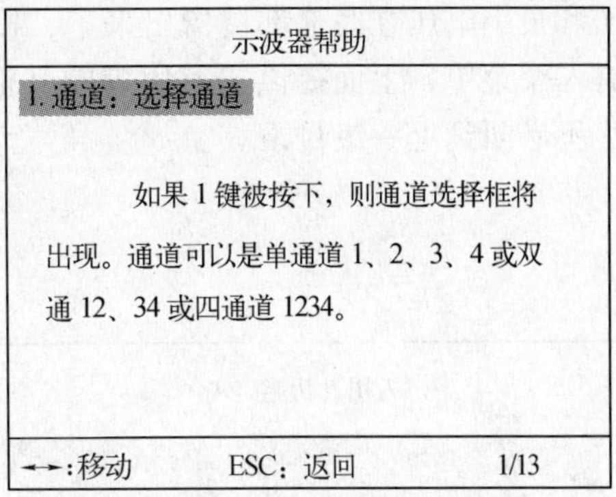

图 1－100　详细的帮助信息

在示波器帮助菜单中，选择“2. 显示标准值”可以看到一个标准的波形；选择“传感器/执行机构”，标准的“传感器/执行机构”波形就会显示出来。

（6）打印输出

用户可以打印当前示波器显示波形或打印从存储地址恢复的存储波形资料。

示波诊断仪测试传感器/传动机构时，如果想打印当前波形，可按下“0”键，画面即被锁定，接着按下“打印”键即可。

2. 万用表

使用万用表功能的连接线路如图 1－101 连接。开始使用时按下启动开关，将显示如图 1－82 所示的四通道功能主菜单。

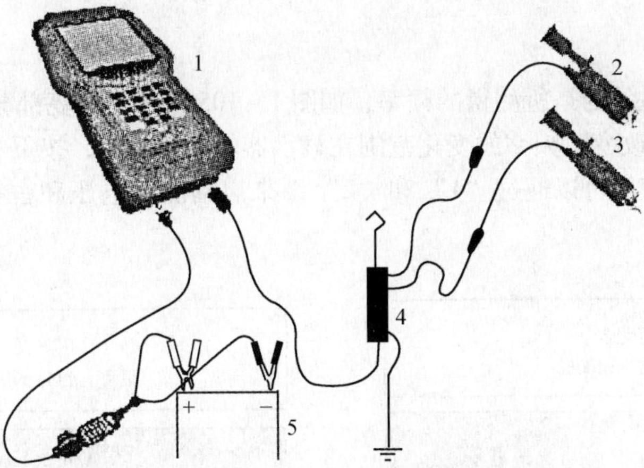

1—主机；2—CH1；3—CH2；4—四通道示波适配器；5—蓄电池

图 1－101　万用表连接线路

按下“3”键，从主菜单上选择万用表功能，屏幕会显示万用表初始菜单，如图 1－102 所示。如果要启动其他功能，可以按下相关的数字键，或者使用“▲”和“▼”键移动光标到想要的功能上，再按下“确认”键确认。

（1）电压表

在显示器中央显示的大号数字就是当前电压，如图 1－103 所示。对于每个通道，最大电压和最小电压在底部都被指出来了，按下“确认”键可以重新设置它们。在显示屏的底部有一个菜单，上面提供了万用表的其他功能。如果启动它们，只需按下相应的数字键即可，不必回到上一级目录。

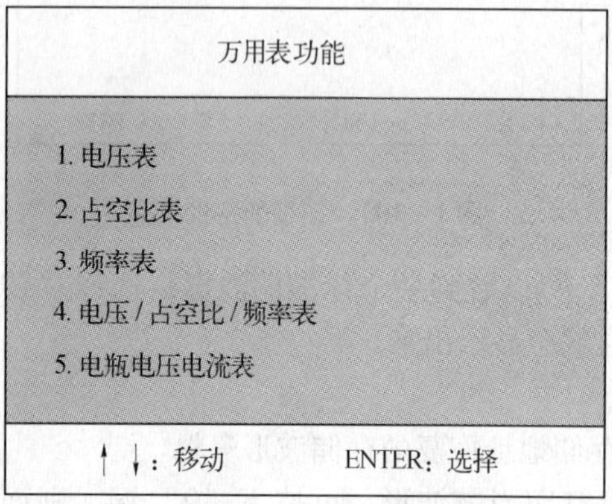

图 1－102　万用表初始菜单

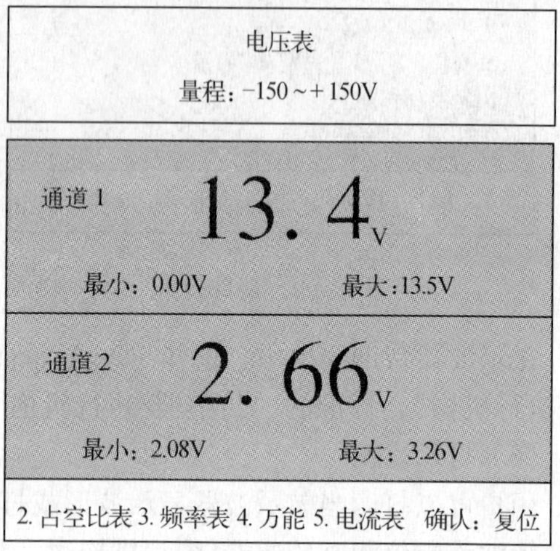

图 1－103　电压表显示界面

（2）占空比

在显示器中央显示的数字是占空比，如图 1－104 所示。在显示屏幕的下方，是用毫秒表示出来的高电平时间和低电平时间。如果要重新设置最大和最小电压，可按“确认”键。在窗口底部的菜单上，可以按下相应的数字键来改变万用表的模式。按下“6”键，可以改变信号的输入通道。

（3）频率表

在显示器中央显示的是所测得的频率，如图 1－105 所示。加亮部分是信号的输入通道，可以通过“6”键来改变。频率的变化范围在显示器的底端显示，按下“确认”键可以重新设置最大值和最小值。可以通过“1”和“2”键来启动测量电压和占空比的功能，而不必回到上一级目录。

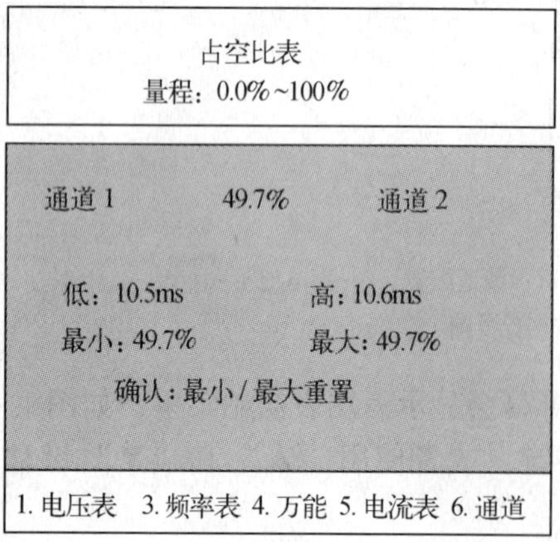

图 1－104　占空比

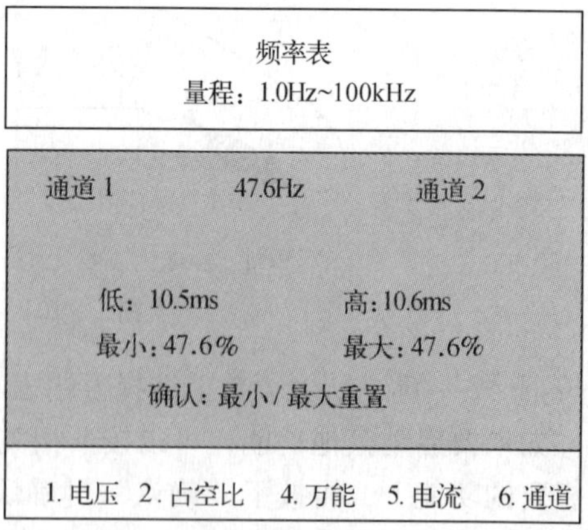

图 1－105　频率

（4）万能模式——电压、占空比、频率

在这种模式下，可以测试电压、占空比、频率，而不必单独选择每种模式，如图1－106所示。如果要回到上一级目录，可按“退出”键。

（5）电瓶电压/电流

测量蓄电池电压和电流的时候必须确保正、负极正确连接，其显示如图 1－107 所示。

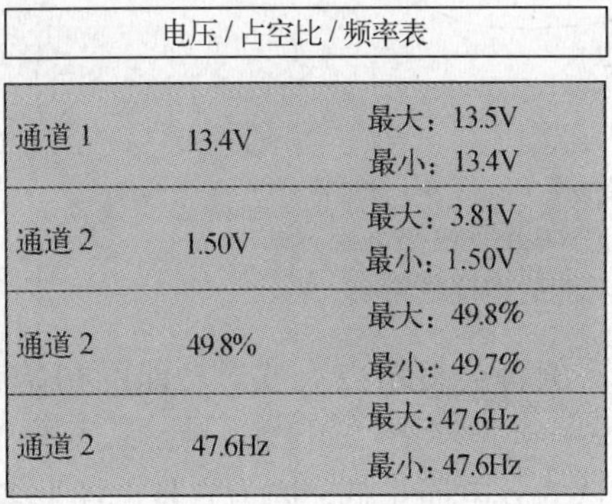

图 1－106　万能模式

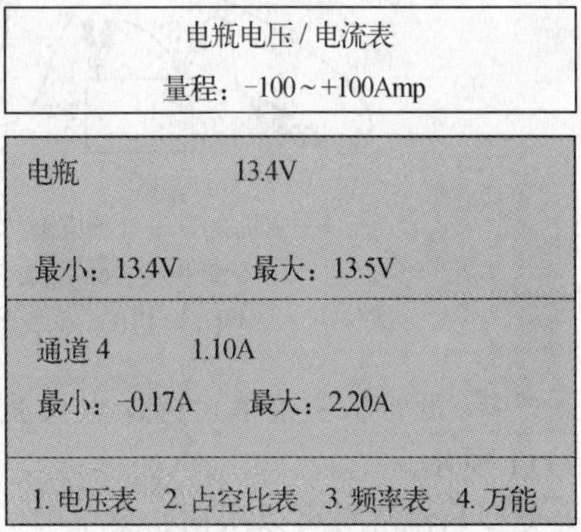

图 1－107　电瓶电压/电流

（6）帮助信息

按下“帮助”键，可以看到万用表每一个功能的目录帮助。如果在电压测试模式下按下“帮助”键，可以看到具体介绍，如图 1－108 所示。对于某一项具体的功能，可以在按下“帮助”键后再选择。如图 1－109 所示，为占空比表的帮助信息。

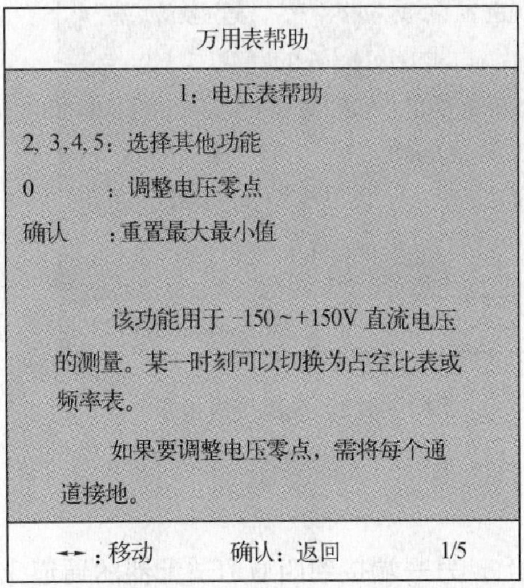

图 1－108　电压表帮助信息

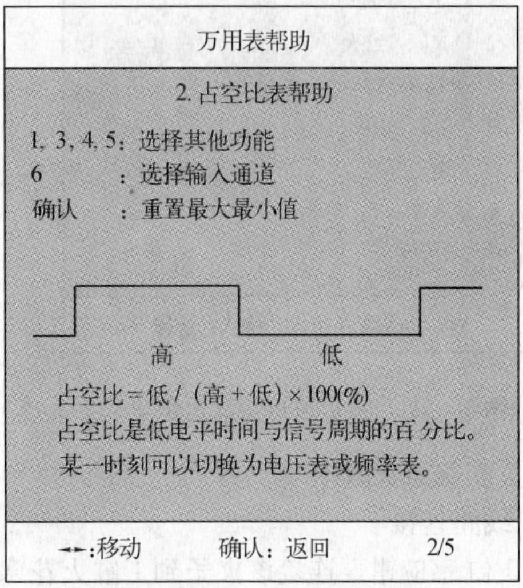

图 1－109　占空比表帮助信息

3. 点火波形

使用点火波形分析功能的连接线路如图 1－110 所示。开始使用时按下启动开关，将显示如图 1－82 所示的四通道功能主菜单。

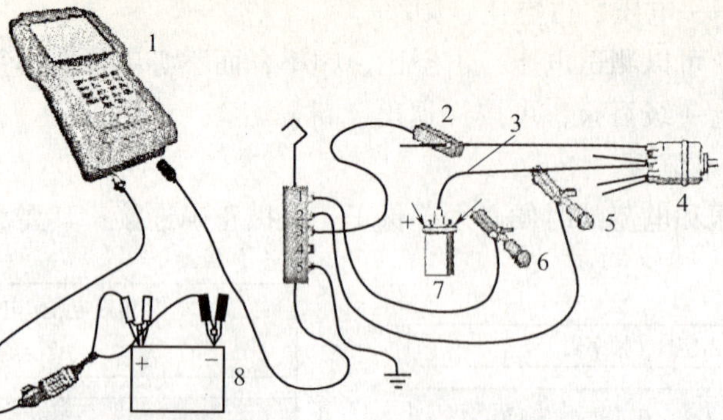

1—主机；2—1 缸感应钳；3—高压线（至 1 缸）；4—分电器；
5—无针探头；6—带针探头；7—点火线圈；8—蓄电池

图 1－110　点火波形分析功能的连接线路

按下“4”键，从主菜单上选择点火波形功能，屏幕会显示点火波形功能的初始菜单，如图 1－111 所示。

点火类型与汽缸号可以从初始菜单中选择，默认为分电器 4 缸，因为它是市场上多数汽车的代表。

选择好车型后，按“帮助”键可以查看线路连接说明，如图 1－112 所示。

点　　火

1. DLI 分别点火
2. DLI 同步点火
3. 分电器 3 缸
4. 分电器 4 缸
5. 分电器 5 缸
6. 分电器 6 缸
7. PC 通信

↑↓ ：移动　　确认：选择

图 1－111　点火波形功能初始菜单

点火线路连接方法

通道 1：在初级线圈上连接示波器探头。这里示波器探头是带针的探头。

通道 2：在总线或某个汽缸上连接次级探头。该次级探头有红色标志。

通道 3：在#1 汽缸上连接#1 探头。对于 DLI，1 号线不用，并且是无关的。

通道 4：连接一个电流表探头。该电流表用于测量电瓶电流。

←→ ：移动　　ESC：返回

图 1－112　线路接线说明

（1）初级点火波形

1）线路连接

① 1 缸感应钳。连接该夹子到 1 缸火花塞电缆上，另一端接到四通道适配器的通道 3。

② 初级点火信号。连接带针探头到初级点火线圈的负极线，另一端插入示波诊断仪的通道 1。点火波形线路连接如图 1－113 所示。当线路连接完成后，按“帮助”键，将出现点火波形显示。

2）波形分析

① 波形显示。当探头连接好后，示波诊断仪收到来自汽车的信号，初级点火波形将被显示出来，如图 1－114 所示。

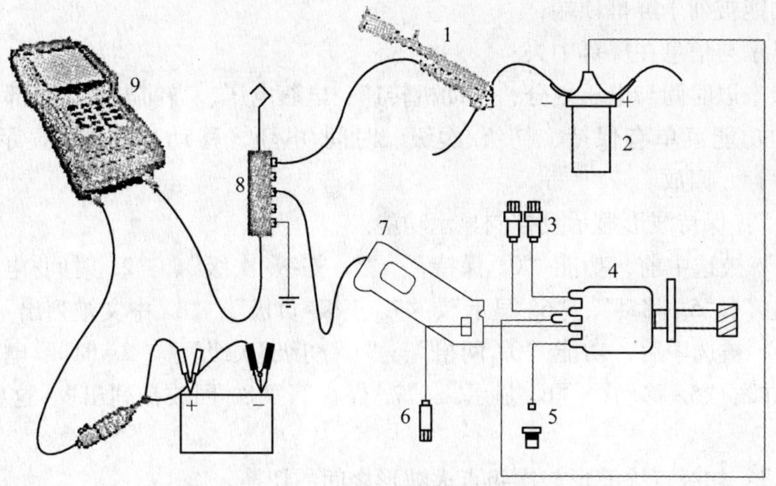

1—带针探头；2—点火线圈；3、5—火花塞；4—分电器；
6—1 缸火花塞；7—1 缸感应钳；8—CH1、CH2；9—主机

图 1－113　点火波形线路连接

② 错误。如果线路连接错误或信号拾取失败，将出现错误信息，如图 1－115 所示。

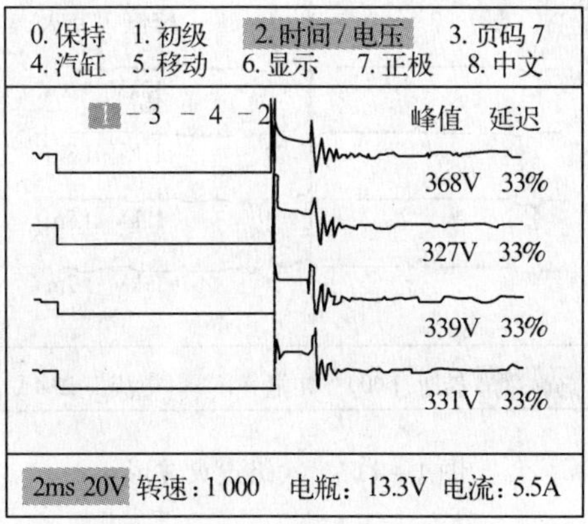

图 1－114　初级点火波形

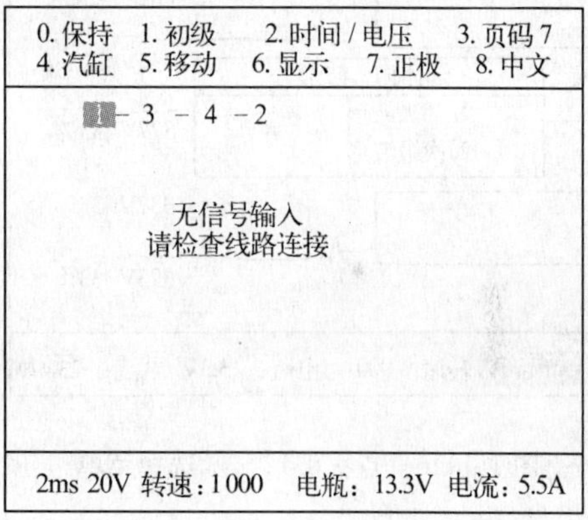

图 1－115　错误信息

a. 不正确的线路连接：检查线路连接。

b. 信号检取失败：检查是否有使用示波诊断仪的示波器功能经由 CH1 通道的信号输入。

检查方法是，结束点火波形功能并回到主菜单（图 1－82）中，选择示波器功能。从初始菜单（图 1－83）中选择单通道自动设置，再从 CH1 的自动设置菜单中选中“初级点火波形”。

c. 如果发动机运转，点火线圈必须产生初级电压。如果没有信号出现，则表明探头连接到了错误的接线上。

3）显示控制

用户可以控制点火波形的显示方式，使之适合于自己的爱好或意图，如带有如下功能：放大/缩小/移动/变换，保存/加载等。

对于所有的波形显示：

➢ 控制功能被列于屏幕顶端；
➢ 波形显示与信息在屏幕中央；
➢ 当前状态以时间与电压划分，发动机转速、电瓶电压、当前电流在底部；
➢ 可用的功能菜单有保持、初级/次级、时间/电压、移动、汽缸、显示、正/负、网格、保存、回放。

①“保持”：保持波形显示及控制显示功能。

“0. 保持”被选中前，功能“0. 保持”、“1. 初级/次级”、“2. 时间/电压”、“3. 页码”、“4. 汽缸”、“5. 移动”、“6. 显示”、“7. 正极/负极”、“8. 中文被列出”。

“0. 保持”被选中后，功能“0. 网格”、“1. 初级/次级”、“2. 时间/电压”、“3. 页码”、“4. 汽缸”、“5. 移动”、“6. 显示”、“7. 保存”、“8. 回放被列出”。这些功能用于暂停显示。

②“初级”：初级点火波形与次级点火波形之间的切换。

当在显示波形期间按下“1”键时，点火波形显示选择菜单出现，如图 1－116 所示。

如果选择了“次级”，则显示模式将被修改为次级点火波形模式，如图 1－117 所示。

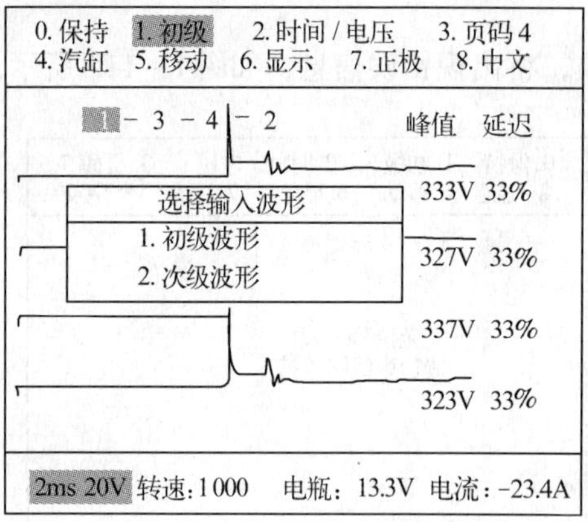

图 1－116 点火波形显示选择菜单

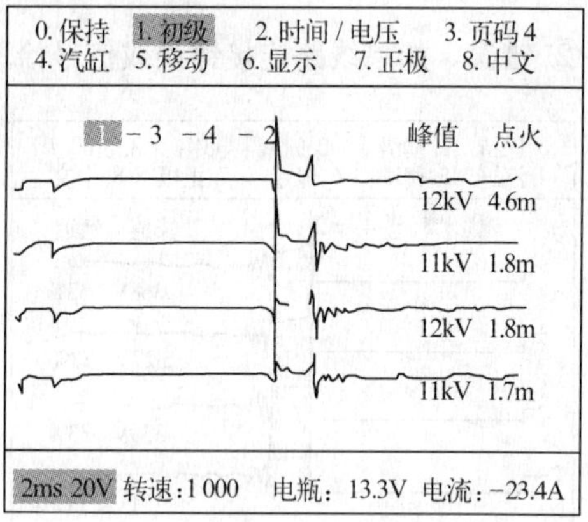

图 1－117 次级点火波形

③“电压”：修改时间与电压划分。

a. 时间划分：当“◄”、“►”键按下时，时间划分将在 0. 5ms→1ms→2ms 每格之间变化，默认为 2ms/div。时间划分的变化有水平微调功能。

b. 电压划分：当“▲”、“▼”按下时，电压划分在 1V→2V→5V→10V→20V→50V→100V 每格之间变化，默认为 50V/div。电压划分的变化也用于垂直方向的微调。

按“0”（保持）键使过程暂停时，初级点火波形模式下的电压控制功能不可用，次级点火波形模式下的电压控制功能仍然可用。时间与电压划分的调整如图 1－118 所示。

④“移动”：移动波形。按“5”键后，通过“◄”、“►”与“▲”、“▼”键可以左右、上下移动当前显示的波形，如图 1－119 所示。

⑤“汽缸”：单波形显示模式下选择一个汽缸。

对于 4 缸分电器发动机，1 号汽缸波形首先显示，其他汽缸的波形依次显示。按“4”键后再按“◄”、“►”键。前面讲过，大多数 4 缸发动机的点火顺序为 1－3－4－2，而对于 5 缸或 6 缸发动机，用户必须分别输入点火顺序。

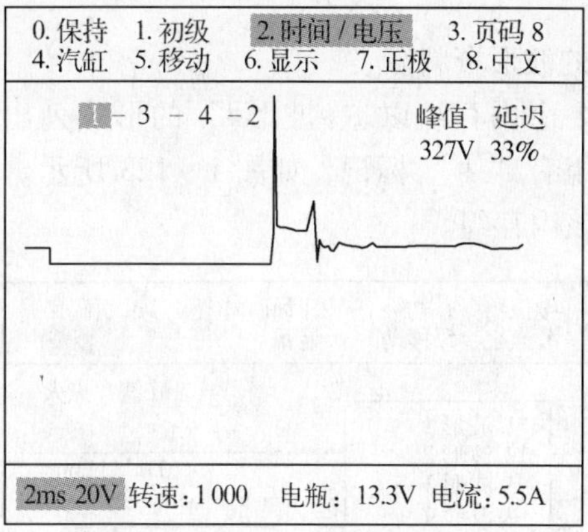

图 1 – 118　时间与电压划分的调整

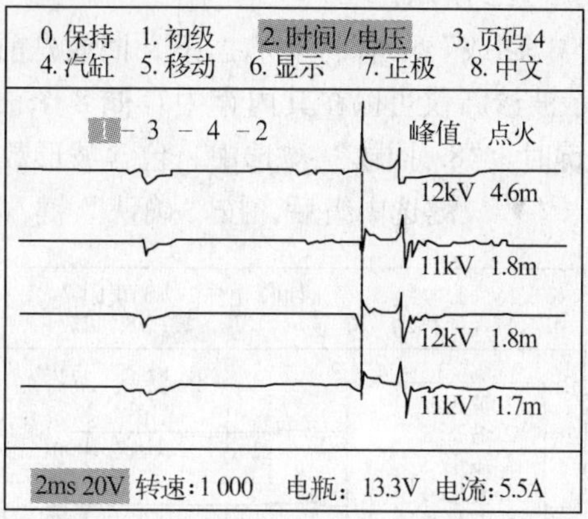

图 1 – 119　波形的移动

显示波形时，汽缸号被加亮，如 1 – 3 – 4 – 2。如果“▶”键按下，其他汽缸的波形将依次被选中：1 – 3 – 4 – 2，1 – 3 – 4 – 2，1 – 3 – 4 – 2。对于 3 缸发动机，顺序为 1 – 3 – 2。

⑥“显示”：修改显示模式为单显示、并列显示或条形图显示，条形图显示如图 1 – 120 所示。

a. 单显示：每个汽缸分别显示波形。

b. 平行显示：并排显示多个汽缸的波形。

c. 条形图显示：通过柱状图及数值显示汽缸最大电压值，每个汽缸的延迟角也一同显示。

⑦“正极/负极”：选择放电极性，只适用于无分电器点火。

⑧“网格”网格线开/关。网格打开如图 1 – 121 所示。

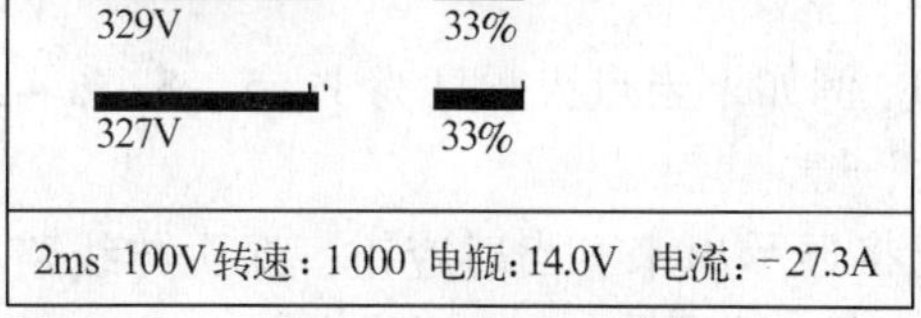

图 1 – 120　条形图显示

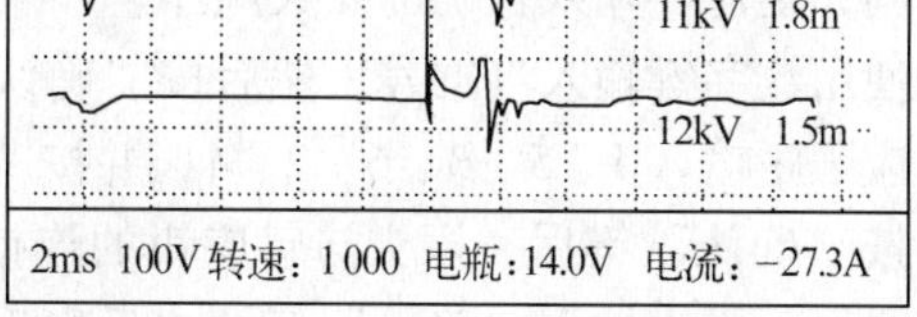

图 1 – 121　网格打开

⑨“保存”：保存记录的波形资料。

这部分功能的解释同示波器部分的解释。示波诊断仪记录 50 帧波形资料，可以通过选择“页码”来回放记录的波形资料。

当重新开始显示波形时，波形资料将被清除，除非资料被保存在示波诊断仪的内存中。“保存”功能必须用于保存所记录的资料，被保存的资料也可以下载到 PC 上。

选择内存组用于保存资料，并按“确认”键。其中，已被使用的组带有“ * ”标志，如图 1－122 所示。

⑩“回放”：“保持”状态下，回放先前保存的波形资料。

示波诊断仪可以在其内存中存储 8 个波形，8 个内存组以“#波形#”的形式列出。按“8”键时，“8. 回放”被选中，包含波形数据的组有“＊”标记，如图 1－123 所示。使用“▲”、“▼”键选中组后，按“确认”键，选中该内存组。

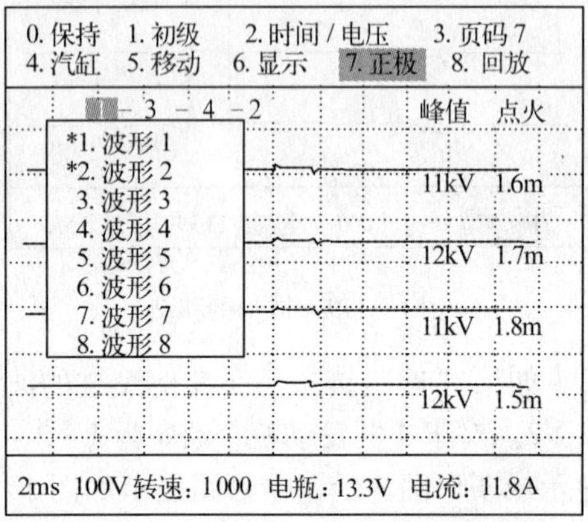

图 1－122 保存波形数据

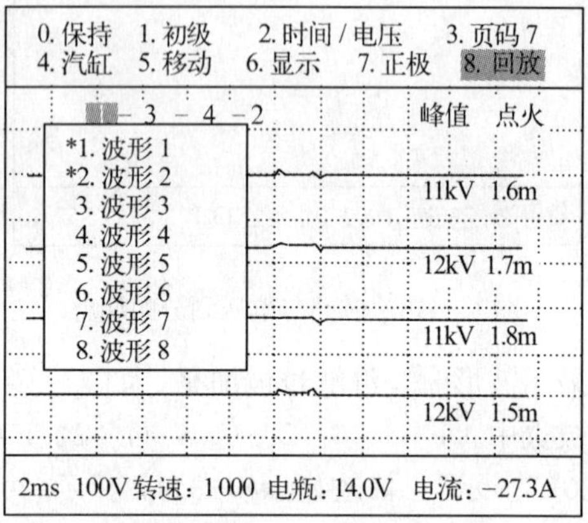

图 1－123 回放保存的波形数据

要从内存组中删除保存的资料，可将光标定位于其上，按“清除”键。

⑪“页码”：“保持”状态时，回放临时记录的波形资料。

“0. 保持”选中时，示波诊断仪自动记录 50 帧波形资料并重复这个过程。通过“▲”与“▼”键，可以回放被记录的波形资料。资料是临时记录的，并且按“ESC”键时会被删除。为了将来使用，可以保存资料，选择“保存”可将资料保存到示波诊断仪的内存中。

4）5 缸或 6 缸分电器发动机的初级点火波形

4 缸发动机的点火顺序为 1－3－4－2，5 缸或 6 缸的发动机可能不同，因此需要手工输入 5 缸和 6 缸发动机的点火顺序，其他所有过程保持相同。

输入点火顺序的操作如下。

当从主菜单中选中“分电器 6（或 5）缸”时，输入点火顺序的界面显示出来，如图 1－124 所示。6 缸发动机的默认点火顺序为 1－2－3－4－5－6，如果汽车的点火顺序与此不同，则需要输入正确的点火顺序。

使用数字键输入汽缸号，然后按“确认”键。例如，当点火顺序为 1－5－3－6－2－4 时，应顺序输入 1、5、3、6、2、4，并按“确认”键。

按“确认”键后，探头与感应钳的连接情况将显示出来。当感应钳、探头与线路的连接完成后，再次按下“确认”键，之后出现波形显示，如图 1－125 所示。

重新输入的点火顺序将显示于屏幕上部，与 4 缸发动机的显示方式相同。类似的 6 缸发动机波形可以显示在一个屏幕中，峰值电压柱状图也一同显示。

（2）次级点火波形

1）线路连接

① 触发感应钳：

a. 连接该钳到 1 号汽缸的高压总线；

b. 另一端插入示波诊断仪的通道 3。

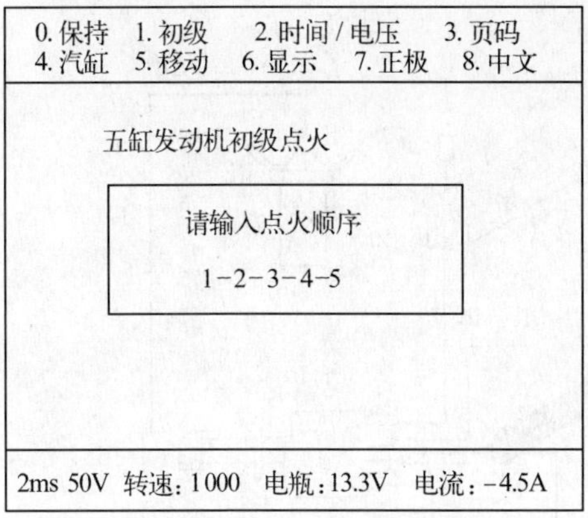

图 1－124　输入 5 缸发动机的点火顺序

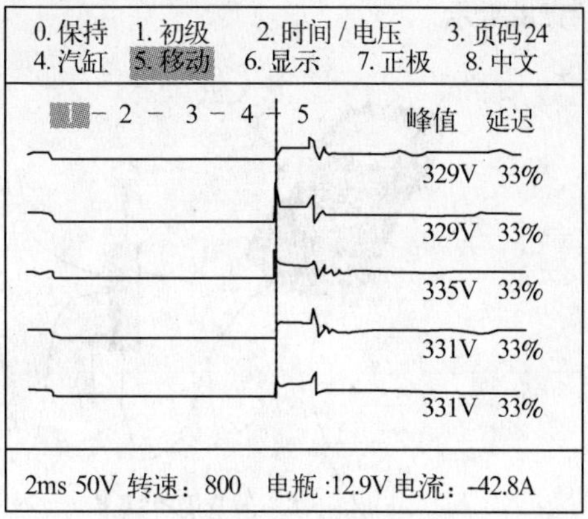

图 1－125　五缸初级波形

② 总线探头：

a. 将该探头（红色无针）接到连接分电器与点火线圈的总线上；

b. 另一端插入示波诊断仪的通道 2。

2）菜单选择

如果在初级波形显示期间选择了“初级”，则输入波形选择菜单将出现，如图 1－126 所示。

选择“次级”之后触发选择菜单出现，如图 1－127 所示。

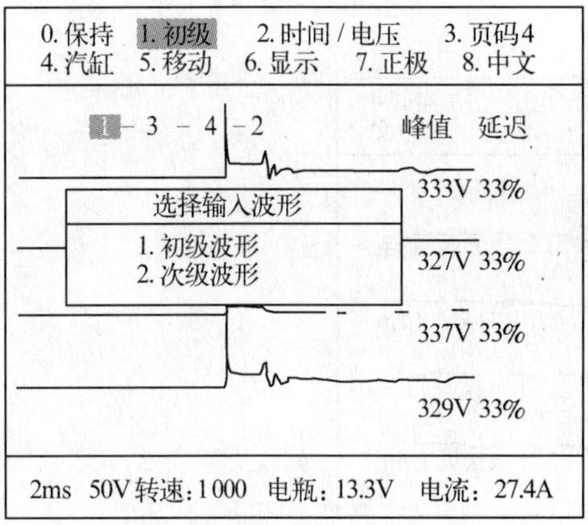

图 1－126　输入波形选择菜单

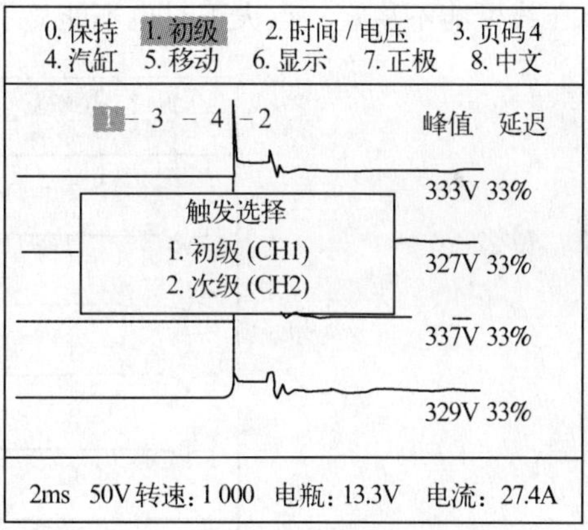

图 1－127　触发选择菜单

3）触发选择

① 选中接收触发信号的探头。

② 这种触发选择方式是为了得到无分电器发动机较好的次级点火波形。在一些无分电器点火的车上，初级线可能难以找到。

③ 由于分电器发动机常规车辆的初级线很容易找到，所以强烈推荐选择“初级信号”作为触发。次级信号不够稳定，因为它依赖于发动机转速和负载。这种情况下，示波诊断仪可能不能正确显示电压线。

④ 使用初级信号作为触发，将示波器的带针探头连接到初级点火线圈的负极线，另一端接到示波诊断仪的 CH1 通道（这些线路连接推荐用于所有分电器点火的汽车），如

图 1－128 所示。

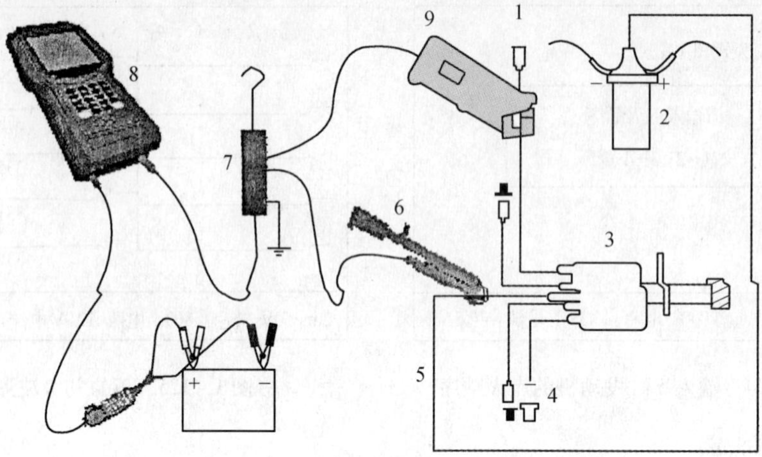

1—1 缸火花塞；2—点火线圈；3—分电器；4—火花塞；5—分电器总线；
6—次级点火测试线；7—CH2、CH3；8—主机；9—1 缸感应钳

图 1－128　分电器点火线路连接图

选择“初级”，然后按“确认”键，线路连接的信息将显示出来。再次按“确认”键，则次级波形将显示出来。

⑤ 如图 1－129 所示，显示了使用初级触发信号的波形。如果选择次级信号作为触发，则电压线可能不稳定，点火正时也不能显示。

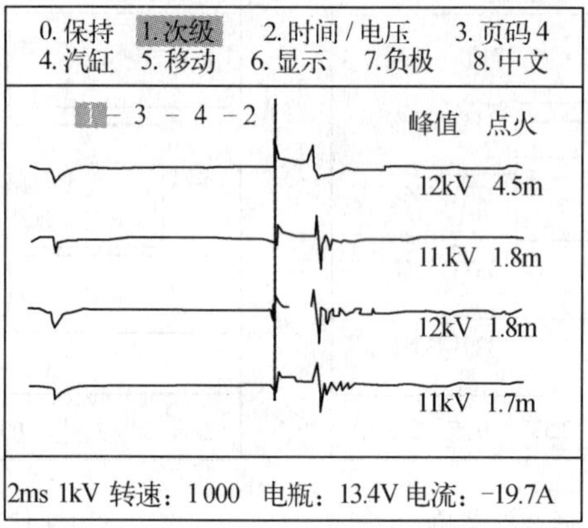

图 1－129　次级点火波形——初级触发

⑥ 在条形图模式下，如果选择初级触发，则会显示点火正时与峰值电压；如果选择次级触发，则只显示峰值电压，如图 1－130 所示。

（3）无分电器点火

“DLI”表示无分电器点火，即一种不带分电器的点火系统。由于无分电器点火的汽车采用 1 个点火线圈服务于 1 个或 2 个火花塞，因此为了正确地连接与显示，需要有不同的过程。

1）分别点火型

① 菜单选择。

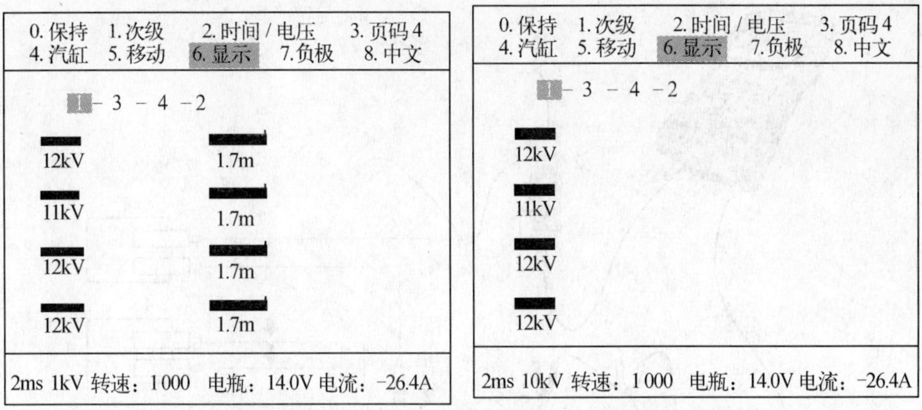

图 1－130　次级条形图——初级触发和次级触发

a. 从发动机类型选择菜单中选择“1. D. L. I.”分别点火类型之后，示波诊断仪界面如图 1－131 所示，显示线路连接信息。

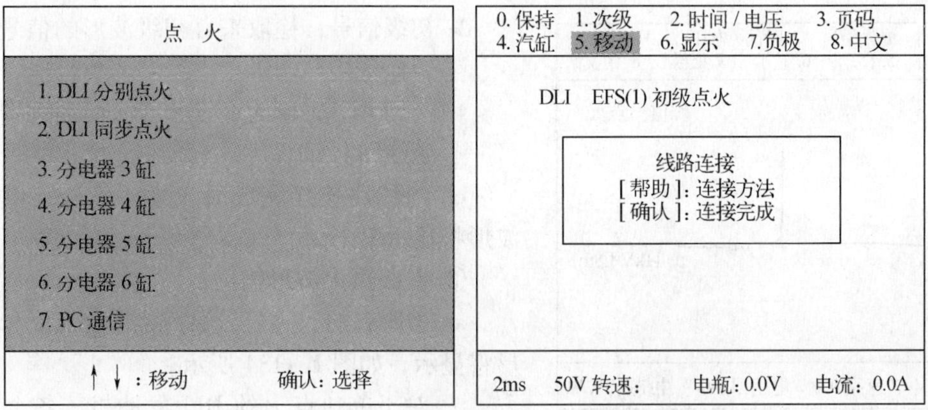

图 1－131　初级线路点火波形及连接信息

b. 当按下“确认”键时，“搜索信号”的信息会暂时显示；然后初级点火波形显示出来，如图 1－132 所示（若选择了次级触发，则显示次级波形）。

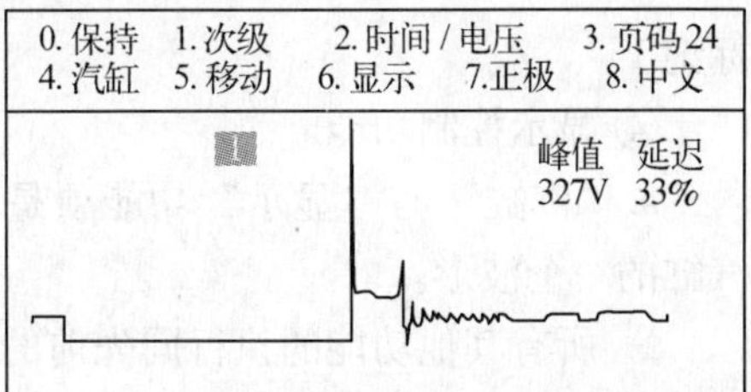

图 1－132　初级点火波形

② 次级点火波形。

a. 要改为次级波形，只需在显示初级波形时按“1”键选择“1. 初级”，即可切换至次级。

b. 触发选择。为了显示次级点火波形，必须选择触发信号。

➢ 次级信号：检取来自次级波形本身的触发信号。将无针探头接到连接每个火花塞的高压线路的一条，另一端接到 CH2，不要接到 CH1，如图 1－133 所示。

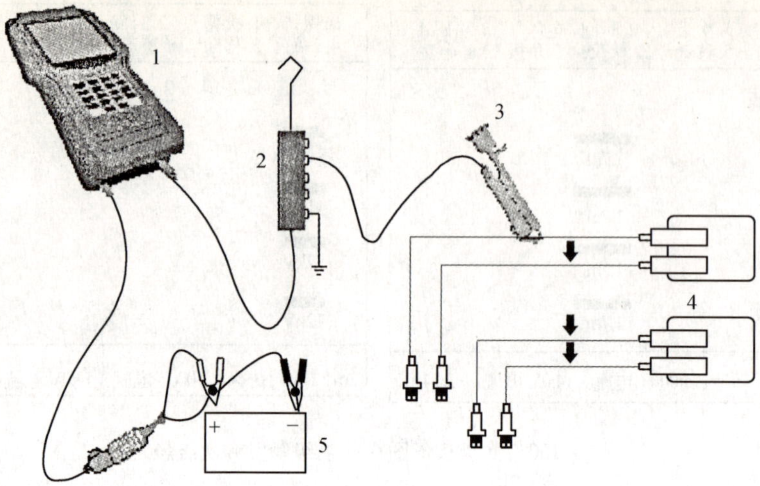

1—主机；2—CH2；3—次级点火测试线；4—点火线圈；5—蓄电池

图 1－133　检测次级波形触发信号的连接线路

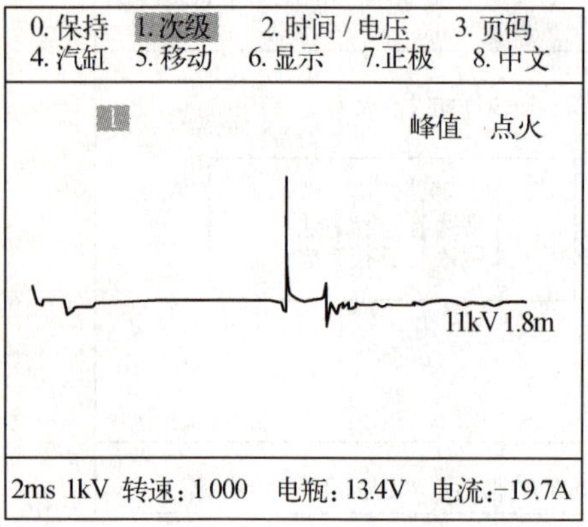

图 1－134　次级点火波形

➢ 初级信号：检取来自初级波形的信号。将带针探头接到初级点火线圈的负极线，另一端接到 CH1；同时，无针探头两端分别接到高压线路与 CH2。

c. 当线路连接完成时，按“确认”键，次级波形将显示出来。

③ 次级点火波形输出。

a. 当所有的探头与线路连接均完成时，点火波形将显示，如图 1－134 所示。

b. 对于单独点火的 DLI 发动机，各个汽缸的波形必须一个接一个地查看。连接无针探头到其他的高压线路上，然后重复先前的过程，汽缸号一直标记 1。

④ 显示控制功能。

a. “汽缸”与“显示”功能项是不随分别点火 DLI 发动机而变化的，每次只能看某个汽缸的一个波形。

b. 所有其他功能的执行同先前的说明，可参考分电器型发动机汽车部分。

2）同步点火型——双终端线圈

① 触发选项及探头连接。

a. 双终端线圈 DLI 发动机，每个点火线圈服务两个火花塞。

b. 该类汽车可分为三种类型，如下所示。

➢ 类型 A：两个高压线的一个是露出来的，另一个隐藏于金属防护物内部。

➢ 类型 B：两个高压线均露出来，但初级线不可用。

➢ 类型 C：没有初级线可用，一条高压线隐藏。

c. 对于类型 A，可以使用初级触发，这样可以得到稳定的波形显示。将带针探头连接到初级点火线圈的负极线，无针探头接到露出的高压线，接线如图 1 – 135 所示。

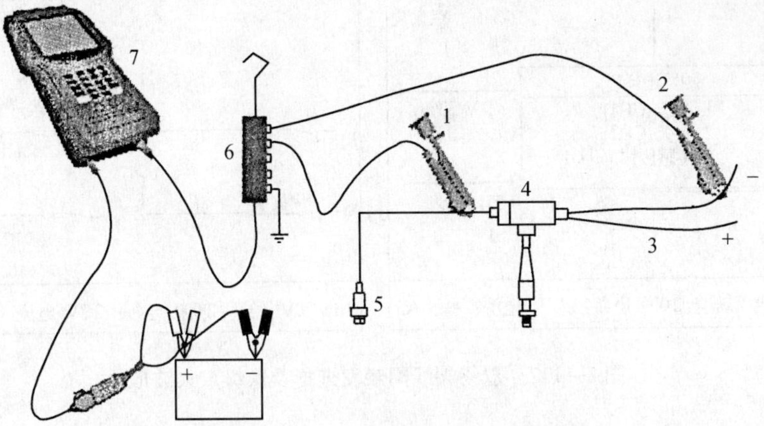

1—次级点火测试线；2—示波器探头；3—初级点火信号线；4—点火线圈；
5—火花塞；6—CH1、CH2；7—主机

图 1 – 135　双终端线圈初级触发接线图

d. 对于类型 B，可以选择次级触发，使用 1 缸感应钳；将该钳连接到一个负极高压线（CH2），无针探头接到其他的正极电缆（CH2）。

e. 对于类型 C，不能得到稳定的波形显示。只连接无针探头到高压电缆，一个无针探头用于电压感应与次级触发的检取，波形可能不稳定。

② 波形显示。

当所有的探头与线路连接完成后，点火波形将显示出来，如图 1 – 136 所示。

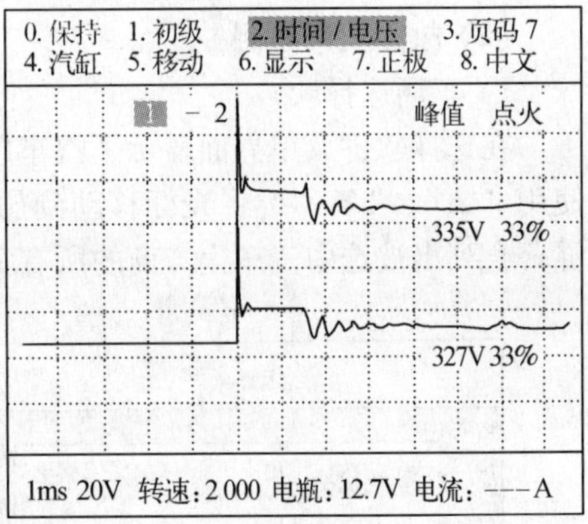

图 1 – 136　双终端线圈初级点火波形

③ 次级波形。

a. 如果选择次级触发，示波诊断仪将显示次级波形而不显示初级波形。当使用初级触发时，示波诊断仪首先显示初级波形，可通过选择“1. 初级”项修改模式到次级波形。

b. 触发选择。当从上面的菜单中选中次级波形后，触发选择菜单会出现。可根据线路连接选择触发，如图 1 – 137 所示。

④ 显示控制功能。

负/正：选择火花点火的放电极性。

当选择的极性与汽车的实际放电极性不同时，波形可能显示颠倒或根本不能显示。当按下“7”键时，极性在正、负之间切换。

4. 扫描仪

(1) 初始化

开始使用时按下启动开关，接通设备电源后，在系统初始化期间将显示几秒钟的初始图标。然后显示如图 1 – 82 所示的四通道功能主菜单。

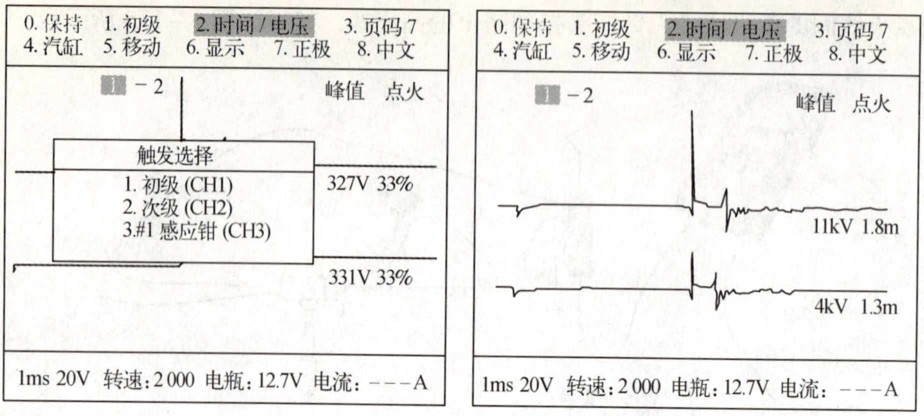

图 1－137 双终端线圈触发选择及次级点火波形

按下“1”键，从主菜单上选择扫描仪功能，屏幕会显示软件选择菜单。

1）线路连接

为测试的车辆选择适当的诊断接头，并与车辆的“DLC”接头相连。车辆诊断接头的位置各有不同，通常在隔板下面，有时在乘客座位的手套箱下面或发动机舱内。

2）软件选择

从主菜单中选择“1. 扫描仪”后，出现软件选择菜单，可根据提示选择。

（2）故障代码检测

1）车辆选择

在选择软件菜单界面显示了汽车厂商的选择菜单，如图 1－138 所示。按下相应号码或使用“▲”、“▼”键将光标移动到想要的对象上，再按“确认”键，可以选中某个选项。屏幕会列出被选中汽车生产商的所有车辆型号，如图 1－139 所示。

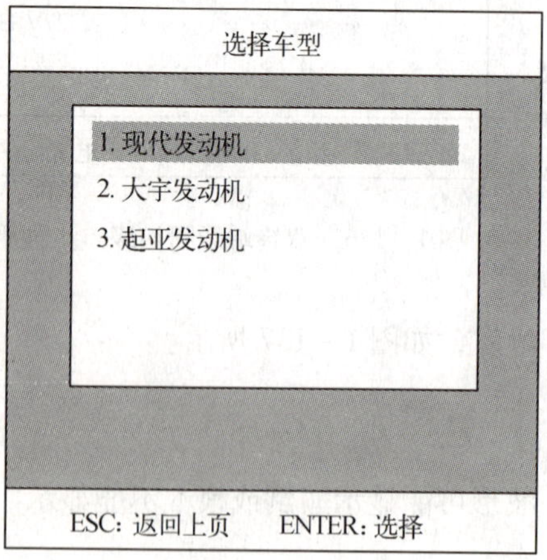

图 1－138 汽车厂商选择菜单

图 1－139 车辆型号选择菜单

2）车型选择

在选择车型菜单界面选择车型，按下相应号码或使用“▲”、“▼”键将光标移动到想要的对象上，再按“确认”键确认。

3）控制系统选择

当车型选择过程完成后，出现控制系统选择菜单，如图 1－140 所示。用户选中想要的控制系统后，如果设备通信正常，则示波诊断仪将自动完成测试。

4）功能选择

如图 1－141 所示，示波诊断仪将此前选中的车辆设备的具体功能显示在屏幕上，供用户选择使用。

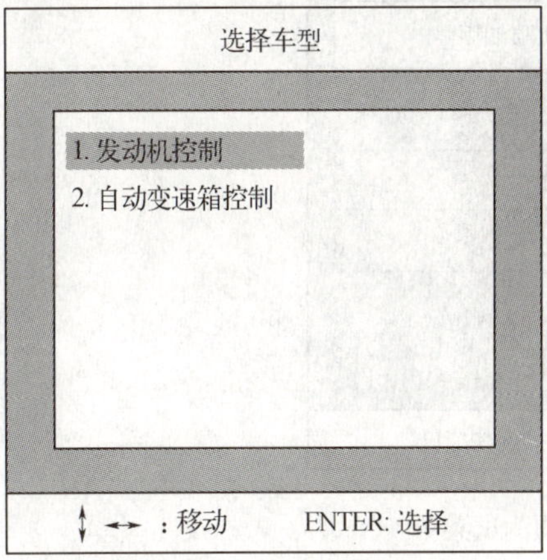

图 1－140　控制系统选择菜单

图 1－141　功能选择菜单

5）读取故障代码

当选择“1. 自诊断”功能后，示波诊断仪会读取并显示所有来自 ECU 的故障码。当按下功能选择菜单中的“1”时，根据不同的测试条件，将显示如图 1－142 所示的 3 个结果中的 1 个。按“退出”键则返回功能选择菜单。若出现故障代码，则按下“帮助”键，将显示标准值。

（3）维修数据（数据流）

当从“功能选择菜单”中选择“2. 维修数据”时，示波诊断仪将显示所有 ECU 传感器数据，如图 1－143 所示。

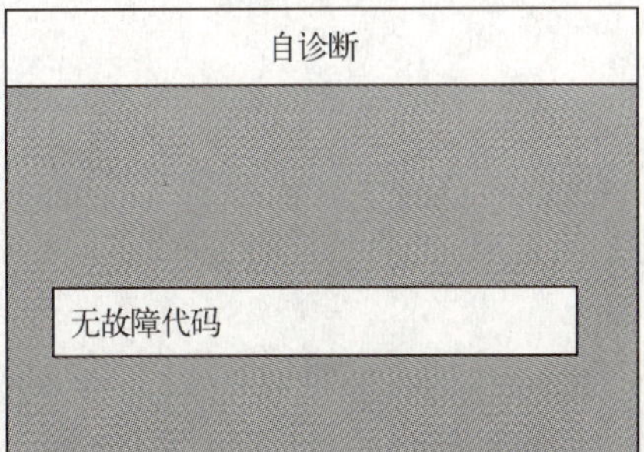

图 1－142　自诊断显示结果

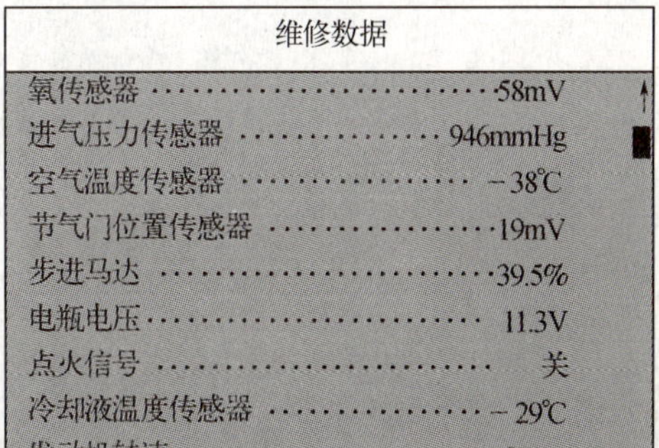

图 1－143　数据流显示

(4) 执行机构测试

当从“功能选择菜单”中选择“3. 执行测试”时，被测试执行机构的名字、测试方法与测试条件显示在显示器上，如图 1-144 所示。其中，用到的执行机构、测试方法及测试条件会因为不同的车辆而有所不同。

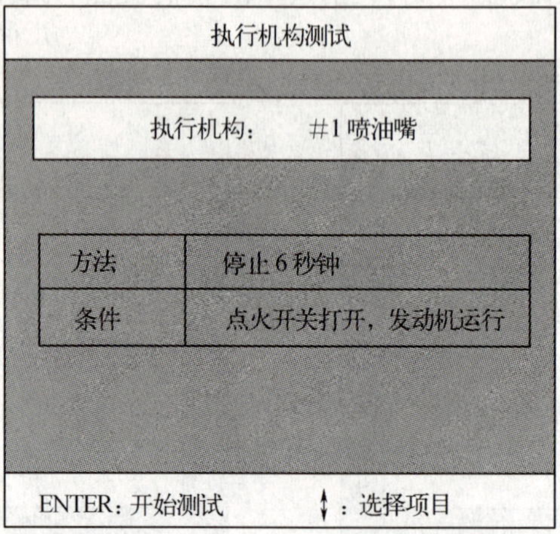

图 1-144　执行机构测试菜单

可以使用“▲”和“▼”键选择其他传感器。要结束测试，可按“退出”键。

(5) 黑匣子数据

当从功能选择菜单中选择“4. 黑匣子数据”时，示波诊断仪将开始记录数据，检测是否有故障代码。如果无故障代码，则开始连续记录 256 帧。当记录了 700 帧时会自动停止记录。帧数到达 700 或按下“退出”键时，出现对话框并要求输入日期。输入日期后按“确认”键，记录的数据会保存到示波诊断仪的存储器中，按“退出”键则放弃保存数据。

第 2 章　汽车解码器的检测仪器

有些专业厂家为了方便汽车维修人员对汽车各部分的电子控制系统进行维修，开发出一些可以兼容各种汽车使用的电脑解码器。这些电脑解码器通过专用的插头和线路，与汽车控制电路上的专用电脑故障检测插座连接，就可以方便地对汽车电子控制系统进行检测。维修人员可以通过显示出的故障代码来分析故障原因。

2.1　元征汽车电眼睛解码器的使用

元征 X-431 解码器是目前世界上领先的汽车解码设备。极具现代感的外形设计和触摸式的大屏幕使得产品外形简洁，可拆卸的微型打印机能方便用户的操作。

2.1.1　仪器的主要技术性能

1. 额定使用条件

- 温度：0 ~ 50℃
- 相对湿度：< 90%
- 主机电源：DC 12V
- 主机功率：约 9W

2. 测量范围

- 查控制电脑型号
- 读取故障代码
- 读测量数据流
- 清除故障代码
- 读取独立通道数据
- 测量执行元件
- 控制单元编码

3. 结构组成

X-431 电脑解码器的主体部分由主机、诊断盒、迷你打印机三大组件组成，各自具有独立的功能和作用，可根据需要和配置情况进行工作。通常这三大组件通过插接组合为一个整体，外面加上真皮保护外套，以防止松动和磨损。其结构如图 2 - 1 所示。

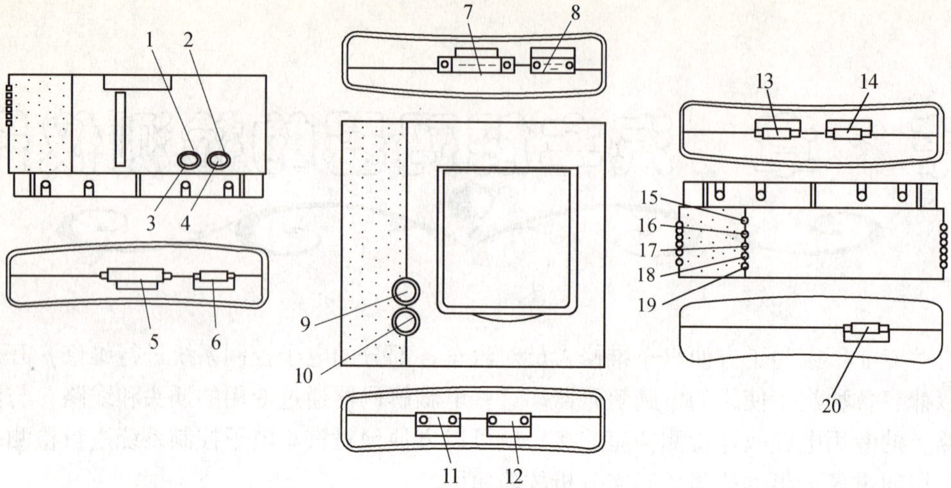

1—打印机 SEL 灯；2—打印机电源指示灯；3—打印机 SEL 键；4—打印机 FL 键；5、7—打印机通信口；6—打印机电源输入；8—主机电源输出；9—主机热键；10—主机电源开关；11—主机电源输入；12—主机串行通信口；13—电源输出；14—诊断盒串行通信口；15—电源指示灯；16—向主机发送数据指示灯；17—从主机接收数据指示灯；18—向 ECU 发送数据指示灯；19—从 ECU 接收数据指示灯；20—数据接口

图 2－1　元征 X-431 汽车解码器组成图

X-431 电脑解码器还配有一些进行汽车诊断和网上升级所需的附件，如主测试线、电源线、开关电源、CF 卡、CF 卡读写器及各种测试接头等。

（1）主机

主机由主机线路板和外表的显示屏幕、键盘等部分构成，其底面设有插放测试软件卡的槽口。

（2）SMARTBOX（诊断盒）

诊断盒是进行汽车诊断的必要组成部分，担负着汽车诊断的主要功能。SMARTBOX 由于进行了详细的功能设计，因此为后续的升级服务（网上下载升级）奠定了基础。

（3）迷你打印机（MINIPRINTER）

迷你打印机与主机相连的是标准并口，用于打印测试结果。

（4）测试线和测试接头

测试线由连接主机和测试接头的测试主线，以及连接主机和电源及其他部件的测试辅线组成。测试接头通过测试主线连接主机与车上的诊断插座。

2.1.2　测试前仪器的准备

① 选择测试接头。X-431 电脑解码器带有各种测试接头，测试时，根据各种汽车诊断座的类型，选择相应的测试接头。要按照说明书的要求和不同车型的诊断插座类型选择测试接头，将其插入故障诊断插座。

② 确定诊断座位置。不同车型的诊断座位置会有所不同。

③ 汽车蓄电池电压应在 11～14V，X-431 电脑解码器的额定电压为 12V。

④ 节气门应处于关闭状态，即怠速触点应闭合。

⑤ 点火正时和怠速应在标准范围，水温和变速器油温达到正常工作温度（水温 90～

110℃，变速器油温 50～80℃）。

⑥ 连接仪器。将 CF 卡插入 X-431 的 CF 卡插槽内，注意使印有“UP SIDE”字样的一面朝上，且确保插入到位。将 X-431 主测试线的一端插入 SMARTBOX 数据接口内，将 X-431 主测试线的另一端与选择的测试头相连接，将测试接头的另一端与汽车诊断座相连接，如图 2－2 所示。

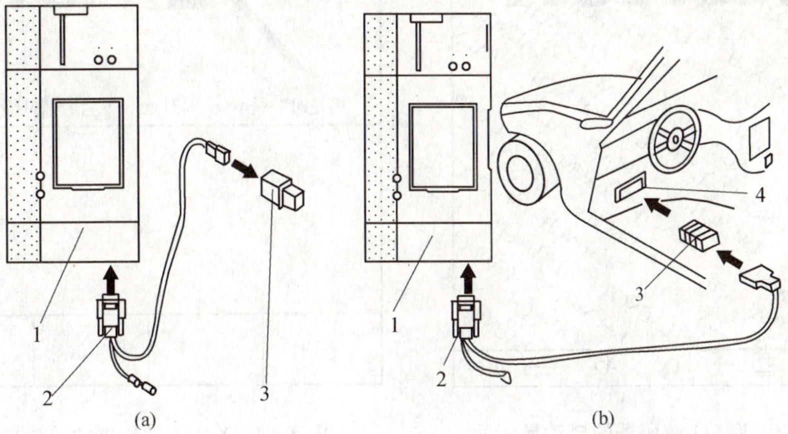

1—SMARTBOX；2—主测试线；3—测试接头；4—诊断座

图 2－2　元征 X-431 汽车解码器线路连接图

⑦ 打开汽车电源开关。

如果所测汽车的诊断座电源不足或其电源引脚损坏，可通过以下任一方式获取电源

a. 通过点烟器线。取出点烟器，将点烟器线的一端插入汽车点烟器孔，另一端与X-431 主测试线的电源插头连接。需关闭点火开关时应先关闭 X-431 的开关，以防止非法关机。

b. 通过双钳电源线。将双钳电源线的电源钳夹在蓄电池的正、负极，另一端插入X-431 主测试线的电源插头。

c. 通过电源转接线。将电源转接线的一端插入 100～240V 交流电源插座，另一端插入开关电源的插孔内，并将开关电源的电源插头与 X-431 主测试线的电源插头连接。

2.1.3　测试步骤

① 将仪器准确地与被测车诊断插口连接完毕后，按“POWER”键启动 X-431 解码器，解码器屏幕经启动后直接进入启动界面，如图 2－3 所示。

② 单击启动界面左下角的“开始”按钮，击选诊断程序的“汽车解码程序”，屏幕进入如图 2－4 所示的等待界面。

③ 单击“开始”按钮，屏幕显示如图 2－5 所示的选择车系菜单。X-431 汽车诊断程序都是以该车型车标图形为按钮的，只要单击与其汽车相对应的图标，即可进入该车系的选择系统（即诊断软件版本）菜单的开始界面，如图 2－6 所示。

④ 击选被检测车所属的系统后再单击“确定”按钮，X-431 将对 SMARTBOX 进行复位和检测，并从 CF 卡下载诊断程序。下载完毕后，屏幕会显示如图 2－7 所示的界面（汽车解码程序）。按“确定”按钮仪器将继续进行测试，进入选择诊断座（插头）菜单。

图 2 – 3　X-431 解码器的启动界面

图 2 – 4　X-431 解码器的等待界面

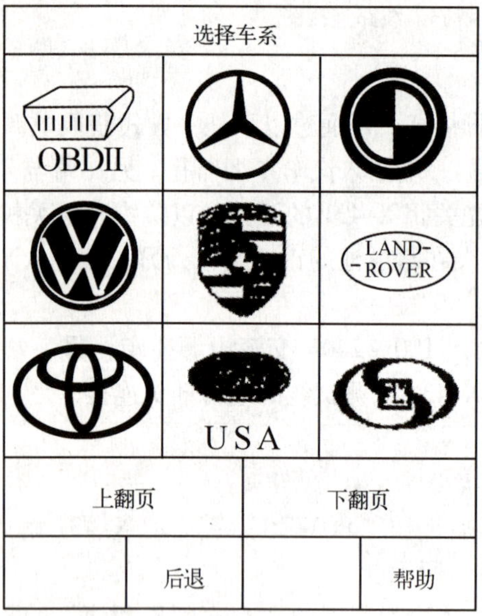

图 2 – 5　X-431 解码器选择车系菜单

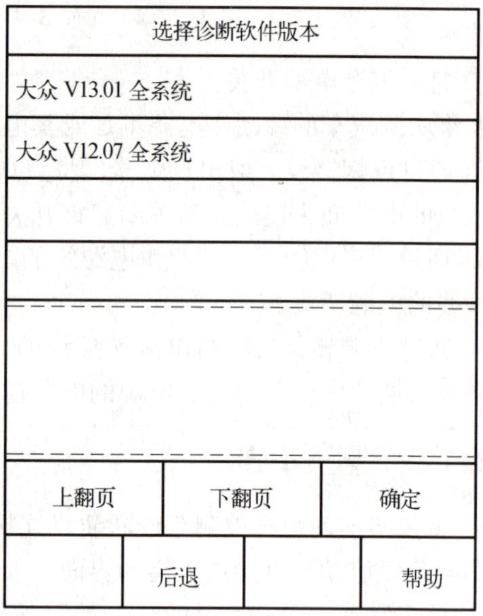

图 2 – 6　X-431 解码器开始界面

⑤ 单击选好的诊断座（OBD）后，单击“确定”按钮，屏幕显示如图 2 – 8 所示的选择插头菜单界面。确定后，显示器进入车型界面，单击所选车型进入通信信息界面。最后按“确定”进入选择菜单界面。

⑥ 单击选好的系统。以检测发动机系统为例，单击“发动机系统”，如果通信成功，屏幕将显示所测系统控制计算机相关信息，如计算机型号、系统类型、发动机类型、适用配置的设定号等。

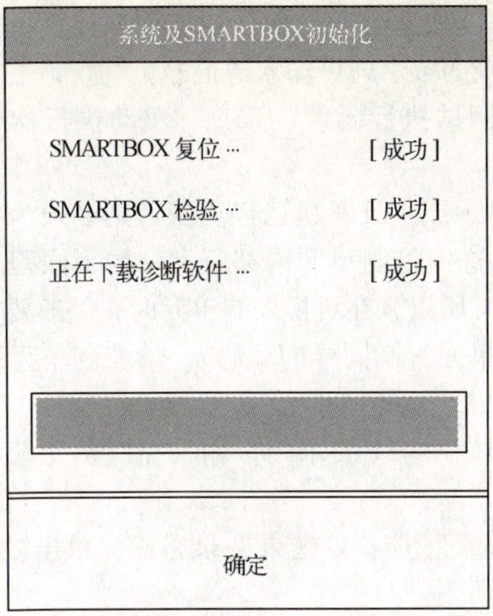

图2－7　X-431解码器软件下载完成界面

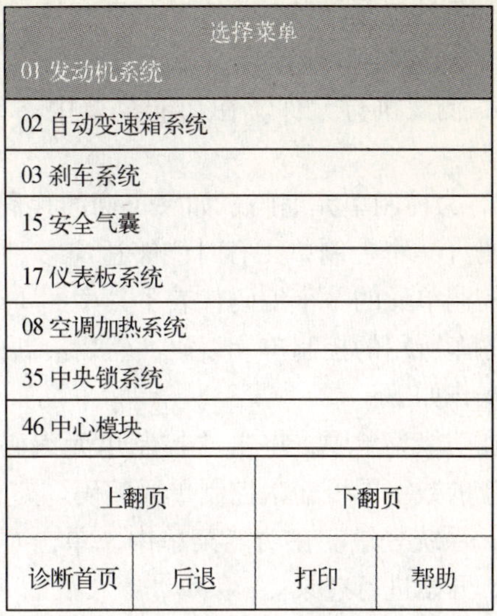

图2－8　X-431解码器系统选择菜单

⑦ 单击“确定”按钮，屏幕显示如图2－9所示的诊断系统的功能菜单。

a. 读取故障代码。在功能菜单中，单击“读取故障代码”选项，X-431开始读取计算机确认的故障代码及故障内容等。测试完毕后，屏幕显示测试结果。

b. 读测量数据流。在功能菜单中，单击“读测量数据流”选项，读取计算机的运行数据参数。X-431要求用户输入数据流通道号，单击相应的数字即可输入通道号。在数据流显示界面中，单击选择数据流选项后，X-431允许数据以数字或图形形式切换显示，单击“图形”和“数字”选项可以切换。在图形显示界面中单击“图形1”选项，屏幕显示所选数据流项的单项波形。在单个数据流项的波形界面中，单击“图形2”选项，屏幕显示两个数据流项的波形，这样便于用户对相关联的数据流项进行实时对比。

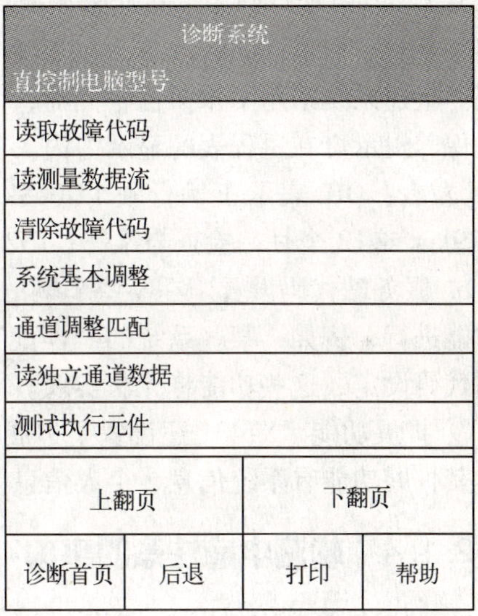

图2－9　X-431解码器诊断系统的功能菜单

c. 清除故障代码。在功能菜单中，单击“清除故障代码”选项，可清除被设定的故障代码。

d. 系统基本调整。在功能菜单中，单击“系统基本调整”选项，根据车辆使用的国家、地区、发动机、变速器及其他配置输入适当的设定号（coding ngnumber），单击相应的数字即可输入通道号。对某些系统，在维修或保养后，必须对该系统进行基本调整。

e. 通道调整匹配。在功能菜单中，单击“通道调整匹配”选项，根据厂方的要求和实际需要修改和输入某些设定值，X-431要求用户输入通道号，单击相应的数字即可输入通道号。输入正确的通道号后，单击“确定”按钮，X-431要求用户输入匹配值。输入正确的匹配值后，单击“确定”按钮执行通道调整匹配功能。

f. 读独立通道数据。在功能菜单中，单击“读独立通道数据”选项读取计算机的运行数据参数，X-431 要求用户输入通道号，单击相应的数字即可输入通道号。

g. 测试执行元件。在功能菜单中，单击“测试执行元件”选项，驱动执行器件进行检测。

h. 为控制单元编码。如果车辆的代码没有显示或主计算机已经更换，则必须为控制单元编码（一个控制单元有时能够适应多种车型，这由控制单元内部所存储的不同程序来决定，控制单元的一个编码代表了其中的一个程序。所以，在更换控制单元时，一般要先查看一下原车所用的控制单元编码，然后给新的控制单元编制同样的编码）。给控制单元编码的具体操作如下：

在功能菜单中，单击“控制单元编码”选项，X-431 要求用户输入控制单元编码，单击相应的数字即可输入控制单元编码。

i. 系统登录。在功能菜单中，单击“系统登录”选项，输入登录密码，单击“确定”按钮，开始进行登录。

j. 关机。单击左下角的“开始”按钮，再击选“关闭”按钮，即可关机。

⑧ 其他的操作设置。

a. 保养/机油灯归零。在诊断界面单击“保养/机油灯归零”选项，进行保养或机油灯的归零。对于 Golf、Jetta 汽车，在车辆需要进行某一项保养操作时，相应的保养提示灯就会点亮。上述系统采用了永久性存储器，因此即使断开蓄电池电缆，有关信息也不会被清除。

保养提示灯在里程表的显示窗内。在点火开关置于“ON”位置后，下列提示灯将会点亮 3s 左右：OIL 表示车辆行驶 12 068km 或 6 个月，更换发动机机油；IN1 表示车辆行驶 24 139km 或 12 个月，检查与维修；IN2 表示车辆行驶 48 278km 或 24 个月，检查与维修。

b. 服务站代码设置。在某些车辆的维修过程中，有的功能必须进行服务站代码设定之后才能进行，例如，某些系统的“匹配”功能和给“控制单元编码”功能。若没有进行服务站代码设定，这些功能将无法实现。单击“服务站代码设置”来设置服务站代码。

⑨ 扩展功能。X-431 还设置了扩展功能，可以根据个人习惯对仪器的常见功能进行设置，其扩展功能有系统信息、个人信息、工具、游戏、控制面板。

2.1.4 检测中应注意的事项

① 如果是第一次使用 X-431 的 CF 卡读写器，而且 PC 的操作系统是 Windows 98，则需要用从该读写器附带的或购买的光盘或软盘中把它的驱动程序安装到 PC 中。

② 如果 PC 使用的操作系统是 Windows Me/2000/XP、Mac OS 9. x/Mac OS X 或 Linux 2. 4. x，则 CF 卡读写器在此 PC 上可使用操作系统自带的驱动程序，不需要安装驱动程序。在 Windows 98 操作系统上安装驱动程序的步骤如下：

a. 启动 Windows 98 操作系统；

b. 将 CD-ROM 插入光驱；

c. 将 CF 卡读写器连接到计算机的 USB 接口。打开 CD-ROM 中的文件目录，找到并双击“setup”（安装）。此时系统进行安装前的准备工作。

③ 选择校准触摸屏后，请不要在未出现十字光标提示时点击触摸屏。校准过程中，如果没能准确地点中十字符号，屏幕上将会反复出现十字符号，直到校准全部完成为止。

2.2　金德汽车故障诊断仪的使用

金德 K81 多功能汽车故障诊断仪同时具有解码器和汽车专用示波器的功能，图 2－10 是 K81 的解码器面板。其示波器可以实时采集点火、喷油、电控系统传感器的波形，通过对传感器波形的分析可以准确地诊断传感器是否有故障，通过对点火波形的分析不仅可以诊断点火系统的火花塞、高压线、点火线圈等各元器件故障，还可以分析出进气系统和燃油系统的可能故障点，为汽车运行技术状况和故障诊断提供科学的依据。

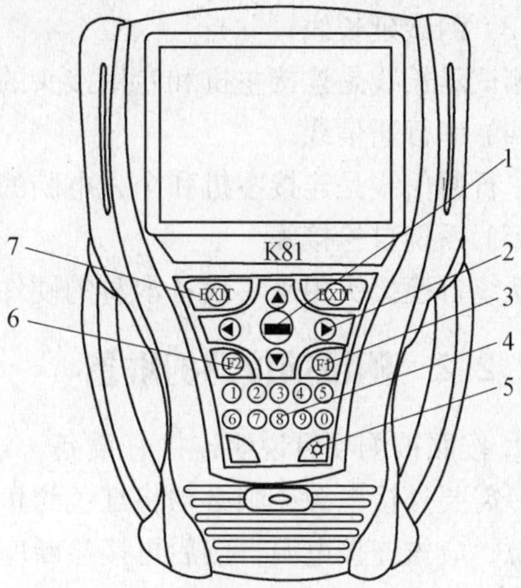

1—确认键；2—方向键；3—F1 辅助键；4—数字键；5—亮度键；6—F2 辅助键；7—退出键

图 2－10　K81 解码器面板

2.2.1　仪器的主要技术性能

1. 额定使用条件

- 温度：－30 ~ ＋50℃
- 相对湿度：＜90%
- 主机电源：DC 12V
- 主机功率：约 9W
- 通道数目：3 通道
- 采样频率：20MHz
- 采样精度：双 8 位
- 电压分辨率：0.1 ~50V DIV
- 时间分辨率：2.5μs ~20s
- 电压量程：±200V DC

2. 测量范围

- 传感器测试：可以测量汽车传感器的输出波形。
- 汽车初级、次级点火波形分析：有纵列、三维，阵列、单缸等多种次级显示方式，并可以显示点火击穿电压、闭合角，燃烧时间等。
- 启动系统分析：可以测试汽车启动时的电压和电流波形，由此判断启动机和蓄电池的基本状况。
- 充电系统分析：可以测量汽车充电电压波形、蓄电池电压、充电电流大小及发动机转速大小。
- 汽缸系统分析：可以进行汽缸动力平衡测试、汽缸效率测试和汽缸相对压缩压力测试。

3. 结构组成

金德 K81 汽车故障诊断仪主要由主机、专用接头、测试延长线、串行通信线、系统自检接头等组成。

（1）主机

主机装载有测试程序，连接汽车的诊断座，通过操作面板上的相关功能键，可以和汽车的电控系统通信，进行读故障码、读数据流、动作测试等各项诊断功能。

（2）专用接头

针对不同的汽车诊断座，可选择相应的接头，与汽车诊断座连接。

（3）测试延长线

测试延长线是连接主机和专用接头的通信线。

（4）串行通信线

串行通信线是连接主机和个人电脑的通信线，可以实现升级等数据传输。

（5）系统自检接头

系统自检接头用来对设备本身的硬件进行检测。

2.2.2 测试前仪器的准备

① 按照被测项目说明连接好设备，选择正确的测试探头或者感应夹。如果诊断座不带电源，需要外接电源，则必须将红色鳄鱼夹接电瓶负极，防止因接反而烧坏仪器。若使用外接电源，应先连接电源，然后再接诊断座。连接方法如图 2－11 所示。

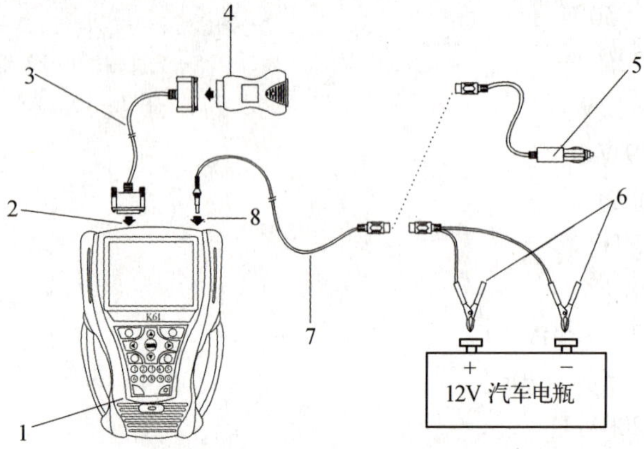

1—主机；2—测试口；3—测试延长线；4—专用诊断接头；
5—点烟器电源线；6—双钳电源线；7—电源延长线；8—电源口

图 2－11 K81 解码器使用连接图

图 2－12 主菜单界面

② 按“POWER”键仪器将进行自检，自检结束后按“Enter”键。如果用户没有对仪器进行注册，仪器的使用次数是有限的，此时屏幕会显示一段提示信息，提示用户及时注册并显示该仪器还能使用的次数。按“Enter”键进入开机等待画面，等待 20s 或者直接按“Enter”键进入主菜单界面。主菜单界面如图 2－12 所示，共有 4 个功能选项：1. 汽车检测，2. 示波器，3. 辅助功能，4. 升级系统。

2.2.3　测试步骤

1. 汽车检测

在金德仪器测试功能主菜单界面下，通过按上下方向键，选择汽车检测功能。然后按“Enter”键进入电脑汽车故障快速诊断系统界面，屏幕显示 4 个功能选项，如图 2－13 所示。

(1) 故障测试

在汽车故障快速诊断系统界面，选择“故障测试”后按“Enter”键进入故障测试界面，如图 2－14 所示。选择所测的车系后按“Enter”键进入车型选择界面，如图 2－15 所示。按上下方向键选择所测车型后按“Enter”键进入系统功能选择菜单，屏幕显示如图 2－16 所示。按上下方向键可以选择需要测试的系统，按“Enter”键，将会显示该系统控制单元的 ID 信息、控制单元编码信息、服务站代码。这样就可逐步按人机对话操作，直到得出所需的测量结果。

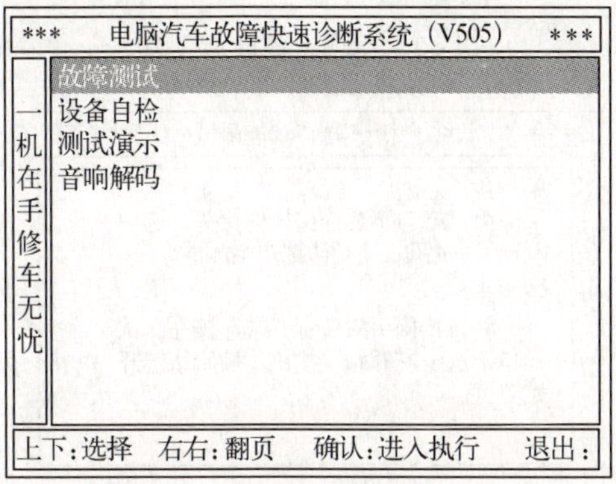

图 2－13　汽车故障快速诊断系统界面

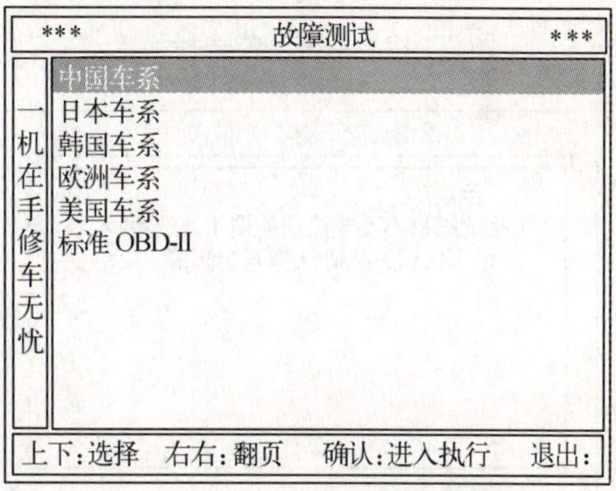

图 2－14　故障测试界面

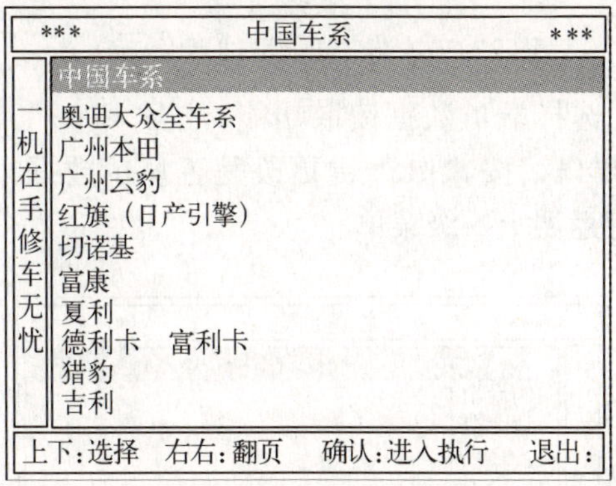

图 2－15　车型选择界面

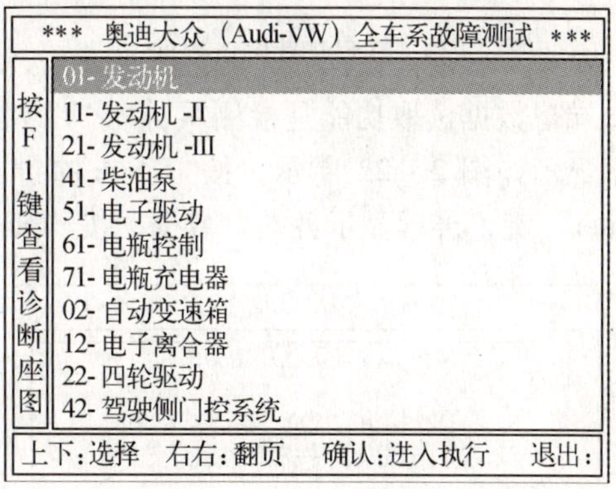

图 2－16　系统功能选择菜单

按左右方向键可以翻页显示，按右方向键，屏幕显示如图 2－17 所示。按“Exit”键返回上一级菜单。

(2) 设备自检

在汽车故障快速诊断系统界面，选择“设备自检”后按“Enter”键进入设备自检界面，如图 2－18 所示。选择“端口功能测试”，按“Enter”键进入，屏幕显示如图 2－19 所示。按照屏幕提示操作后按“Enter”键，屏幕显示如图2-20所示。从包装箱内取出自检接头，将其任意端连接在测试口，按“Enter”键开始测试，屏幕显示如图2-21所示。拔下自检接头，将其另外一端连接在测试端口，然后按“Enter”键，屏幕会显示测试结果，表明系统是否有故障。如果出现端口故障，则应报修解决。

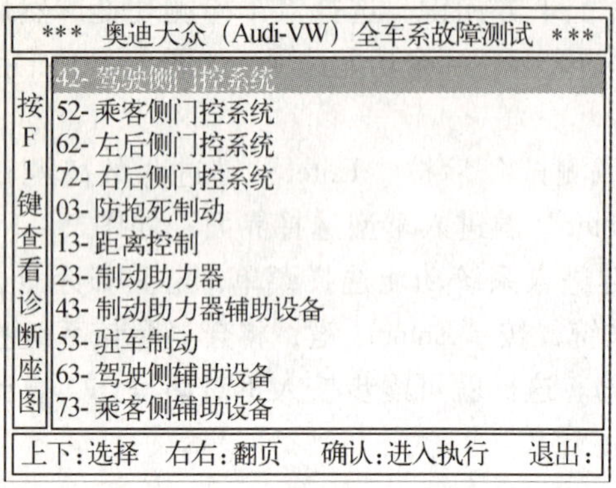

图2-17 系统功能选择菜单

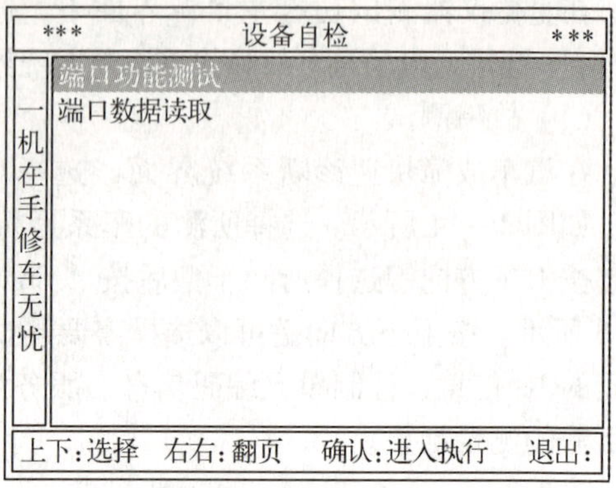

图2-18 设备自检界面

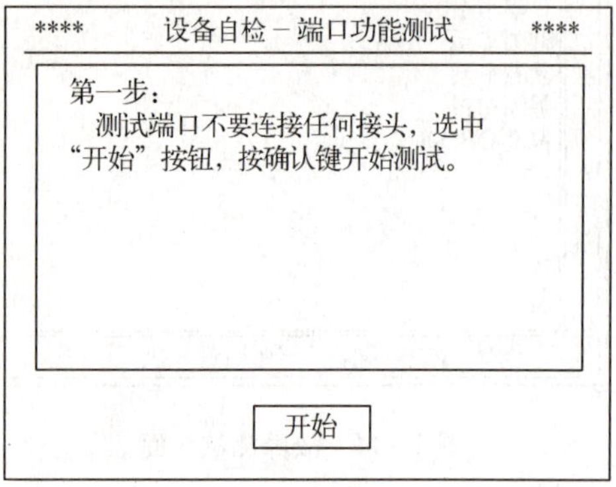

图2-19 端口功能测试界面（1）

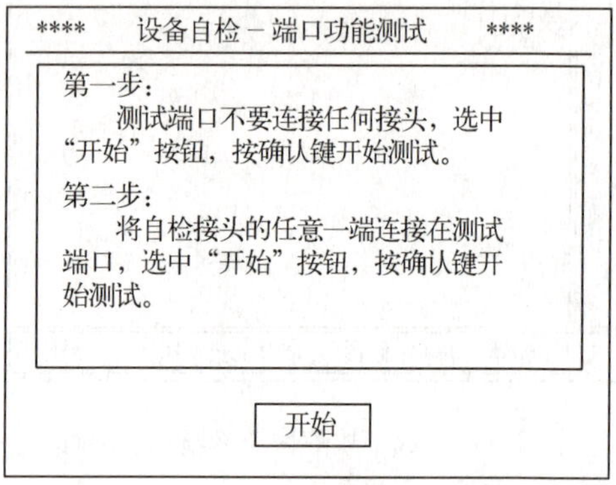

图2-20 端口功能测试界面（2）

端口数据读取功能是检测具体端口的数据。选择端口数据读取功能，按“Enter”键，屏幕显示如图2-22所示。按上下方向键选择端口，按“F1”键更改是否显示数据，按“Enter”键，屏幕显示各端口数据，按“Exit”键返回上一级菜单。

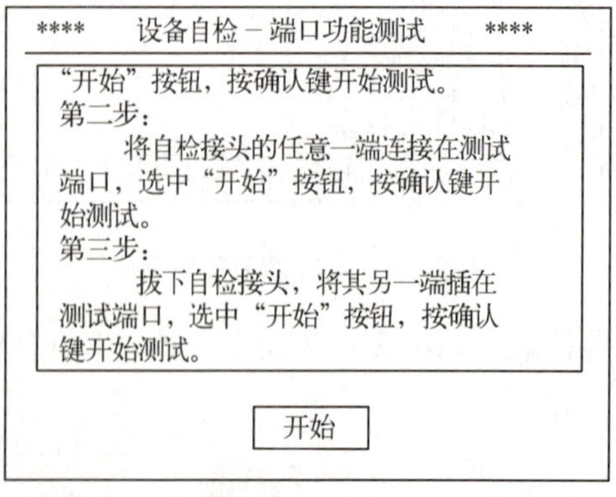

图2-21 端口功能测试界面（3）

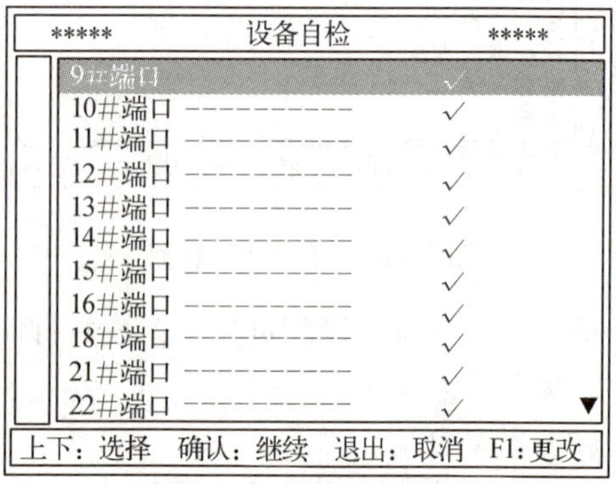

图2-22 端口数据读取功能

2. 示波器

在金德仪器测试功能主菜单下（见图 2－12），通过按上下方向键，选择示波器功能，然后按“Enter”键进入汽车维修专用示波器界面，显示屏显示如图 2－23 所示。

（1）传感器

按不同的传感器接线要求连接好设备。在汽车维修专用示波器菜单下，选择“传感器”后按“Enter”键，进入汽车传感器选择菜单，如图 2－24 所示。选择所测的传感器种类后按“Enter”键，进入显示波形界面。根据测试条件，屏幕将会显示波形。

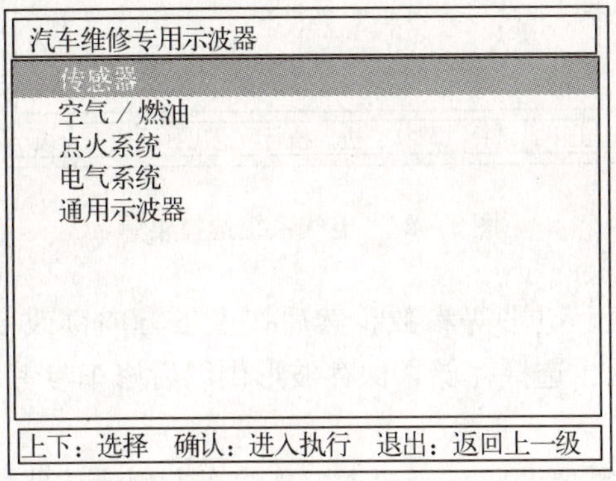

图 2－23　汽车维修专用示波器界面

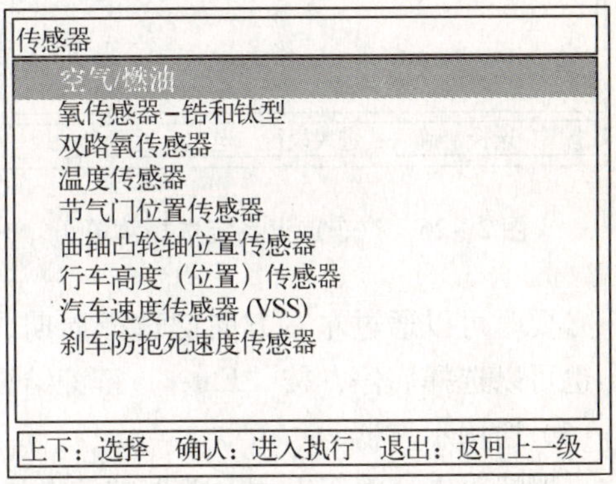

图 2－24　汽车传感器选择菜单

必要时可以通过左右方向键选择周期、幅值、电平等参数，然后按上下方向键改变波形；也可以选择启停，按“Enter”键冻结波形后，选择存储，保存波形供以后修车参考。

（2）空气/燃油

按不同的传感器接线要求连接好设备。在汽车维修专用示波器菜单下，选择“空气/燃油”后按“Enter”键，进入汽车空气/燃油选择菜单，如图 2－25 所示。选择所测的传感器种类后按“Enter”键，进入显示波形界面。根据测试条件，屏幕将会显示波形。

必要时可以通过左右方向键选择周期、幅值、电平等参数，然后按上下方向键改变波形；也可以选择启停，按“Enter”键冻结波形后，选择存储，保存波形供以后修车参考。

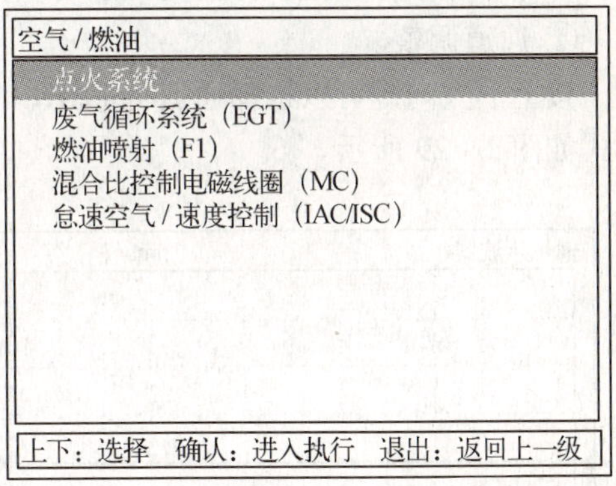

图 2－25　汽车空气/燃油选择菜单

（3）点火系统

按不同的点火方式和点火系统要求连接好设备。在汽车维修专用示波器菜单下，选择“点火系统”后按“Enter”键进入汽车点火系统选择菜单，如图 2－26 所示。选择所测的项目后按“Enter”键，进入显示波形界面。根据测试条件，屏幕将会显示波形。

必要时可以通过左右方向键选择周期、幅值、电平等参数，然后按上下方向键改变波形；也可以选择启停，按“Enter”键冻结波形后，选择存储，保存波形供以后修车参考。

（4）电气系统

按不同的测试连接电源延长线。在汽车维修专用示波器菜单下，选择“电气系统”后按“Enter”键，进入电气系统选择菜单，如图 2－27 所示。选择所测的项目后按“Enter”键，进入显示波形界面。根据测试条件，屏幕将会显示波形。

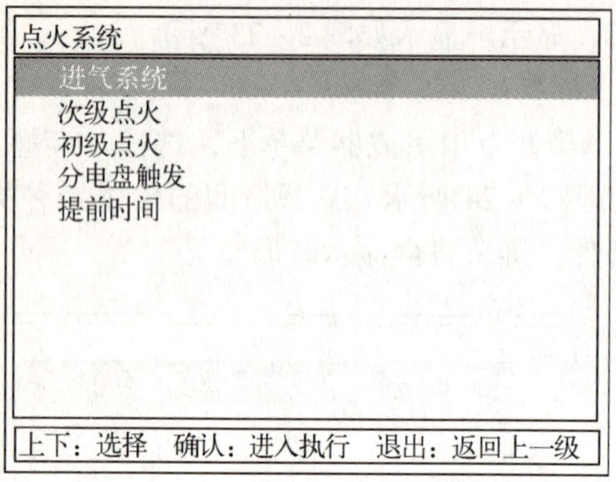

图 2－26　汽车点火系统选择菜单

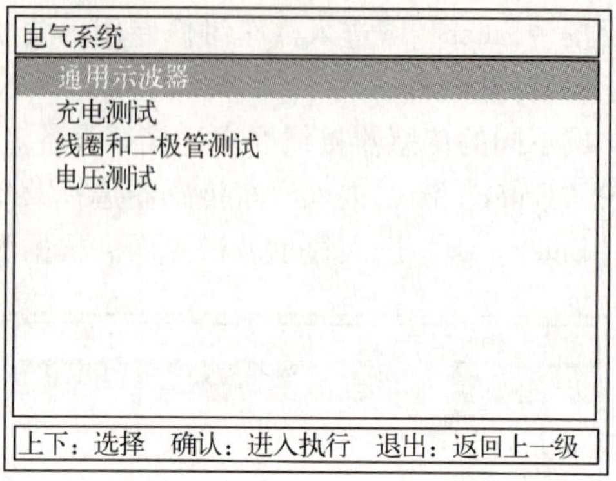

图 2－27　电气系统选择菜单

必要时可以通过左右方向键选择周期、幅值、电平等参数，然后按上下方向键改变波形；也可以选择启停，按“Enter”键冻结波形后，选择存储，保存波形供以后修车参考。

（5）通用示波器

一般情况下，汽车专用示波器的波形显示不需要调整，当要做超出汽车专用示波器标准菜单以外的测试内容时，可以选择通用示波器功能。此时需要掌握一定的调整方法，在汽车专用示波器测试过程中如果有相似菜单，调整方法也相同。选择通用示波器，按“Enter”键确认，如图 2－28 所示，在屏幕的下方有 8 个选项：通道、周期、电平、幅值、位置、启停、存储和载入，按左右方向键可以对项目进行选择。

① 通道调整。

按上下方向键可以选择通道 1（CH1）、通道 2（CH2）和双通道方式 3 种形式，双通道方式如图 2－29 所示。

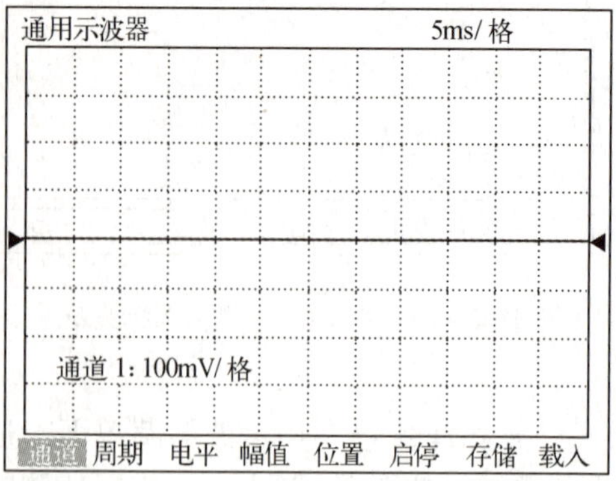

图 2－28　选择通用示波器界面

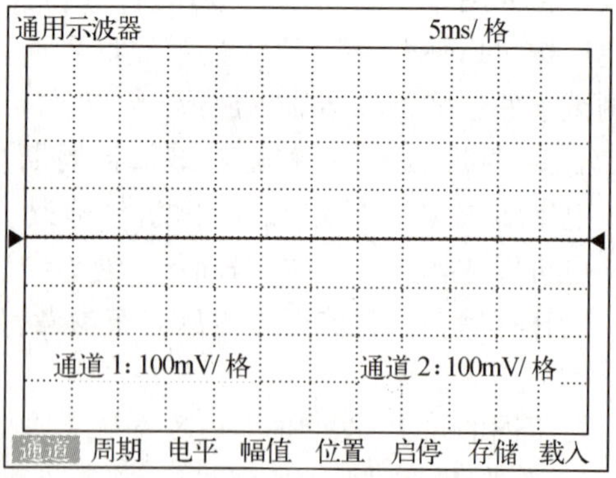

图 2－29　双通道方式界面

② 周期调整。

选择周期调整，按上下方向键可以改变每单格时间的长短。如果开机时设定的是 10ms/格，按向下键则会变为 5ms/格，波形会变稀；按向上键则会变为 20ms/格，波形会变密。

③ 调整纵轴的触发电平。

对于同一波形，选择不同的触发电平，波形在显示屏上的位置会跟着变化。如果触发电平的数值超过波形的最大、最小范围时，波形将产生游动，在屏幕上不能稳定住。

④ 幅值调整。

按上下方向键可以调整纵向波形幅值的大小，金德 K81 诊断仪可以选择 1∶100、1∶200、1∶0.5、1∶1.0、1∶2.5 和 1∶5 等多种比例。

⑤ 位置调整。

选择位置调整，可以对波形的上下显示位置进行调整。按向上方向键，波形会向上移动；按向下方向键，波形会向下移动。

⑥ 波形的存储和载入。

在选择通用示波器时，如果要存储当前波形，必须先选择启停，按“Enter”键冻结当前波形，然后选择存储；按确认键，按左右方向键选择存储区，每一个界面可以存储两个波形，再次选择启停，按“Enter”确认，重新显示当前波形。

如果要载入波形，则选择载入。按“Enter”确认，按左右方向键选择存储区间，然后按“Enter”键确认，就可以载入存在当前区间的波形。

3. 辅助功能

在金德仪器测试功能主菜单界面下，通过按上下方向键，选择辅助功能，然后按“Enter”键，进入辅助功能界面，显示屏显示如图 2－30 所示。

（1）亮度调节

在辅助功能菜单下，选择“亮度调节”后按“Enter”键，进入亮度调节选择菜单，按左右键可以调节亮度，按“Exit”键返回上一级菜单。金德 K81 还有一种快捷调节亮度的方式，无须进入亮度调节界面，只要按住亮度调节键、同时按左键或者按右键，即可调节亮度。

（2）本机 ID 信息

在辅助功能菜单下，选择“本机 ID 信息”后按“Enter”键，进入本机 ID 信息选择菜单，如图 2－31 所示，显示机身号码、界面软件版本、测试资料版本和测试软件版本。按任意键返回上一级菜单。

图 2－30　辅助功能菜单

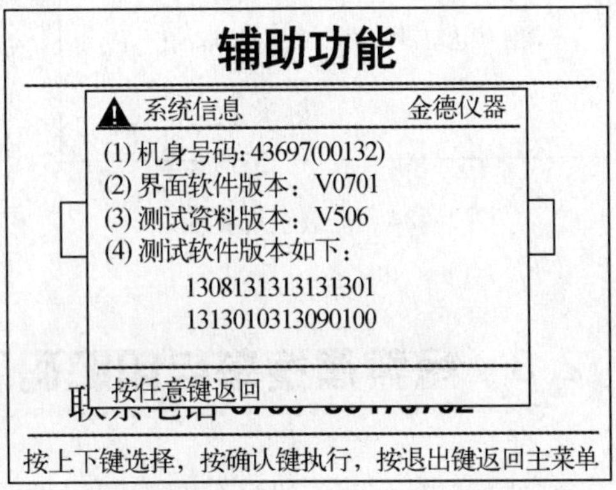

图 2－31　本机 ID 信息选择菜单

（3）模拟 PC2000

在辅助功能菜单下，选择“模拟 PC2000”后按“Enter”键，进入模拟 PC2000 选择菜单，然后执行 PC 上的 PC2000 程序，则金德 K81 就相当于一个外置式 PC2000 的功能。在 PC 上还可以实现测车档案管理、数据流的曲线显示、数据流存储回放、汽车英语词典、联机打印等功能。

（4）用户注册

在辅助功能菜单下，选择“用户注册”后按“Enter”键进入用户注册菜单，屏幕显示如图 2－32 所示。首先输入用户号，也就是《金德仪器用户服务卡》右上角的红色序列号，按方向键可以选择数字，按“Enter”键确定所选的数字，按“F2”键可以删除上一次输入的数字。输入用户号完成，按“F1”键，屏幕显示如图 2－33 所示，将用户从注册专线记下的注册号按上述方法输入，输入完成后按“F1”键。

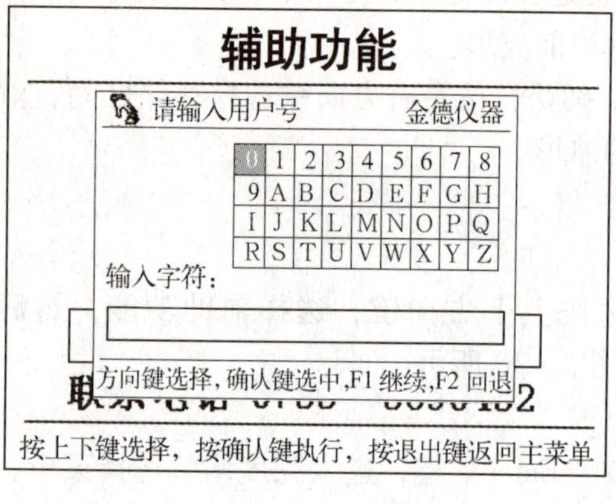

图 2－32 用户注册菜单

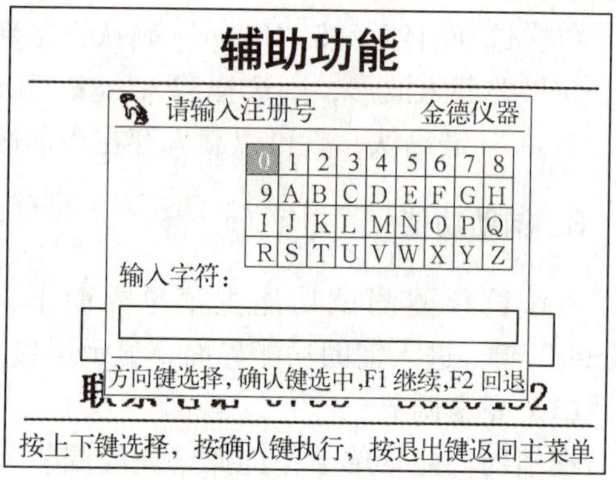

图 2－33 输入注册号界面

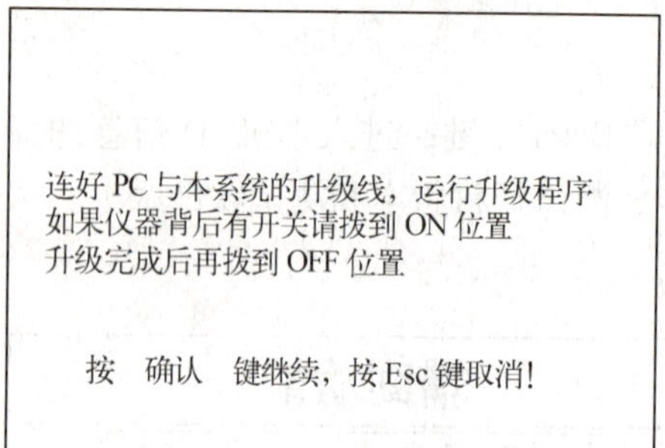

图 2－34 升级系统界面

4. 升级系统

在金德仪器测试功能主菜单界面下，通过按上下方向键，选择升级系统功能，然后按“Enter”键进入升级系统界面，屏幕显示如图 2－34 所示。按“Enter”键后，屏幕显示系统信息，按“确认”键确定升级，直到屏幕显示系统正在更新信息。然后运行 PC 上的 K81 升级程序，按照提示选择下一步，开始升级。此时仪器和计算机都会显示“正在更新系统”，并会显示系统更新完成度，不允许按任何键，直到升级结束。

2.3 金奔腾汽车专用解码器的使用

金奔腾“彩圣”系列汽车专用解码器是目前较领先的汽车解码设备。极具现代感的外形设计和触摸式的大屏幕 LCD，使得产品外形简洁，可拆卸的微型打印机能方便用户的操作。其外形如图 2－35 所示。

2.3.1　仪器的主要技术性能

1. 额定使用条件

- 温度：0～50℃
- 相对湿度：≤90%
- 主机电源：DC 12V
- 工作电流：≤500mA

2. 测量范围

- 查控制电脑型号
- 读取故障代码
- 数据流测量分析
- 读取独立通道数据
- 测试执行元件
- 控制单元编码

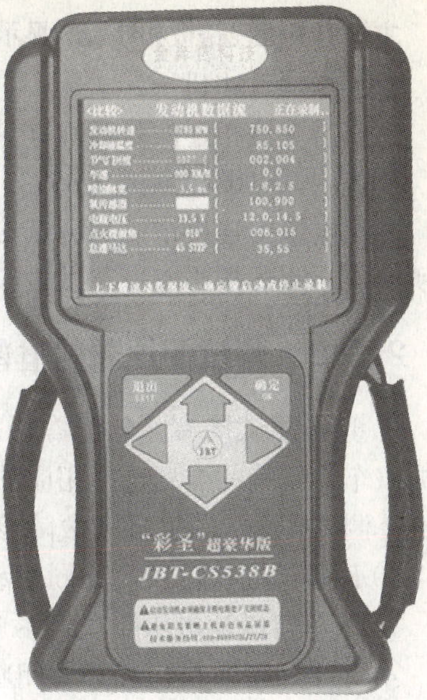

图 2－35　金奔腾汽车专用解码器

3. 结构组成

金奔腾“彩圣”汽车解码器由主机、微型打印机、各种测试电缆及接头三大组件组成，各自具有独立的功能和作用，可根据需要和配置情况进行工作。通常，这三大组件通过插接组合为一个整体，外面加上真皮保护外套，以防止松动和磨损。其结构组成如图 2－36 所示。

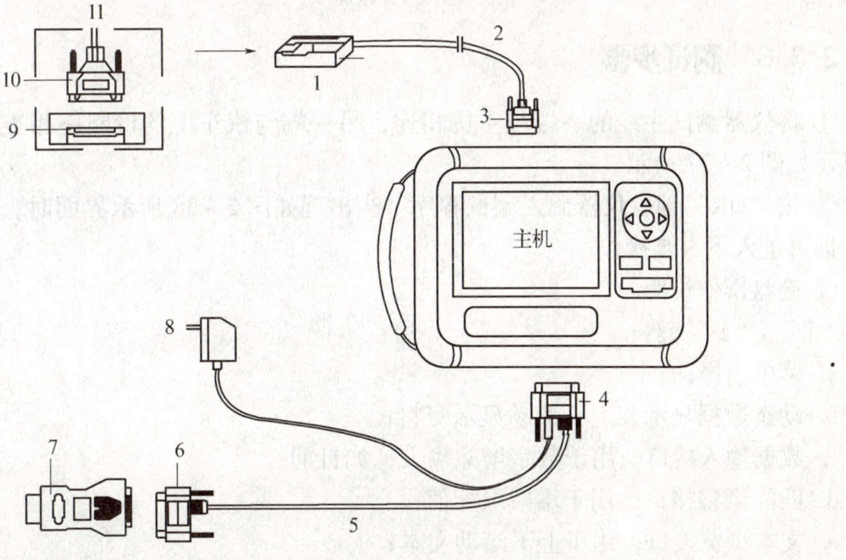

1—微型打印机；2—联机打印线；3—DB9PIN 公头；4、10—DB25PIN 公头；5—测量主线；6—DB25PIN 母头；7—测试接头；8—AC/DC 电源；9—微型打印机 25PIN 插口；11—微型打印机背部连接线

图 2－36　金奔腾汽车专用解码器结构连接图

（1）主机

主机由主机线路板和外表的显示屏幕、键盘等部分构成，其底面设有插放测试软件卡的槽口。

（2）微型打印机

主机与主机相连的是标准并口，用于打印测试结果。

（3）测试电缆和测试接头

测试电缆由连接主机和测试接头的测试主线，以及连接主机和电源及其他部件的测试辅线所组成；测试接头通过测试主线连接主机和车上的诊断插座。

2.3.2 测试前仪器的准备

① 选择测试接头。金奔腾“彩圣”系列汽车专用解码器带有各种测试接头，测试时，根据汽车诊断座的类型选择相应的测试接头。应按照说明书的要求和不同车型的诊断插座类型选择测试接头，将其插入故障诊断插座。

② 确定诊断座位置。不同车型的诊断座位置会有所不同。

③ 汽车蓄电池电压应在11～14V，“彩圣”系列汽车解码器的额定电压为12V。

④ 发动机节气门应处于关闭状态，即怠速触点应闭合。

⑤ 点火正时和怠速应在标准范围，水温和变速器油温应达到正常工作温度（水温90～110℃，变速器油温50～80℃）。

⑥ 连接仪器。仪器通电前，应关闭汽车所有附属电器设备（如空调、音响、灯光等）。

⑦ 接通汽车电源开关。

需要接通外接电源时，应从驾驶室内点烟器取电或从电瓶直接取电（诊断座在驾驶室内）。

a. 点烟器取电：将点烟器热电阻头从点烟器座中取下，把已接好的主机外接电源线插入点烟器座中。

b. 电瓶取电：接仪器自带的双钳电源，红色鳄鱼夹接正极接线柱，黑色鳄鱼夹接负极接线柱。

2.3.3 测试步骤

① 将仪器测试主线的一端与主机相连，另一端与汽车上的诊断座相连，仪器通电后屏幕显示如图2－37所示。

② 按“OK”键后仪器调入测试程序。当出现如图2－38所示界面时，表示仪器连接成功，即可进入下一步操作。

③ 键盘操作说明。

“↑”、“↓”键：

a. 菜单选择；

b. 动态数据显示，上下滚动显示资料；

c. 数据输入接口，用于数字增减输入，如日期；

d. 匹配调整接口，用于增减取配值；

e. 文本浏览接口，用于上下滚动文本；

f. 表格接口显示，用于上下移动当前光标。

“←”“→”键：

a. 数据输入接口，用于左右移动当前光标；

b. 表格接口显示，用于左右移动当前光标；

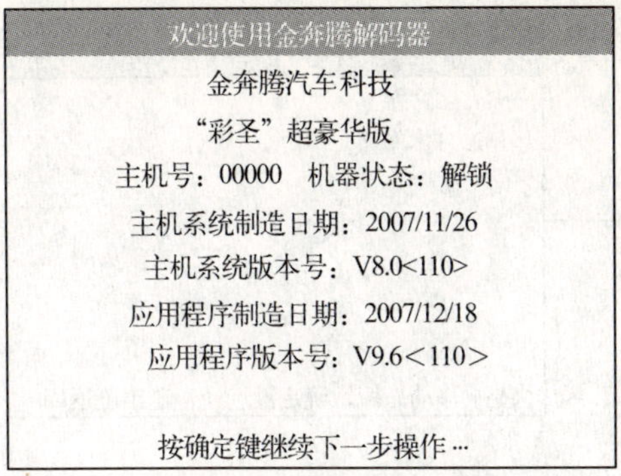

图 2－37　汽车解码器启动界面

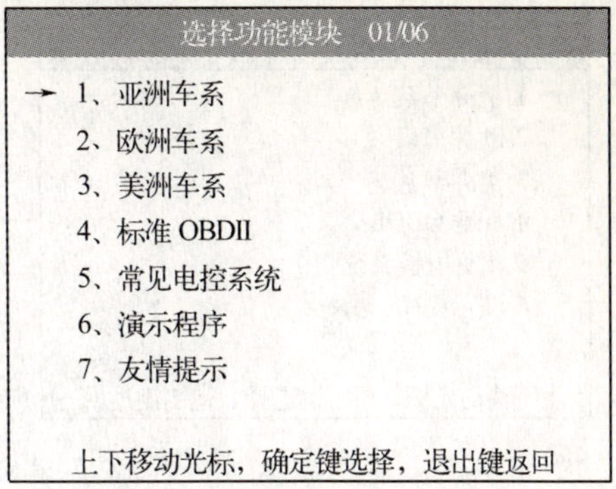

图 2－38　汽车解码器测试程序

c. 多屏翻页显示，用于左右移动当前光标。

“Exit”键：

a. 取消或中断当前操作；

b. 菜单选择接口，用于返回上一级菜单选择接口；

c. 有“退出”的接口，按下可退出当前操作。

“OK”键：

a. 进入或开始当前操作；

b. 菜单选择时用于选中当前菜单项。

④ 操作流程。菜单功能流程图如图 2－39 所示。

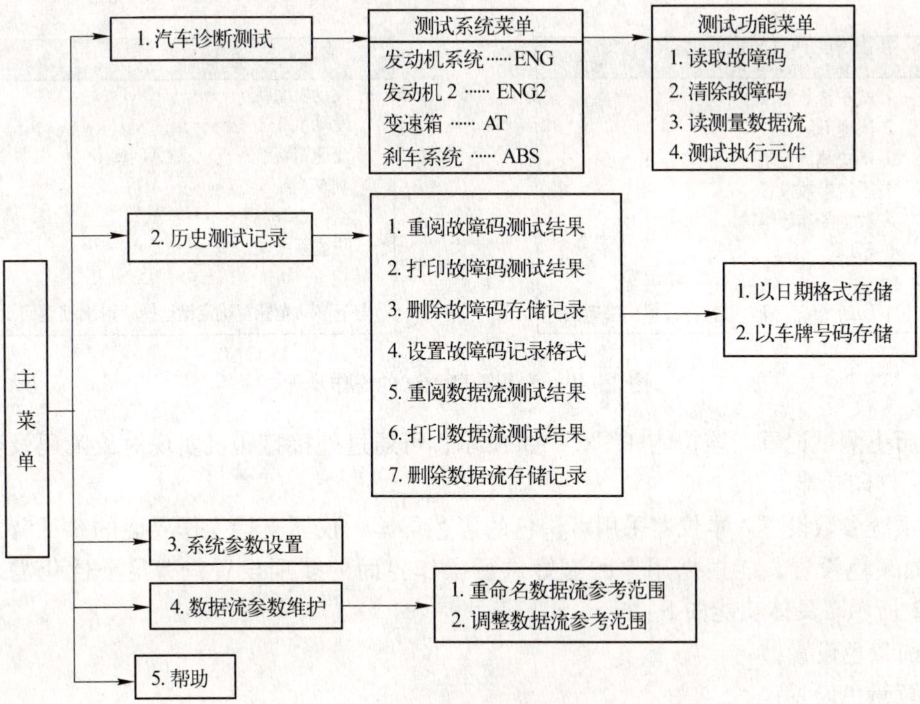

图 2－39　菜单功能流程图

⑤ 汽车诊断测试。操作步骤如图 2－40 所示。

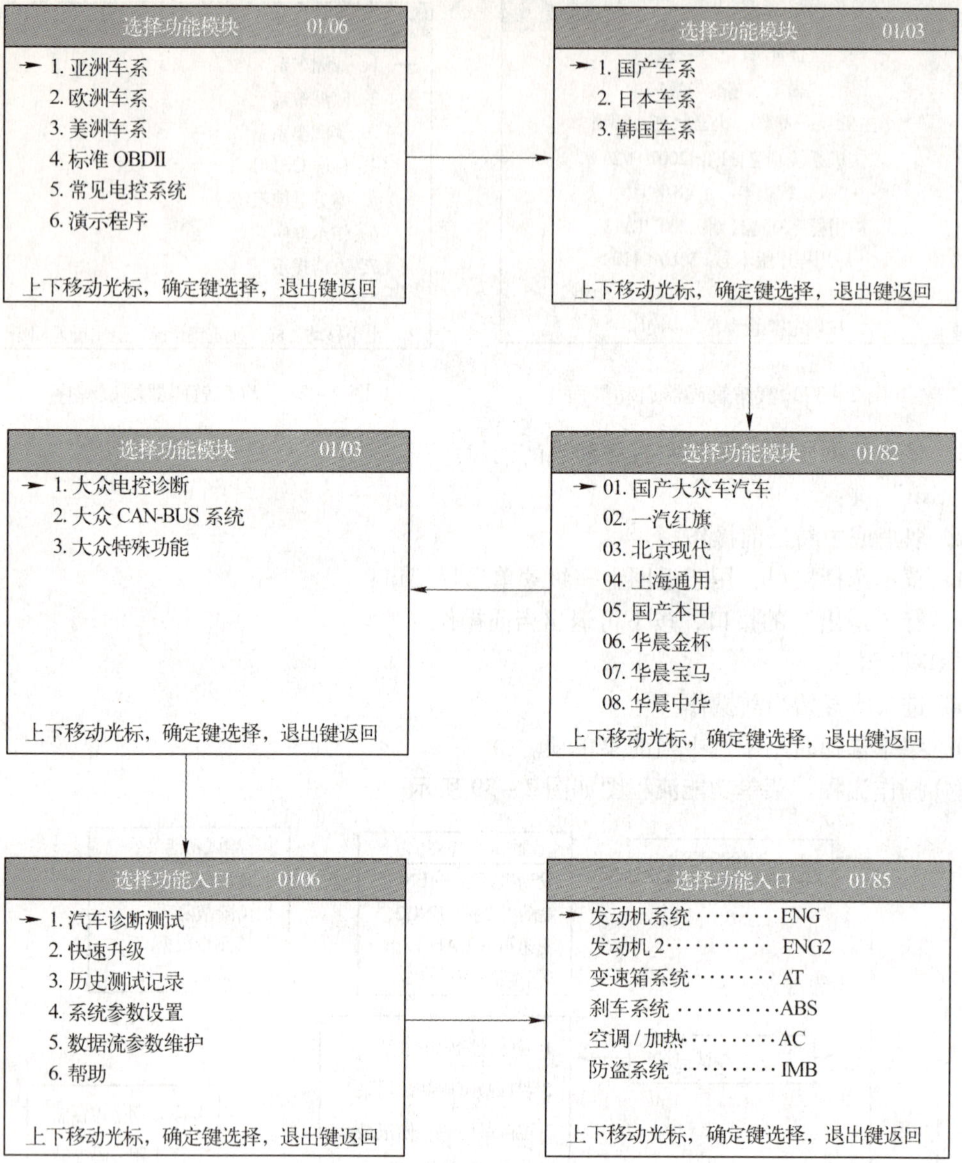

图 2－40 汽车诊断测试的操作步骤

⑥ 历史测试记录。该功能如图 2－41 所示，可通过外接打印机实现对故障码及数据流的存储、打印功能。

⑦ 系统参数设置。本仪器采用可调色的彩色屏幕，仪器支持操作界面的 8 种背景及显示项目的颜色设置，能根据用户的喜好进行操作界面的多项设置，满足个性化需求，如图 3－42 所示。具体功能如下：

a. 前景色设置；

b. 背景色设置；

c. 标题色设置；

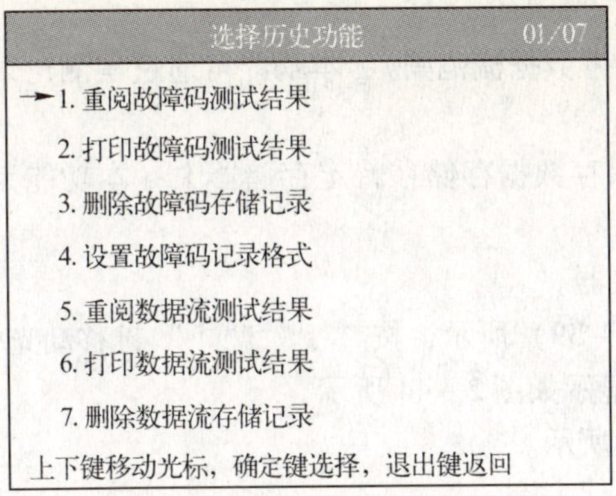

图 2 - 41　历史测试记录菜单

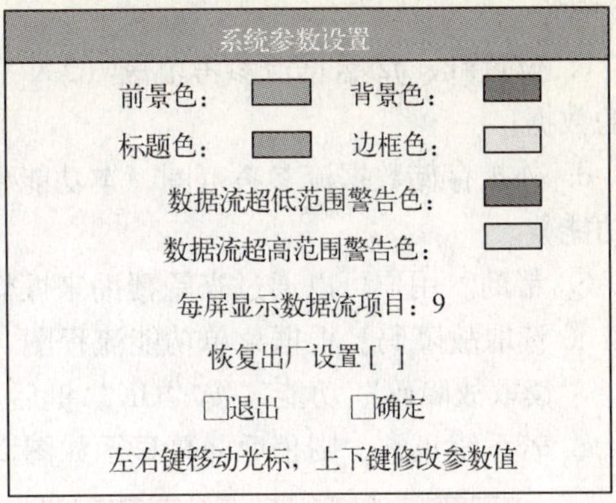

图 2 - 42　系统参数设置菜单

d. 边框色设置；

e. 数据流超低范围警告色设置；

f. 数据流超高范围警告色设置；

g. 每屏显示数据流的项目设置；

h. 恢复出厂设置的设置。

用户可以通过面板上的“↑”、“↓”、“←”、“→”、“退出”、“确定”键设置本仪器的前景色、背景色、标题色、边框色、数据流超低/高范围警告色及每屏数据流显示项目（可设置 1 ~9 项），以及恢复出厂设置。

⑧ 数据流参数维护。维护操作步骤如图 2 - 43 所示。

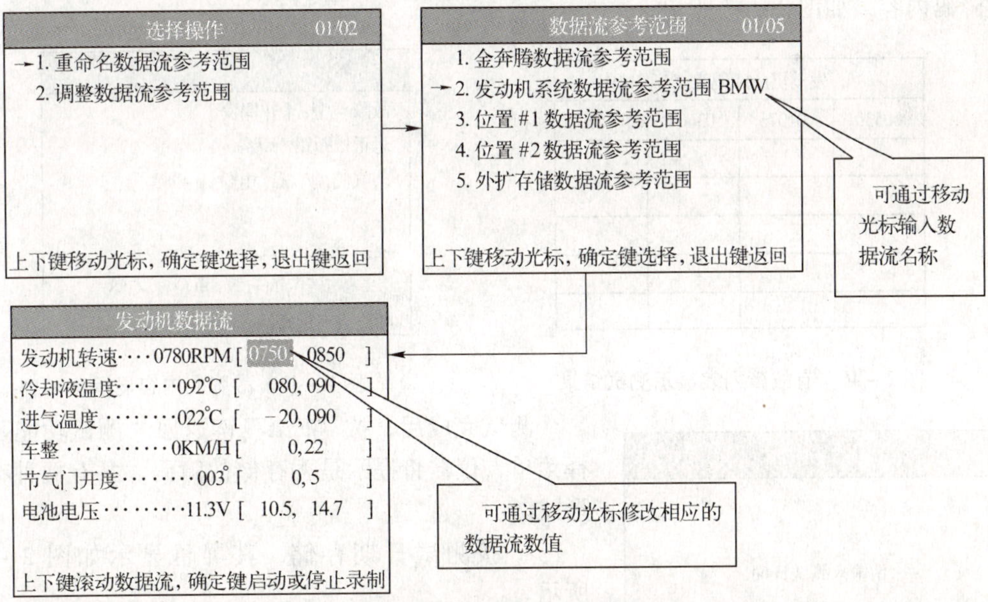

图 2 - 43　数据流参数维护操作步骤

菜单说明：

a. 金奔腾数据流参考范围，由本公司提供的该车型参考数据，在该功能下不能进行修改；

b. 发动机系统数据流参考范围，由本公司提供的该车型参考数据，在该功能下不能进行修改；

c. 位置#1、#2 数据流参考范围（XX 系统参考数据流范围），本功能可通过实测记录保存的数据；

d. 外扩存储数据流参考范围，本功能可将保存数据存储在特定存储器中（本功能为选配功能）。

⑨ 帮助。用户可以通过查阅帮助来操作该仪器。

⑩ 读取故障码。根据菜单功能流程图（图 2－39）所示，按“↓”、“↑”键移动光标，选择“读取故障码”功能，按“OK”键后界面显示如图 2－44 所示。

a. 若系统正常，则稍后屏幕显示如图 2－45 所示。

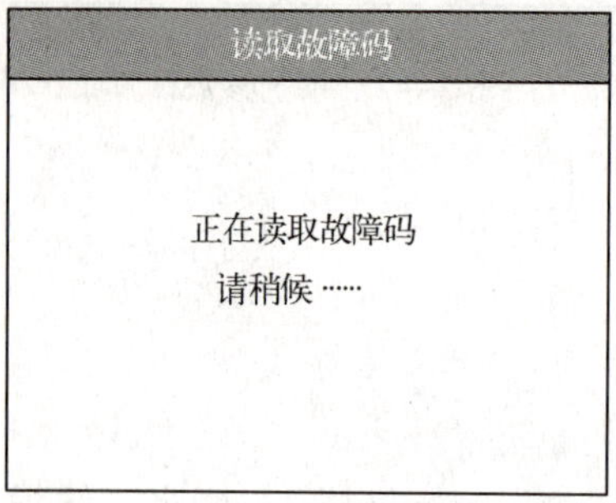

图 2－44 读取故障码

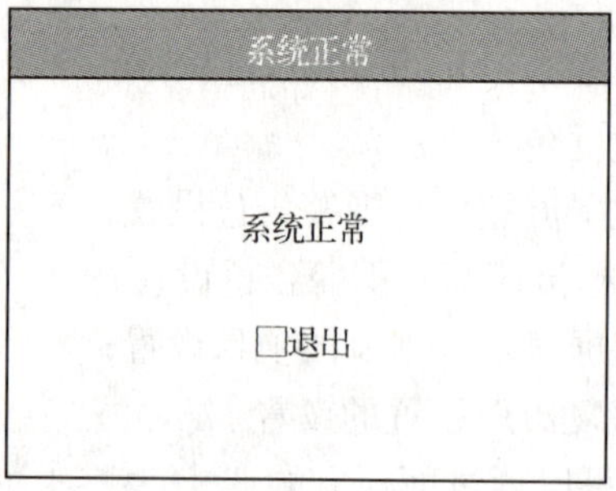

图 2－45 系统正常屏幕显示

b. 若有故障，则列表显示测试系统结果，如图 2－46 所示。

按“→”、“←”、“↑”、“↓”键移动光标，选择要查看的故障码；按“OK”键，显示故障码内容，如图 2－47 所示。

发动机故障码表		01/04	
00530	01076	03604	01553

图 2－46 有故障列表显示测试结果

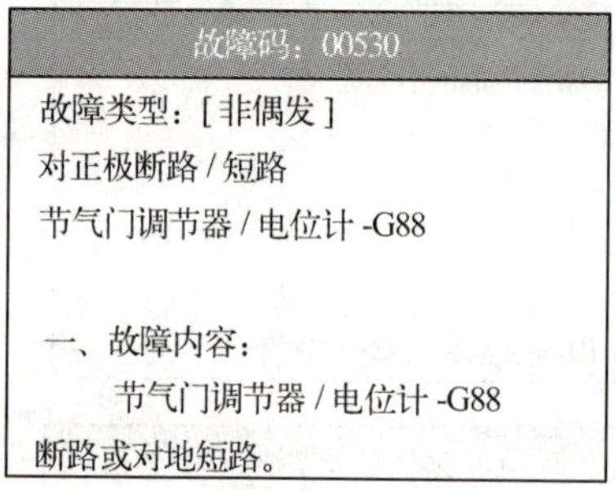

图 2－47 故障码内容显示

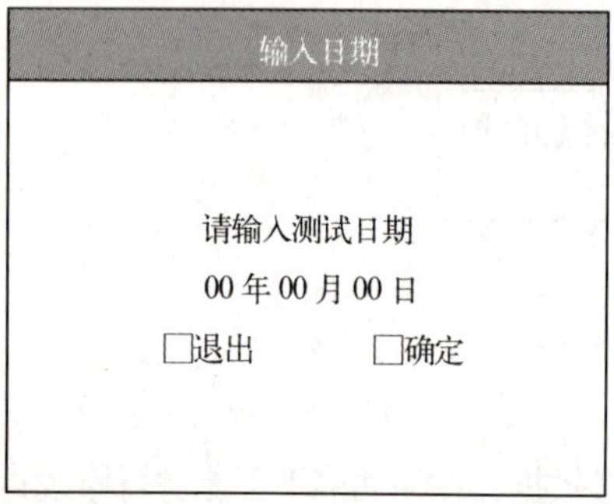

图 2－48 按测试日期存储

测试完成后，按“Exit”键返回“测试功能”选择菜单，仪器将提示是否存储故障码。共有两种存储形式。

a. 按测试日期存储，其屏幕显示如图 2－48 所示。

b. 按车牌号存储，其屏幕显示如图 2－49 所示。

按“→”、“←”键移动光标，确定改变数字的位置，再按“↑”、“↓”键改变数字。当日期或车型号输入正确后，按“OK”键，将故障码测试结果存储在仪器中。

⑪ 清除故障码。按“↑”、“↓”键选择“清除故障码”，按“OK”键，屏幕显示如图 2－50 所示。

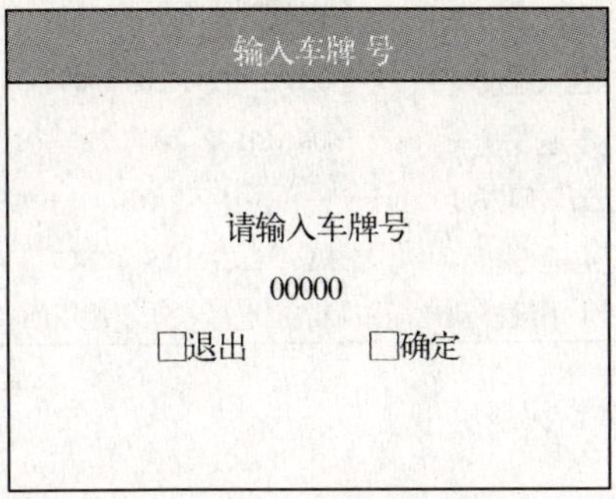

图 2－49　按车牌号存储

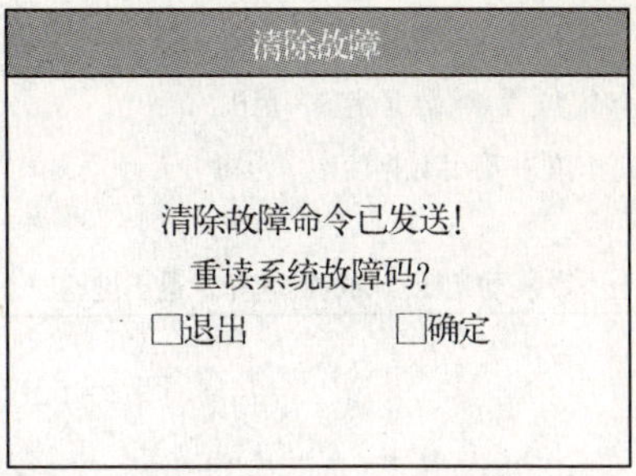

图 2－50　清除故障码

若要判断故障码是否清除，仪器将提示是否读取故障码，按“OK”键读取，否则按“Exit”键返回测试功能菜单。若未能清除，则显示“故障码未能清除!”。

⑫ 测试执行元件。

按“↑”、“↓”键选择“测试执行元件”功能，按“OK”键进入，屏幕显示如图 2－51 所示。

图 2－51　测试执行元件

此时，观察所测执行元件是否工作，以判断该执行元件是否有故障。每次按“→”键可完成一个执行元件的测试（此功能取决于被测车型）。若所有元件逐个测试完成后，屏幕显示如图 2－52 所示，表明执行元件已测试完毕，按“Exit”键，返回功能选择菜单。

若该汽车电脑自诊断程序没有提供可测试的元件，则显示“没有可测试执行元件!”，按“Exit”键返回上一级菜单。

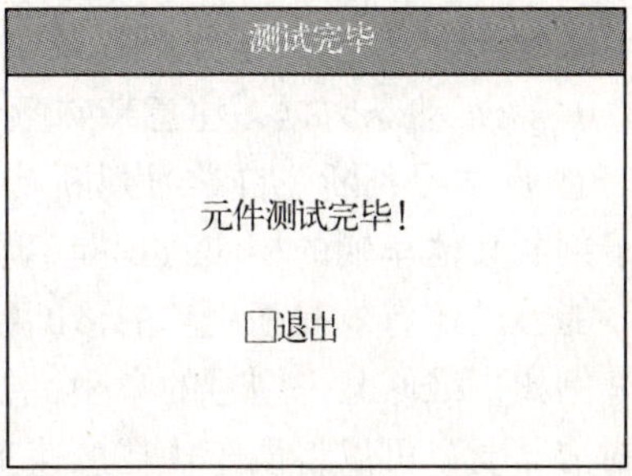

图 2－52　元件测试完毕

⑬ 读取车辆数据流。

在汽车诊断测试过程中，汽车数据流是汽车运行状况的具体参数体现，是维修诊断故障的依据。按“↑”、“↓”键选择“动态数据分析”，按“OK”键，则显示所测系统的动态数据，如选择“金奔腾数据流参考范围”，将显示该车支持的所有数据流，如图 2－53 所示。

数据流参考范围

→1. 金奔腾数据流参考范围
2. 位置 #2 数据流参考范围
3. 位置 #3 数据流参考范围
4. 位置 #4 数据流参考范围
5. 外扩存储数据流参考范围

上下键移动光标，确定键选择，退出键返回

发动机数据流

发动机转速 ···	0780RPM	[0750, 0850]
冷却液温度 ···	075℃	[080, 090]
进气温度 ······	022℃	[−20, 090]
车速 ············	0KM/H	[0, 22]
节气门开度 ······	008°	[0,5]
电池电压 ···	11.3 V	[10.5, 14.7]

上下键移动光标，确定键选择，退出键返回

图 2－53　动态数据流显示

a. 将金奔腾“彩圣”解码器与车辆连接，打开电源。

b. 进入“系统参数设置”功能。

c. 左右移动光标改变位置，上下移动光标改变设置项目。

⑭ 数据流存储打印。

本仪器可支持数据存储打印功能，而且在每个模块下设置了 3 条滚动存储空间，每个存储空间可以保存 200 ~ 500 条数据。

a. 将解码器与汽车连接，进入车辆系统。

b. 选择“动态数据分析”功能，读取数据流。

c. 按“OK”键，进行数据录制，退出时将自动保存数据流。

d. 退回“选择功能入口”菜单，选取“历史测试记录”，查看数据流保存位置及内容，并可将存储的数据打印出来。

⑮ 超范围警告色显示。

本仪器提供常见汽车的参考范围数据，在汽车运行过程中，如果实测数据低于或高于所给出的标准参考范围，则分别以超低和超高双警告色显示，以便快速锁定故障点，并进行故障判断。

a. 启动车辆，怠速运转。

b. 连接“彩圣”解码器，进入车辆系统。

c. 选择“动态数据分析”及“金奔腾数据流参考范围”。

d. 观察动态数据，注意特殊颜色的数据，进行故障分析，锁定故障点。

⑯ 自学习判断。自学习判断功能是指能够自动学习正常汽车某一工况下的正常数据，用于判断其他车辆的相应数据是否异常，帮助用户对各种车型繁多的运行参数进行准确判断，能够迅速有效提高用户的诊断维修水平。

例如，维修某一型号的车型，并不知道该车型的数据流在怠速下的标准值。在此车无故障的情况下，可以将该车辆在怠速工况下的发动机、变速箱、ABS、安全气囊等系统数据收集并录入到“彩圣”解码器中，当遇到同型号的车辆时，仪器可以将原先收集的数据与录入的参数作比较，当有参数超越原有数据范围时，则以特殊颜色报警，以便查找故障。

第3章 燃、润油系统的检测仪器

汽车发动机的燃油供给系统和润滑系统是发动机正常运转必不可少的一部分。当系统出现脏污、密封不良等故障时，会造成发动机供油压力下降，影响燃油和润滑油供给，导致发动机动力和燃、润油的消耗增加。燃、润油系统的检测仪器，就是针对发动机燃油供给系统和润滑系统故障进行检测、清洗和调校的检测设备，用以确保发动机燃、润油的正常供给。

3.1 喷油泵试验台的使用

DB2000-IIA型喷油泵试验台，采用国际先进的变频调速技术、工业控制计算机技术，具有调速范围广、性能稳定、使用方便等优点；另外，该试验台安装、操作方便，转速、量油次数、燃油温度均采用屏幕显示，并能打印输出技术数据，是各类喷油泵的理想调试设备。其结构如图3-1所示。

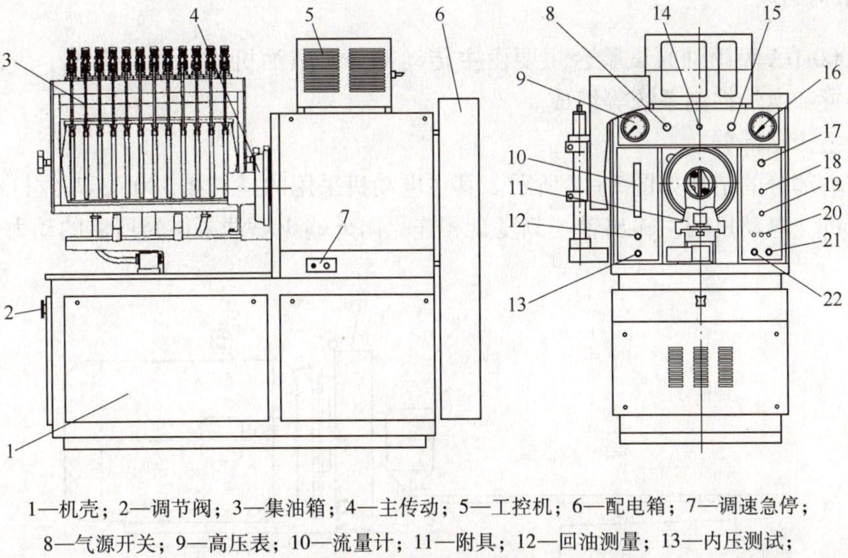

1—机壳；2—调节阀；3—集油箱；4—主传动；5—工控机；6—配电箱；7—调速急停；8—气源开关；9—高压表；10—流量计；11—附具；12—回油测量；13—内压测试；14—正负压选择；15—温控开关；16—VE内压表；17—正压调节；18—负压调节；19—提前角；20—直流电源；21—负压供气；22—正压供气

图3-1 DB2000-IIA型喷油泵试验台结构

3.1.1 仪器的主要技术性能

1. 额定使用条件

- 温度：-5～40℃
- 电源电压：AC 380V，误差≤±5%
- 电源频率：50Hz，误差≤±2%
- 远离易燃、易爆物品和火源

2. 测量范围

- 喷油泵各缸供油量和供油均匀性
- 喷油泵供油始点及供油间隔角度
- 调速器工作性能的调整和试验
- 喷油泵密封性试验
- 分配泵回油测量的观测
- 为喷油泵增压补偿器测试提供气源及气密试验
- 加上附件可测量提前器的工作性能
- 进行喷油泵气动调速器的检测试验
- 对喷油泵电磁阀检测试验

另外，使用附件接通前面板上的VE测试接口，可对VE泵内腔压力进行检测；使用附件接通前面板上的回油测试接口，可对喷油泵回油油量进行检测。

3. 结构组成

DB2000-IIA型喷油泵试验台主要由主传动部分、量油机构、油路系统、气路系统、齿杆行程装置和电气控制系统等组成。

（1）主传动部分

主传动部分的结构如图3-2所示。其主电动机采用的是三相380V，7.5/11/15kW四极异步电动机。电动机的主输出轴与刻度盘相连，向外输出喷油泵旋转所需的动力。

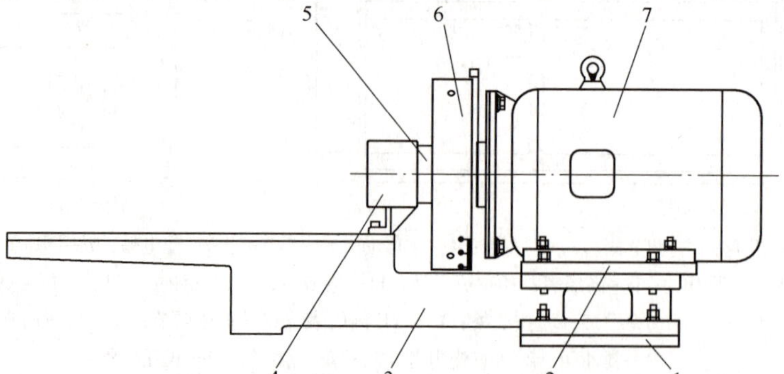

1、2—垫板；3—工作台；4—防护罩；5—联轴器；6—刻度盘；7—电动机

图3-2 主传动部分结构

（2）量油机构

量油机构的结构如图3－3所示，是测量被检测喷油泵各缸供油量的机构。它可绕工作台下面的轴左右旋转180°，转动升降螺杆，可以升高或降低集油箱，以适应不同型号喷油泵的要求。断油盘在电磁铁的带动下可以前后移动，接通和切断试验油进入量筒的通道。电磁铁是由多功能控制器的计数机构控制的，量筒板可以翻转，以便量油或倒空量筒内的试验油。

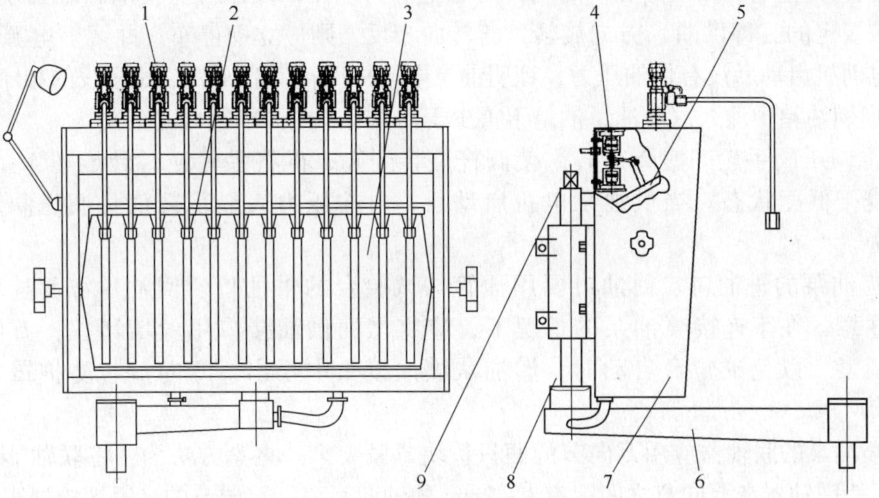

1—喷油器；2—量筒；3—量筒板；4—电磁铁；5—断油盘；
6—旋转臂；7—集油箱；8—立柱；9—升降螺杆

图3－3　量油机构结构

（3）油路系统

试验台燃油的高、低压力是在同一个调压阀上调定的。从0压力点逆时针旋转调压阀手轮，可以在0～4MPa内调定高压；若从0压力点顺时针旋转调压阀手轮，则可以在0～0.4MPa内调定低压。

DB2000-IIA型试验台的油路配有风冷、电加热自动控温系统，能够自动调节燃油的温度。当燃油温度高于设定的上限温度值时，计算机系统自动控制冷却风扇工作，使油温降低；当燃油温度低于设定的下限温度值时，计算机系统自动控制加热工作，使油温升高。当用户不需要控制燃油温度时，可以将试验台的加热控制开关关闭。

（4）气路系统

本机装有正负压气路一套。使用时，用户应首先将供气接口与泵体连接好，启动气泵，然后调节前面板上正（或负）气压调压阀，即可得到所需的气压压力值。正压测量范围为0～0.2MPa，负压测量范围为－0.1～0MPa。注意：前面板上有正、负压选择气路换向阀，阀杆拔出时为负压；反之为正压。

（5）齿杆行程装置

本机配有齿杆行程装置一套，其中包括传感器夹头等。将齿杆行程传感器放进夹头内夹紧，并固定在磁力表座上，调整适当位置，便可测量喷油泵齿杆行程。

（6）电气控制系统

试验台的电气控制系统由变频器、工控机、电动机、配电盘、直流电源及控制开关等组成。该系统具有转速计数控制、油温自动控制、12V/24V 直流电输出、油路/气路控制功能。

3.1.2 测试前仪器的准备

① 试验台应安装在干燥、通风、无灰尘的房间里，水平放置在稳固的地面上，并要避免受外界震动影响。

② 试验台主电机和油路分别启动，所用电源为三相四线制。所接电源线必须保证燃油供油泵按规定的（即供油）方向旋转，若转向相反，则应立即停车，并调整电源相序（如果油泵电动机启动后没有供油压力，证明油泵电动机反转，应调整三相进线的相序）。

③ 向燃油箱中注入试验油，油量不得少于油箱容积的 80%。

④ 将调压阀手轮顺时针旋转，使阀杆旋转到底；再将手轮逆时针旋转 4 ~5 圈，使调压阀处于低压状态。当供油泵电机启动后，再按压力表显示数值将调压阀调整到所需的压力。

⑤ 喷油泵的进油口、回油口要用油管与试验台的供油口、回油口牢固连接，防止漏油。注意：在不连接喷油泵的情况下，应将燃油供油接口用丝堵堵住，万向节夹块用螺栓锁紧，以免试验台启动时，燃油从供油接头中喷出，万向节与防护罩相碰，发生危险。

⑥ 喷油泵的联轴器应用万向节的两只拨块紧紧夹牢。夹紧方法为：将联轴器推入两拨块之间，使联轴器和万向节之间留有 1 ~2mm 的轴向间隙，万向节的夹紧螺栓处于垂直位置时，用内六角扳手从防护罩上面缺口处伸入，使万向节的拨块夹紧联轴器，螺栓的拧紧力矩为 11N · m。

⑦ 电器操作如下。打开试验台电器箱、工具箱门，将电缆线从工具箱下部的穿线孔穿入电器箱中；电源的三相火线分别与配电盘上标有“L1、L2、L3”的接线端子连接，电源的“0”线一定要与标有“N”的接线端子相连。因为试验台采用的是接地保护，所以中性线一定要紧固地压到“0”端子上。如果用户采用接地保护，则必须把配电盘上“0”端子与“E”端子之间的连线拆开，然后将“E”端子可靠接地。将工控机后面的各种插头对应插牢固，转速、计数、油温设定、提前角测试等功能参照工控机部分说明。

3.1.3 测试步骤

注意

每次开机前必须将调速电位器按标识方向旋转到零位值。

1. 接通电源

打开（左旋）电源总开关（开关拨向 1 为接通，拨向 0 为关断）。

2. 打开显示屏

按下（接通）显示屏开关（开关在显示屏背面），打开显示屏；等待，至出现操作界面。

3. 温度预置（温控）

按显示屏面板上的“温控开”或“E”键，启动温控预置功能，此时相应按钮显示橙色。按面板上的“F”键，显示屏显示调温界面，使用数字键输入要求的控制温度后，按“Enter”键进行确认储存。工作温度一般设置在28~30℃。若实际温度低，设定温度时打开加热；若实际温度高，设定温度时打开风冷。若按面板上的“温控关”或“E”键，则关闭温控，设备不对油温进行控制。

注意

启动温控后，“温控”按钮变为高亮，系统通过加热或风冷使油温达到设定值。

4. 油泵启动与停止

按显示屏面板上的“油泵开”或“D”键，启动油泵电动机开始供油，2~3min 后便满足试验需要，可进行测试操作。若再按“油泵关”或“D”键，油泵电动机将停止工作，油泵供油结束。

注意

油泵按钮显示橙色表示启动，灰色表示停止。

5. 选择（预设）转速

在启动主电动机之前，必须先选择一个转速。有两种选择方法。

① 通过左右电位器调速。

② 用0~9 十个预置挡预置转速。

先按左/右按键选择转向，在电动机为停止状态下时按面板上的“W”键，则弹出数字键盘窗口，使用显示屏面板上的0~9 数字键选定一个挡，再使用数字键输入要求的转速值。按“Del”键可删除错误输入，按“Enter”键对选择的转速进行确认储存。试验转速一般设置为200r/min。

注意

此时手动调整按钮应处于最小转速状态（即旋钮旋至最左端）处，紧急刹车按钮在打开状态（即红色按钮弹开）。当选择了其中的一个转速，则相应的按钮（方形）变为橙色。

若选择了“左”或“右”调节左/右电位器，则相应的转速在转速表显示出来。在停止状态下，选择0~9 中的一个挡（参考“选择转速”），转速窗口会显示该挡的预置值。

6. 预置量油次数

方法一：按显示屏面板上的“计数设置”按钮，启动测油预置功能，按面板上的“G”键，弹出数字键盘窗口，用面板上的数字键（0~9）输入要求测油的总次数。按“Del”键可删除错误输入，按“Enter”键对选择的数值进行确认储存。

方法二：按显示屏面板上的“确认”，则量油次数增加50或减少50。量油次数只有50、100、150三个挡次，一般设置为100次。

7. 计数开始/停止

按显示屏面板上的“计数开”或“H”键为开始计数，按“计数停”或“H”键为停止计数。计数开始后，相应按钮变为橙色，计数窗口显示零，然后进行加1计数，到达设定的量油次数后自动停止。

注意

只有在电动机运转并且传感器有信号的情况下，计数电磁铁才会动作。

8. 启动/停止主电机

直接按显示屏面板上的“正转”或“A”键、“停止”或“B”键、“反转”或“C”键，可进行开、闭运转操作。当处于正转或反转状态时，“正转”或“反转”按钮变为橙亮色，当按下“停止”键时，“停止”按钮变为橙色，然后复原。

注意

必须先停止电动机转动，才能改变电动机转动方向。

运行中调速：在运行状态中可直接切换挡位进行调速。在运行状态下切换挡位或按“正转”/“A”键或“反转”/“C”键，则退出自动调节，等待5s后重新进入自动状态。若选择左右电位器调节转速，则自动调节功能无效。

注意

若使用手动调节，则表示自动调节无效。

当出现转速不稳的情况时，可利用手动调节功能，使到变频器的转速设定值保持不变，观察转速是否稳定，以此判断故障范围。

9. 提前角

使用提前角功能应按下列步骤进行：

① 在提前器上安装提前角传感器。

② 启动电动机，将转速稳定在500r/min。

③ 按“I”键或用鼠标单击“齿杆清零”按钮，提前角显示将清零。

④ 将转速迅速提升到1 000r/min，此时提前角窗口显示一个数值。

⑤ 按“停止”键，主电动机停止，提前角窗口将保持前面的数值。

键盘功能键明细如下所示。

正转：A

停止：B

反转：C

油泵开：D

油泵关：D

左：L

右：R

齿杆清零：V

曲线资料：N

标准曲线：Tab

温控开：E

温控关：E

温度设置：F

计数设置：G

计数：H

停止：H

提前角清零：I

打印：P

资料查询：M

曲线运行：Del

转速预置：W

曲线校泵：Q

数字校泵：S

齿杆/提前角曲线：O

10. 打印

单击打印按钮或按下“P”键，可进入打印界面。

① 鼠标操作。单击要修改的内容，出现光标（矩行框）后，使用键盘修改或输入。要打印，单击“打印”/“Page Up”按钮；要退出，单击“返回”/“Esc”按钮。

② 键盘操作。用“Tab”键或“↓”键移动光标的位置，然后进行输入或修改操作。当光标处于“打印”或“退出”按钮时，按“Enter”键，执行打印或退出。按“Esc”键可直接返回主界面，且不保存任何修改。

11. 资料与查询

用鼠标单击“资料查询”按钮或按“M”键，进入资料界面，选择油泵型号、厂家，然后按“Enter”键进入资料库。

用鼠标单击“上一页”、“下一页”按钮或用键盘上的“PageUp”、“PageDown”键翻页。查询完后按“Esc”键返回。

3.1.4 技术要求

根据各柴油喷油泵制造厂的原厂技术标准。

3.1.5 检测中的注意事项

① 每次开机前必须将调速电位器按标识方向旋转到零位值。

② 不要随意打开电器箱门，触摸变频器程序盒盖，以防程序被修改。

③ 调压阀在调低压时，最大压力调到0.5MPa为宜，否则易损坏低压表。

④ 试验台使用时，接地必须良好。

注意

如果油箱油量过少或无油，开动试验台时，一定要将加热控制开关关闭，以免发生火灾。

⑤ 禁止用潮湿的手操作本开关。

⑥ 启动电动机前，须仔细检查各连接的紧固可靠性。特别是万向节螺钉要坚固可靠，防护罩要罩好。试验台在高速空转时，应将万向节拆下，以防发生事故。

⑦ 不使用试验台时，必须切断供电电源。

3.2 喷油器清洗检测仪的使用

CNC-601A 型喷油器清洗检测仪，是采用超声波清洗技术与微处理器油压控制清洗检测技术相结合的一种机电一体化产品。该产品可模拟发动机的各种工况，对汽车的喷油器进行清洗、检测，同时还可对汽车喷油器及供油系统进行免拆清洗。

3.2.1 仪器的主要技术性能

1. 额定使用条件

- 环境温度：-10 ~ +40℃
- 相对湿度：<85%
- 外磁场强度：<400A/m
- 周围 2m 以内严禁明火
- 电源电压：AC 220V，误差≤ ±15%
- 频率：50Hz，误差≤ ±1%
- 输入功率：250W
- 超声波清洗功率：100W
- 模拟检测转速范围：10 ~ 9 990r/min，步长 10r/min
- 计时范围：1 ~ 1 999s
- 脉宽范围：0. 5 ~ 25ms，步长 0. 1ms
- 系统油压：0 ~ 6kg/cm^2
- 油箱容量：4 700mL
- 试管容量：50mL

2. 主要功能

- 超声波清洗：可同时对多个喷油器进行超声波清洗，能彻底清除喷油器的积炭。
- 均匀性/雾化性检测功能：检测各个喷油器喷油量的均匀性，同时可利用背景灯全面仔细观察喷油器的喷射雾化情况，还能对喷油器进行反向冲洗。
- 密封性测试功能：可检测喷油器在系统压力下的密封性和滴漏情况。
- 喷油量检测功能：可检测喷油器在 15s 常喷情况下的喷油量。
- 自动清洗检测功能：在特定工况参数下，真实模拟喷油器在各种工况下的测试。
- 免拆清洗功能：带有多种免拆清洗接头，可进行多种车型的免拆清洗维护。

3. 结构组成

CNC-601A 喷油器清洗检测仪为柜式结构，如图 3 - 4 所示。上罩采用拉帘式结构，拉帘下是操作控制面板和工作台；下部为一柜体，分上、下两层，上层为超声波清洗机工作台，下层为抽屉，放置工具；底座有 4 个滑轮。

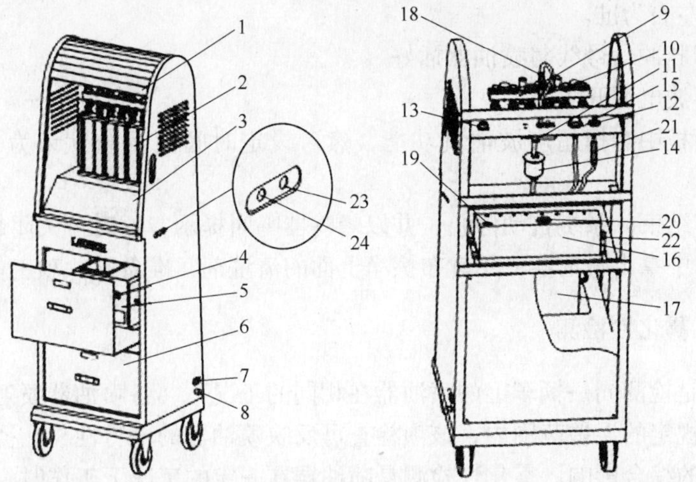

1—帘子；2—测试量杯；3—控制面板；4—超声波电源开关；5—超声波清洗机；6—抽屉；7—电源插座；8—保险管；9—分油器；10—快接油管；11—油路快；12—溢流阀；13—脉冲信号线插座；14—滤清器；15—回油管；16—油箱；17—超声波清洗机；18—快速接头；19—液位开关；20—油泵；21—回油观察管；22—油箱液位指示管；23—背景灯开关；24—电源开关

图3－4　CNC-601A 喷油器清洗检测仪结构图

3.2.2　测试前仪器的准备

① 首先把要检测的喷油器从汽车上拆下来，按顺序做好记号，用数字万用表测量喷油器的阻抗；测量结果，喷油器之间阻抗之差不能超过1Ω，否则更换超差的喷油器。然后仔细查看喷油器的橡胶密封圈是否损坏，如有损坏，应在清洗测试前及时更换同型号密封圈，以免测试时发生泄漏。最后将喷油器放入汽油或清洗剂中，仔细清除外部油污后用软布擦拭干净。

② 检查并添加检测液。从主机侧面的加油口向油箱内加注，观察侧面的液位管，一般以加注油箱容量的1/2即可。

③ 接通电源。把电源线插在本机右侧插座上，接通220V交流电源，并打开本机右侧的电源开关和背景灯开关；检查各种安全报警装置状态是否正常。

④ 在超声波清洗槽内加入适量的清洗剂或专用的超声波清洗剂，要浸过喷油器针阀。

⑤ 选出相应的喷油器连接偶件。

3.2.3　测试步骤

1. 超声波清洗

超声波清洗是利用超声波在介质中传播时产生的穿透性和空化冲击波，将带有复杂外形、内腔和细孔的物体进行强力清洗，以彻底清除被清洗物上的顽固杂质。

① 接通超声波清洗机电源，把电源线的一端插入清洗机的插座，另一端接在电源插座内。

② 把外部清洗干净的喷油器放在清洗槽中的清洗支架上。

③ 在超声波清洗机内加入适量的清洗剂或专用的超声波清洗剂，通常清洗剂以浸过喷

油器针阀 20mm 左右为准。

④ 将喷油器脉冲信号线与喷油器插好。

⑤ 打开超声波电源开关。

⑥ 在控制面板中选择超声波清洗功能，然后设定时间（系统默认为 10min），按“运行”键即可。

⑦ 此项工作结束，系统自动停止，并以蜂鸣器鸣叫提示，这时可关闭超声波电源开关。

⑧ 从清洗槽中拿出喷油器，用软布擦净上面的清洗剂，准备下一项工作。

2. 均匀性、雾化性检测

均匀性检测是检测同一辆车上的喷油器在相同的工况下，各喷油器喷射量之间的差值是否达到要求或在规定的误差范围内，该项检查可反映喷油器的电特性、孔径变化，以及堵塞等因素对喷油器的综合影响。雾化性检测是喷油器在一定的工况下工作时，通过观察喷油器的喷射状况来检测喷油器雾化性能的好坏。

（1）上方供油喷油器的安装方法与检测步骤

① 从配件盒中选出分油器堵塞，选择配套的“O”形圈装在堵塞上，并涂以少许润滑脂，将堵塞装入分油器。

② 装好月牙形压板，拧紧压板螺钉。

③ 根据喷油器连接类型，选择合适的直排油接头，安装于分油器下方对应的偶件处。

④ 正向安装喷油器（在喷油器的“O”形圈上涂少许润滑脂）。

⑤ 依据喷油器的高度，选择合适的调节螺杆与滚花螺母，安装于分油器支架上。然后将分油器及喷油器安装在分油器支架上，均匀紧固好两个滚花螺杆。安装示意图如图 3－5 所示。

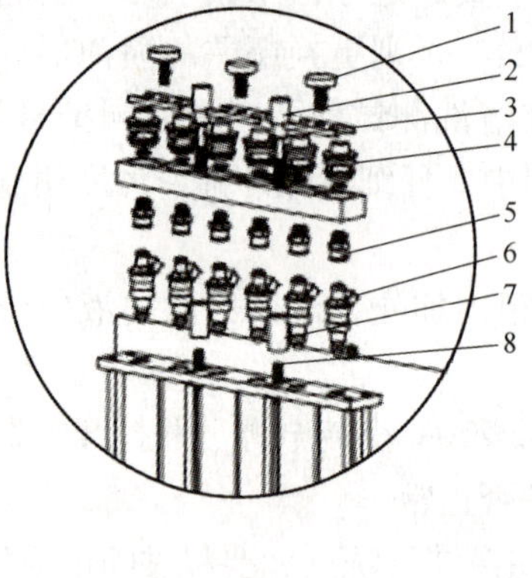

1—压板螺钉；2—滚花螺杆；3—月牙压板；
4—分油器堵塞；5—直排油接头；6—上方供油喷油器；
7—滚花螺母；8—调节螺杆

图 3－5　上方供油喷油器安装示意图

⑥ 插好喷油器脉冲信号线。

⑦ 如果测试量杯中有检测液，按“排油”键将测试量杯中的检测液排净。

⑧ 在控制面板中选择均匀性/雾化性检测，设定相应的工况参数，按“运行”键即可（注：运行期间，按“排油”键可进行均匀性与雾化性的互相切换）。

⑨ 检测完毕，系统自动停止，并以蜂鸣器鸣叫提示。

（2）侧向供油喷油器的安装方法与检测步骤

① 从配件盒中选出合适的侧向供油喷油器偶件（选择合适的“O”形垫圈装在偶件上，在偶件及喷油器的“O”形圈上涂少许润滑脂）。

② 将喷油器装入偶件，然后一起装入分油器。

③ 装好十字压板，拧紧压板螺钉。

④ 将分油器及喷油器安装在分油器支架上，均匀紧固好两个滚花螺杆（黑色）。安装示意图如图 3－6 所示。

⑤ 插好喷油器脉冲信号线。

⑥ 如果测试量杯中有检测液，按“排油”键将测试量杯中的检测液排净。

⑦ 在控制面板中选择均匀性/雾化性检测，设定相应的工况参数，按“运行”键即可（注：运行期间，按“排油”键可进行均匀性与雾化性的互相切换）。

⑧ 检测完毕，系统自动停止，并以蜂鸣器鸣叫提示。

（3）说明

① 在检测时，可以通过“排油”键来切换均匀性检测和雾化性检测。系统默认电磁阀是关闭的，此时可以进行均匀性检测；若按“排油”键，电磁阀排油，则可以进行雾化性检测。

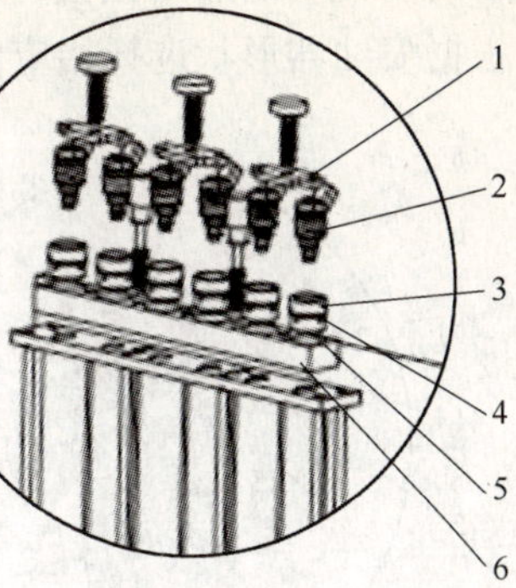

1—十字压板；2—侧向供油喷油器；3—侧向供油偶件；4、5—“O”形密封圈；6—分油器

图3-6　侧向供油喷油器安装示意图

② 系统默认的“缸号”参数是0，即运行时所有喷油器都工作，可通过设置“缸号”参数来选择某个喷油器工作。

③ 在检测时，可以通过“增压”、“减压”键来调节系统压力。

④ 在均匀性检测中，要保证使测试量杯中的液面达到30mL以上，但考虑到喷射过程中油液会起泡沫，为防止溢出，可参考公式脉宽（ms）×定时时间（s）×转速（r/min）/120≤18 000设定相关参数。

⑤ 在运行过程中，可以选定“转速”或“脉宽”参数，然后连续按▶或◀键，实现变工况模拟。

（4）技术要求

① 在均匀性检测时，正常情况下，同一辆车上的所有喷油器喷油量的偏差应在±2%之内。

② 喷油器喷油角度要一致，雾化要均匀，无射流现象，否则需更换。

可在雾化性检测下进行喷油器最小喷油开启脉宽这一电特性参数方面的检测，以比较同一发动机所有喷油器在此参数方面的差异。即设置某一缸或全部缸后，在运行期间从最小喷油脉冲宽度开始，逐步增加脉宽，直到能观察到喷油器开启喷油（可通过背景灯观察），这时所设置的喷油脉冲宽度即为该喷油器的最小喷油开启脉宽。进而观察喷油器最小开启脉宽的差异。

3. 反向冲洗

在均匀性、雾化性检测项目下通过连接反向冲洗接头还可以进行反向冲洗。反向冲洗是检测液从喷油器的出油口进入，从进油口流出。反向冲洗能将喷油器内部及附在滤网上的污物冲掉（仅限于上方供油型喷油器）。

① 从配件盒中选出分油器堵塞，并选择与此配套的O形圈装在堵塞上，在O形圈处涂少许润滑脂（以免橡胶圈变形或划坏而造成泄漏），将分油器堵塞装入分油器。

② 装好月牙形压板，拧紧压板螺钉。

③ 找出反向冲洗接头（并选择与此配套的O形圈装在接头内），安装于分油器下方。

④ 反向安装喷油器（出油口朝上，进油口朝下）。

⑤ 根据喷油器形状选择相应的下偶件垫在喷油器下面。

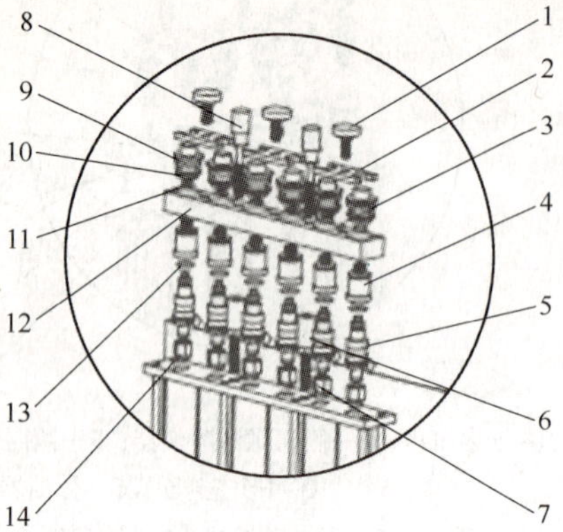

1—压板螺钉；2—月牙压板；3—分油器堵塞；4—反向冲洗接头；5—喷油器；6—滚花螺母；7—调节螺杆；8—滚花螺杆；9、10、11、13—O 形圈；12—分油器；14—下偶件

图 3－7 反向冲洗安装示意图

⑥ 依据喷油器的高度，选择合适的调节螺杆与滚花螺母安装于分油器支架上，将分油器组件及喷油器安装在分油器支架上，均匀紧固好两个滚花螺杆（黑）。安装示意图如图 3－7 所示。

⑦ 插好喷油器脉冲信号线。

⑧ 设定工作参数，按“运行”键。

⑨ 清洗完毕，系统自动停止，并以蜂鸣器鸣叫提示。

说明：

① 在反向冲洗时，可以通过“增压”、“减压”键来调节系统压力。

② 在反向冲洗过程中，建议按下“排油”键，以免检测液溢出。

4. 密封性测试

密封性测试是在系统压力下检测喷油器的针阀密封情况，测试喷油器是否有滴漏现象。

① 在进行密封性测试前，如果测试量杯中有检测液，按“排油”键将检测液排净。

② 选择密封性测试项目，按“运行”键，系统开始工作，此时可通过“增压”、“减压”键来调节压力（将压力设定为被检车出厂规定的压力，最好高出原厂规定压力的 10%），观察喷油器是否滴漏。

③ 检测完毕，系统自动停止，并以蜂鸣器鸣叫提示。

④ 技术要求。一般要求一分钟内滴漏不大于一滴（或按技术标准）。系统内部设定时间默认为 1min。

5. 喷油量检测

喷油量检测是检测喷油器在 15s 常喷情况下的喷油量，然后参照喷油器的相关技术手册判断是否与标准喷油器的喷射量一致（或在其误差范围内）。该值的变化或偏差反映了喷油器的孔径变化（磨损）或阻塞情况，而排除喷油器电参数变化的干扰。

① 在进行喷油量检测前，如果测试量杯中有测试液，按“排油”键将检测液排净。

② 在控制面板中选择喷油量检测项目，按“运行”键，系统开始工作，此时可通过“增压”、“减压”键来调节压力。

③ 测试完毕，系统自动停止，并以蜂鸣器鸣叫提示。

6. 自动清洗检测

自动清洗检测包括了上述的几种检测方法（15s 常喷喷油量检测、怠速、中速、高速、变加减速、变脉宽测试）。此项功能能够更真实、全面地模拟发动机的各种工况，从而全面检测喷油器的各项性能参数。

① 在进行自动清洗检测前，如果测试量杯中有检测液，按“排油”键将检测液排净。

② 在控制面板中选择自动清洗检测项目，参照该车喷油器的性能参数表，在参数选择区的“喷射缸号/模式”中选择清洗检测的模式（1、2、3 种模式可选，并在参数显示区的“设定参数”处显示），按“运行”键测试。

③ 系统运行过程中，可以通过“增压”、“减压”键来调节压力。

④ 测试完毕，系统自动停止，并以蜂鸣器鸣叫提示。

7. 免拆清洗

发动机供油系统经过一段时间的使用后，空气中的尘埃和汽油中的杂质等会使油路不畅或堵塞，加上燃烧过程中产生的积炭和胶质，会附着在喷油器、进排气门、进排气道和燃烧室上。因此，必须及时清洗发动机供油系统、燃烧室和喷油器，免拆清洗是一种省工、省时的解决办法。

① 免拆清洗前应查看油箱内的液体是检测液还是清洗剂，若是检测液须将其更换为清洗剂。具体方法为：取下主机左侧的液位显示管，将油箱内的检测液排在一个预先准备的容器内。若排出的检测液含有很多杂质不能继续使用，应将此废液妥善处理；若排出的检测液比较干净，应存放好以备以后使用。然后加注少量新的检测液对油箱进行清洗。

② 将喷油器清洗剂与燃油以一定配比加入清洗机油箱（具体配比可参考清洗剂说明书）。混合液的加注量可参考表3－1。

表3－1　混合液的加注量

发动机缸数	四缸机	六缸机	八缸机
加注量	800～1 000mL	约1 500mL	

③ 找到汽车供油系统的进油管和回油管，并分别断开。

④ 把原车进油管和回油管短接，并打开油箱盖，或在不影响其他系统工作的情况下拔下油泵保险丝。

⑤ 将连接分油器的快速油箱断开。

⑥ 将免拆清洗进油管快速接头公头一端接入主机出油管母头，另一端选择相应的连接接头接在汽车发动机燃油系统的进油管上。

⑦ 将汽车发动机燃油系统的回油管通过相应的转接头接到免拆清洗回油管，将回油管的另一端接快速接头。安装示意图如图3－8所示。

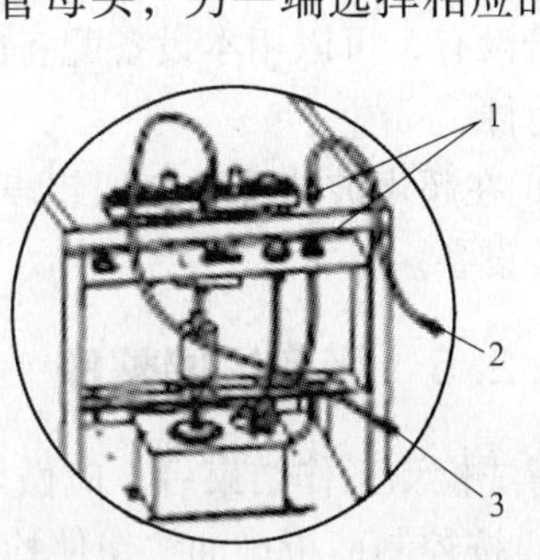

1—回油管快速接头；2—接发动机回油管；3—接发动机进油管

图3－8　免拆清洗安装示意图

⑧ 在控制面板上选择免拆清洗功能，设定时间，按“运行”键，然后启动发动机进行清洗。根据不同的车型参照原车技术要求，通过“增压”、“减压”键来调节压力。

⑨ 在任何时候均可按“停止”键停止清洗。

⑩ 免拆清洗完毕后，用检测液对油箱和管路进行清洗。具体方法为：先将油箱内残留的清洗剂排

出，并视清洗剂干净程度进行处理；然后在油箱内加入少量检测液，给设备通电，选择“密封性测试”项目，按“运行”键运行2~3min后停止；最后将检测液从油箱排出，并将排出液体按废液相关处理规定处理。

3.2.4 检测中应注意的事项

① 使用时，周围必须严禁烟火，禁止吸烟。

② 本仪器的供电电压为交流220V，50Hz，而且必须接地。

③ 油泵不要长时间无效持续工作，在检测完毕后，应注意关闭油泵。

④ 触摸设备或发动机发热部位时要小心。

⑤ 若电源线有破损请不要开机使用，设备摔落或受损时应在专业人员检查后再使用。

⑥ 不要让电源线悬挂在桌边、椅边、柜台边，也不要接触热的部分或带电部分。

⑦ 需扩充的电源线，电源线等级要大于原设备电源线。比原设备电源线等级差的电源线会过热。

⑧ 不使用设备时不要连接电源线插头，不要通过拉电源线来拔插头，应用手将插头取下。

⑨ 存放设备前应使设备完全冷却，并且将线松软地绕好。

⑩ 为防止火灾，操作设备时不能靠近有可燃液体（汽油）的敞口容器。

⑪ 在操作燃油发动机时应确保通风。

⑫ 仪器应放在无阳光直射且通风良好的房间内，并张贴“严禁烟火”和“易燃品危险警告”标志。

⑬ 操作者的头发、衣服、手指或身体其他部位应远离设备运转部位。

⑭ 为防止被电击，不要在潮湿的地方接触工作的设备或在雨中操作设备。

⑮ 汽车尾气中含有多种有毒、有害气体（如一氧化碳、碳氢化合物、氮氧化物等），测试时要将其引到室外并保持室内通风良好。

⑯ 测试时要拉好手制动，并将变速器置于空挡，同时挡好前轮。

⑰ 操作时要带安全防护眼镜。日常用的眼镜不是安全眼镜。

⑱ 断开有压力的燃油管接头时要用毛巾捂住接头，以防燃油喷出伤人及引起火灾。

⑲ 本设备主机使用检测液，免拆清洗使用清洗剂，超声波清洗使用专用的超声波清洗剂，若没有，可以用本设备配备的清洗剂代替。严禁使用化油器清洗剂清洗喷油器，以防腐蚀密封件。

⑳ 在超声波清洗池未加超声波清洗剂的情况下，严禁打开超声波系统，否则容易损坏超声波设备。

3.2.5 操作后的整理

清洗检测工作结束后，应做好清理工作，包括以下内容。

① 按控制面板排油按钮使检测液流回油箱。

② 关闭电源开关，拔下电源插头。

③ 将超声波清洗池中的清洗剂倒回原瓶中，并用干软布擦拭干净超声波清洗机。

④ 用干软布把机器台面擦干净。

⑤ 为避免挥发，将油箱内的检测液全部放出，若能继续使用，存放在安全的地方，若已经脏污不能继续使用，按有关规定处理掉。

3.3　润滑油系统免拆清洗检测仪的使用

发动机内的机油滤清器只能过滤 25μm 以上的微粒子，而发动机内的焦油、油漆、金属等小于 25μm 的微粒子，则继续流滞、聚积在发动机内各机油管路、机油泵和油底盘中。更换机油不能彻底清除这些微粒，从而造成发动机的污染，严重影响机油的品质和性能。

CLC-301 型发动机润滑油系统免拆清洗机是针对这一情况而研制出来的高科技产品。配合本机，使用专用的发动机润滑油系统清洗液，能够有效的把发动机润滑系统的油泥和积碳溶解，将发动机润滑系统清洗干净，达到改善发动机内机油品质、恢复发动机性能的目的。

该设备配合汽车的定期保养，无须拆卸发动机，通过接头与发动机机油滤清器和油底壳螺孔连接，利用空气动力，在发动机静态时进行清洗。只要 20min，发动机润滑系统的油泥、积炭和杂质就会一并清除。清洗后可以恢复发动机的效率，减少磨损，减少有害废气的排放，并延长发动机的使用寿命。

3.3.1　仪器的主要技术性能

1. 额定使用条件

- 环境温度：-10 ~ +60℃
- 相对湿度：<85%
- 输入电压：直流 12V
- 输入电流：6. 5A
- 工作压力：≤60psi
- 红色油管：3m/200psi
- 蓝色油管：3m/200psi
- 滤清器：可过滤 10μm 微粒

2. 功能范围

- 可以强力清洁发动机润滑油道
- 清洗后会在发动机的运动表面形成一层保护膜，延长发动机运动件的寿命
- 抽取废油功能

3. 结构组成

CLC-301 发动机润滑油系统免拆清洗机为柜式结构，如图 3 -9 所示，主要由操作面板、机柜、把手等组成。该机器下面装有滚轮，移动十分方便；油管使用快速接头，拆装迅速；操作面板简洁、明了，使用户操作得心应手。其操作面板如图 3 -10 所示。

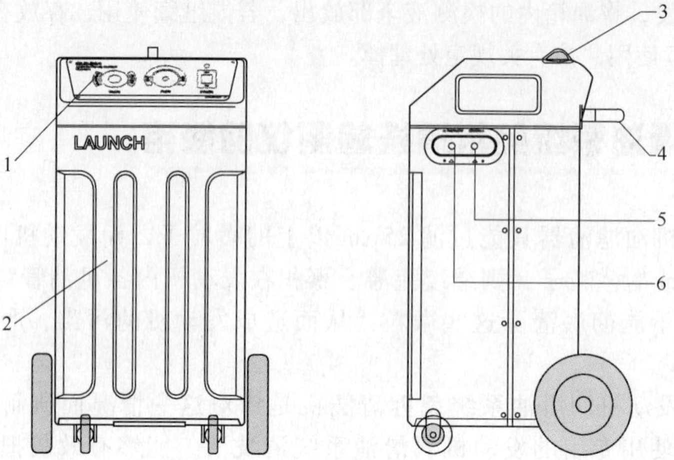

1—操作面板；2—机柜；3—加油口盖；4—把手；5—出油管；6—回油管

图 3 – 9　CLC-301 发动机润滑油系统免拆清洗机结构图

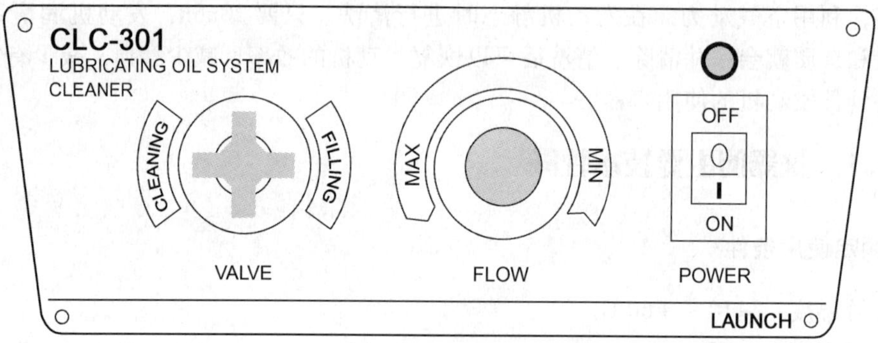

图 3 – 10　CLC-301 免拆清洗机操作面板图

3. 3. 2　测试前仪器的准备

1. 准备工作

① 打开加油口盖，将整桶清洗液放入清洗机内。注意：若蜂鸣器鸣叫，则表明设备油壶内清洗液已满。

② 将红色电源夹夹至正极，黑色电源夹夹至负极。

2. 管路连接方法

将蓝色油管接到本机的回油管（RETURN）上，将红色油管接到本机的出油管（PRESSURE）上，管路连接如图 3 – 11 所示。

3. 3. 3　清洗步骤

① 确认待清洗的车辆处于刹车状态。

② 拆下发动机油底壳放油塞，将内部的旧机油放掉。

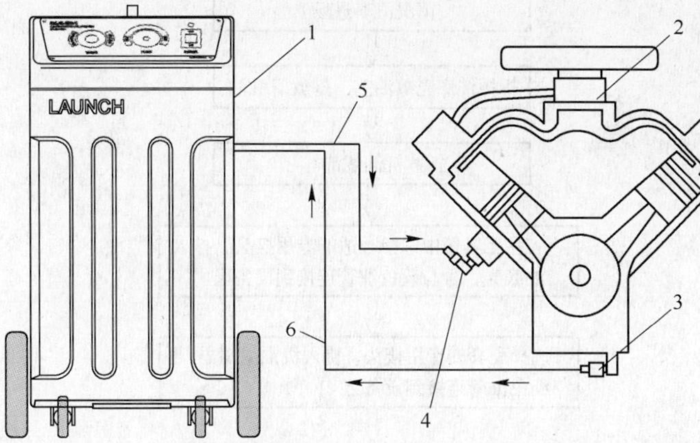

图 3-11　管路连接示意图

1—CLC-301 清洗机；2—发动机；3—油底壳孔；
4—机油滤芯座；5—清洗出油管；6—清洗回油管

③ 从工具箱中找出合适的接头代替油底壳放油塞，拧进油底壳，将蓝色回油管与油底壳接头连接。

④ 拆下发动机的机油滤清器，选择合适的接头和 O 形圈，代替发动机机油滤清器，拧至机油滤芯固定座上，将红色出油管与其连接。

⑤ 检查红色油管和蓝色油管连接是否正确，确认接好后方可进行清洗。

⑥ 加注清洗液。将转换阀（VALVE）旋至加注（FILLING）位置，打开电源开关，开始加注清洗液，加注完毕，可进入循环清洗。

注意

此时可以通过调节流量控制阀对出油速度进行调节；同时应检查各接头是否漏油，若有泄漏则关闭电源，使机器停止一切动作，待泄漏排除后，再重新工作。

⑦ 循环清洗。使转换阀（VALVE）处于（CLEANING）位置，打开电源开关，开始循环清洗；大约 8min 后，结束循环清洗，进入浸泡过程。

⑧ 浸泡。关闭电源开关，停止设备运行，大约 2min 后，结束浸泡、进入再循环清洗过程。

⑨ 再循环清洗。操作与步骤⑦相同。

⑩ 回抽清洗液。使转换阀（VALVE）处于清洗（CLEANING）位置，拆开红色出油管与发动机的连接，将其放置在清洗剂油壶中；打开电源开关，开始回抽清洗液，直到抽完，完成清洗操作。

⑪ 将蓝色油管、红色油管、接头螺钉拆下，将原油底壳螺钉拧紧，更换新的机油滤清器。

⑫ 确认油底壳放油塞及新机油滤清器已拧紧，将新的机油加入后使发动机运转 1min，之后关掉发动机，检查机油尺测量的油量是否足够，不足时补加机油。

发动机润滑系统清洗流程图如图 3-12 所示。

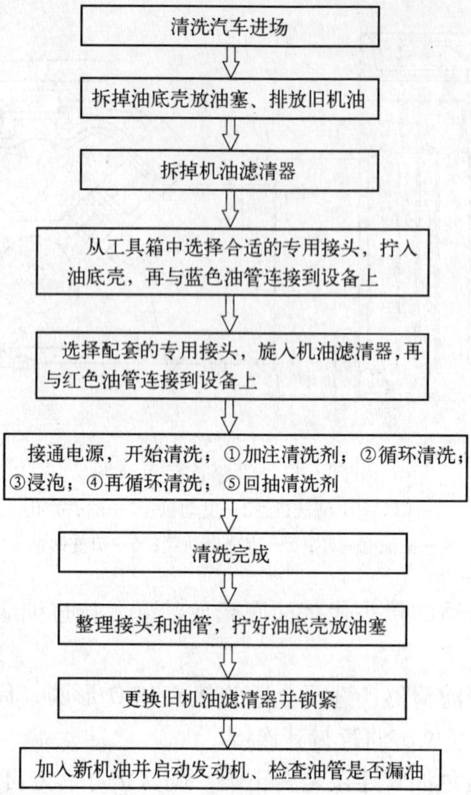

图 3－12　发动机润滑系统清洗流程图

3.3.4　发动机润滑系统清洗的时机

① 汽车每行驶 5 000～20 000km 或 6 个月至 1 年应清洗。

② 机油超过更换时间而未更换应清洗。

③ 汽车更换机油品牌和等级时应清洗。

④ 杂质进入发动机内或机油太脏、变质时应清洗。

⑤ 发动机运行不顺畅、机油压力不足或温度易升高时应清洗。

⑥ 噪声过大、马力明显衰退时应清洗。

⑦ 检测尾气前或发动机进水（泡水车）时应清洗。

第 4 章　四轮定位的检测仪器

汽车四轮定位角是确保汽车行驶稳定的重要参数。汽车出现四轮定位不准时，可能会产生转向吃力、行驶稳定性差、转向后回正不良、跑偏及轮胎的不正常磨损等现象。专用四轮定位仪是对车辆进行精确测量后，根据测量结果对车辆车轮相关的角度进行调整、修复，使车辆的技术指标达到原厂要求，从而保证汽车行驶的安全性、舒适性和稳定性。

4.1　气泡水准定位仪的使用

车轮定位值的静态检测法，是根据车轮旋转平面与各定位角间存在的直接或间接的几何关系，用特制的仪器、设备测量其是否符合原厂规定。使用的仪器、设备有气泡水准式、光学式、激光式、电子式和电脑式等车轮定位仪，其中 GCD-1 气泡水准仪具有结构简单、价格低廉、便于携带等优点，在国内获得了广泛应用，其缺点是安装、测试费时、费力。水准仪的结构如图 4－1 所示。

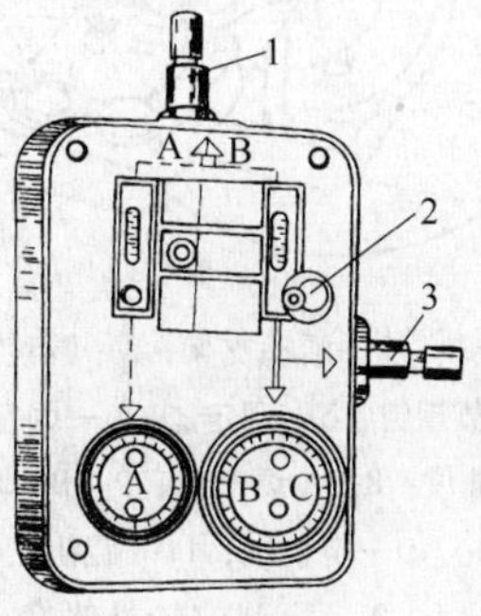

(a) 适用于大、中、小型汽车的水准仪

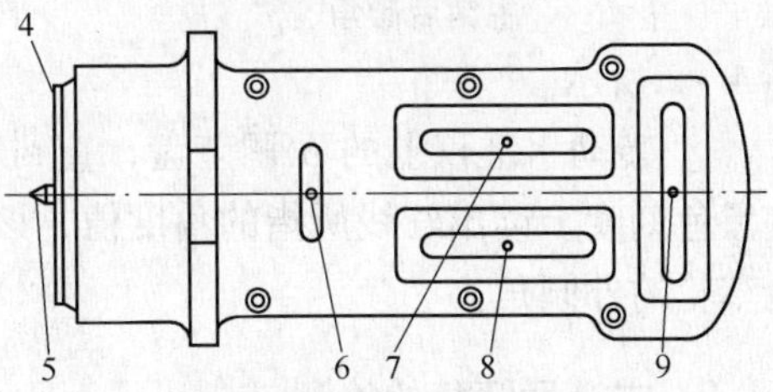

(b) 适用于小型汽车的水准仪

1、3—定位销；2—旋钮；4—永久磁铁；5—定位针；
6—校正水准仪水平状态的气泡管；
7—测量主销后倾角的水泡管；
8—测量前轮外倾角的水泡管；
9—测量主销内倾角的水泡管

图 4－1　水准仪结构图

4.1.1　仪器的主要技术性能

1. 额定使用条件

- 环境温度：5～40℃
- 相对湿度：<95%
- 大气压力：70.0～106kPa

2. 测量范围

- 测量车轮外倾角
- 测量主销后倾角
- 测量主销内倾角
- 测量前轮前束值

3. 结构组成

气泡水准定位仪主要由水准仪、支架和转盘等组成。

(1) 水准仪

水准仪由壳体、水泡管、水泡调节装置和刻度盘等组成。水准仪带有两个定位销，以便插入支架中心孔固装在支架上。

(2) 支架

支架是水准仪与轮辋之间的连接装置。支架固定在轮辋上，水准仪则插在支架的中心孔内，由锁紧螺钉锁住。支架有卡紧式和磁力式两种。

(3) 转盘

转盘一般由固定盘、活动盘、扇形刻度尺、游标指示针、锁止销和若干滚珠等组成。

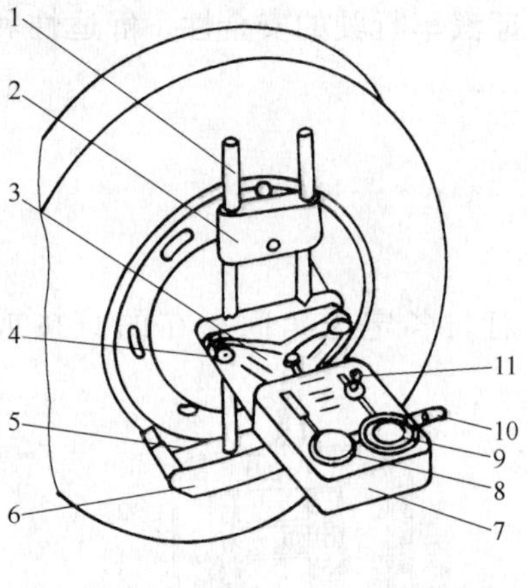

1—导轨；2—活动支架；3—调整支架；4—调节螺钉；5—固定脚；6—固定支架；7—水准仪；8—A 调节盘；9—BC 调节盘；10—定位销；11—旋钮

图 4-2 检测前轮外倾角和主销后倾角

4.1.2 测试前的准备

① 被检车辆的载荷应符合原厂规定。将车辆放在平坦的地面，前轮处于直线行驶状态，用三角木把后轮前后垫稳。

② 轮胎花纹深度要相等（无不正常磨损），气压相等，左右钢板软硬一致。

③ 前轮主销与衬套、前轮轴承的配合间隙符合原车技术要求，横直拉杆球头不松旷。

4.1.3 测试步骤

1. 前轮外倾角的检测

① 将水准仪黑箭头指示的定位销插入前轮上支架的中心孔内，并使水准仪在左右方向上大致处于水平状态，轻轻拧紧弹簧卡锁紧螺钉，固定水准仪，如图 4-2 所示。

② 转动水准仪上的 A 调节盘，直到对应气泡管内的气泡处于中间位置为止，然后在 A 盘黑色刻度上读出红线所指的角度值，该角度值即为此轮的外倾角。用同样的方法可检测其他车轮的外倾角。

2. 主销后倾角的检测

前轮外倾角测定后，不动水准仪，接着进行主销后倾角的检测。

① 将被测一边前轮向内转 20°（对于左前轮侧向左转，对于右前轮侧向右转），松开弹簧卡锁紧螺钉，使水准仪左右方向处于水平状态，然后拧紧锁紧螺钉。

② 转动水准仪上的 BC 调节盘，使其上的红线与蓝、红、黄刻度盘零线重合。

③ 调整对应气泡管的旋钮，使气泡管气泡处于中间位置。

④ 将前轮向相反方向转 20°，转动 BC 调节盘，使气泡管的气泡回到中间位置，在蓝盘上读出 BC 盘红线所示之值，该值即为此侧前轮主销后倾角。用同样的方法测出另一侧主销后倾角。

3. 主销内倾角的检测

检测主销内倾角时，为防止打转向盘时前轮滚动，必须踩下制动踏板或用踏板抵压器压下制动踏板，使前轮处于制动状态。

① 从支架上取下水准仪，将红、黄箭头所示的定位销插入支架中心孔内，轻轻拧紧锁紧螺钉，使水准仪不会因转动车轮而自由运动，如图4－3所示。

② 将被测前轮向内转20°，松开锁紧螺钉，使水准仪在左右方向上大致处于水平状态，然后拧紧锁紧螺钉。

③ 转动BC调节盘，使其红色刻线与蓝、红、黄刻度盘零线重合；调节气泡管旋钮，使气泡处于中间位置。

④ 将前轮向外转40°，即转到直线行驶位置后再向外转20°；调节BC盘，使气泡管的气泡回到中间位置，则BC盘红线在红刻度盘或黄刻度盘所示之值，即为主销内倾角度值。

⑤ 用同样的方法检测另一侧的主销内倾角。检测左前轮时在黄刻度盘上读数，检测右前轮时在红刻度盘上读数，简称左黄右红。

4. 前轮前束的检测

① 调节标杆长度，使标牌内间距略大于被测汽车的轮距，并使聚光器光束指针大致可投射到标牌的中间位置（“20”左右），如图4－4所示；两边的两根标杆一定要调整到等长，特别是标牌间距一定要相等，否则将直接影响测量结果。

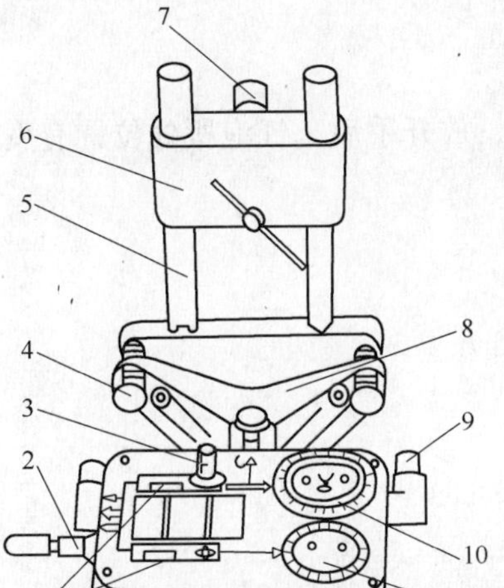

1—水泡管；2—定位销；3—旋钮；4—调节螺钉；
5—导轨；6—活动支架；7、9—固定脚；8—调整支座；
10—调节盘BC；11—调节盘A；12—水准仪

图4－3　检测车轮内倾角

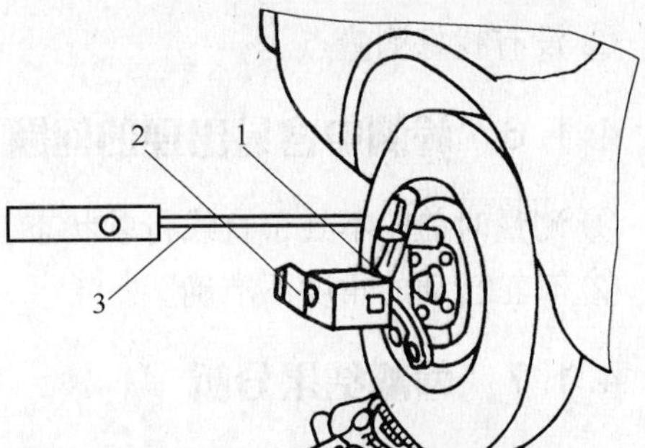

1—支架；2—聚光器；3—标杆；4—转盘

图4－4　检测前轮前束

② 将已调好的两根标杆分别放置在被测桥的两侧，平行于该桥，使其两杆间距同车轮前束规定测量处（如轮辋边缘）的直径一样，而每一标杆距车轮接地中心点的距离与车轮

前束规定测量处半径一样。

③ 将一侧聚光器的光束投向前标杆的标牌上，使其指针指于某一整数（如“20”上）；再向后将聚光器光束投射到后标杆的标牌上，平行移动后标杆，使指针落在前标杆同一指示数上（即“20”）；之后将另一侧聚光器依次向前标杆和后标杆投射光束，读出指针指示值，依指示值计算前束值。

4.1.4 技术要求

常用的汽车前轮定位有关技术数据如表4－1所示。

表4－1 常见车型前轮定位值

汽车型号	主销后倾角	主销内倾角	前轮外倾角	前轮前束
东风 EQ1091	2°30′	6°	1°	1～5mm
解放 CA1091	1°30′	8°	1°	2～6mm
奥迪 100	1.16°	14.2°	－0°30′±30′	0.5～1mm
北京 BJ130	1°30′	7°30′	1°	1.5～3mm
北京 BJ212	3°	5°30′	1°30′	3～5mm
跃进 NJ130	3°30′	8°	1°	1.5～3mm
黄河 JN150	2°	6°50′	1°40′	6～8mm
上海 SH760	1°50′～4°	0°	0°～1°	0～2mm

4.1.5 检测中应注意的事项

① 用手按着水准仪，调节使气泡处于中间位置，放开手后，气泡所处位置有变化却未能觉察到。

② 没有找好测量点。

4.1.6 检测中容易出现的问题

① 测量时前轮不处于直线行驶状态。

② 车轮转动的角度不准确。

4.1.7 检测结果分析

① 如果外倾角偏离会令转向操纵沉重，原因可能是前桥有变形。

② 如果主销后倾角偏离会令方向不稳，原因可能是弹簧钢板、车桥变形或移位。

③ 如果主销内倾角偏离会令方向盘不能自动回正，原因可能是车桥或车架变形。

4.2 光学式电脑四轮定位仪的使用

为了保证汽车行驶稳定和转向轻便，减少轮胎磨损，确保行车安全，车轮在安装时应与其他机件保持一定的位置关系，这就是车轮定位。转向轮的定位参数包括前轮外倾角、前轮前束、主销后倾角、主销内倾角。转向轮定位的检测可分为静态检测和动态检测，静态检测采用车轮定位仪检测转向轮定位参数的具体值，动态检测利用侧滑试验台检测转向轮的横向侧滑量，从而分析车轮定位各参数的匹配关系。现代轿车除转向轮有定位参数之外，后轮也有后轮外倾角、后轮前束，称为四轮定位。四轮定位参数的检测和调整在四轮定位仪上进行。

4.2.1　仪器的主要技术性能

1. 额定使用条件

- 温度：0 ~ 40℃
- 相对湿度：≤85%
- 测量精度：对总前束、前后轮前束的精度为 0.1mm
  对前后轮外倾角，主销后倾角和内倾角，推进角等的精度为 ±0.01°
- 电源电压：AC 220V，误差≤ ±10%
- 电源频率：50Hz，误差≤ ±1%
- 消耗功率：≤500W

2. 测量范围

- 车轴偏移量：±5°
- 前轮总前束：±120mm
- 前轮左、右前束：±60mm
- 前轮左、右外倾角：±10°
- 前轮左、右主销后倾角：±20°
- 前轮左、右主销内倾角：±20°
- 后轮左、右前束：±60mm
- 后轴推进角：±10°
- 车辆轴距：<3m，轮距：<1.8m
- 轮辋的可测量直径范围：10 ~ 18 英寸

3. 结构组成

玄豹 KD – W208 型光学式电脑四轮定位仪主要由测试投影仪、导轨、转盘、万能轮镜安装架、轮镜、定位测量卷尺、后轮摆正滑板和主销内倾角测试仪组成。

(1) 主机

主机由线路板、液晶显示器、操纵键、指示器、电源及传感器插座等组成，可以显示操作提示及左、右侧车轮的检测数据。

(2) 探测杆

探测杆配有 4 个探测杆，每个探测杆内装有图像传感器、一个视频发射器、一个射频收发器。图像传感器把获取的图像通过视频发射器无线传输给计算机系统，由计算机系统对图像进行处理。

(3) 轮夹

测量时，利用调节旋钮将轮爪的间距调整合适，再与汽车轮辋相连。通过调节旋钮使轮夹与汽车轮辋紧密相连，同时利用轮夹绑带把轮夹与轮辋连接起来。轮夹装配正确与否与测试结果有很大关系。

(4) 转角盘

该仪器配有两个机械转角盘，转角盘放置于举升机的汽车前轮下，以确保车轮在其上能灵活轻便地转动。在测试中，要尽量使汽车前轮正对转角盘中心位置。

4.2.2 测试前仪器的准备

① 将举升机平台上的转角盘用锁销穿好锁定后，把被测车辆开上举升机平台，要求前轮应压在转角盘上。此时前轮应摆正在直线位置上，拉紧手制动，拆下转角盘锁销，并选择好二次举升的支撑点（升至方便操作的高度）。

② 将电源插头插入220V电源插座，注意此时只是插入，不开启主机电源。

③ 将4个固定传感器用的夹具安装在待测车的4个轮子上（注意将传感器夹具与车轮靠紧），再将4个传感器总成安装在夹具上，然后调节传感器至水平位置（即使传感器面板上的水准仪气泡处于中间）。

④ 操纵举升机的二次举升装置（举升液压小车），将待测车举升至车轮距离一次平台50mm高度。

⑤ 松开汽车的手制动，保证前、后轮转动自如。

4.2.3 测试步骤

① 将主机电源开关（此开关在显示屏右边）接通，然后接通计算机开关（此开关在显示屏左边），进入系统主菜单，界面如图4－5所示。

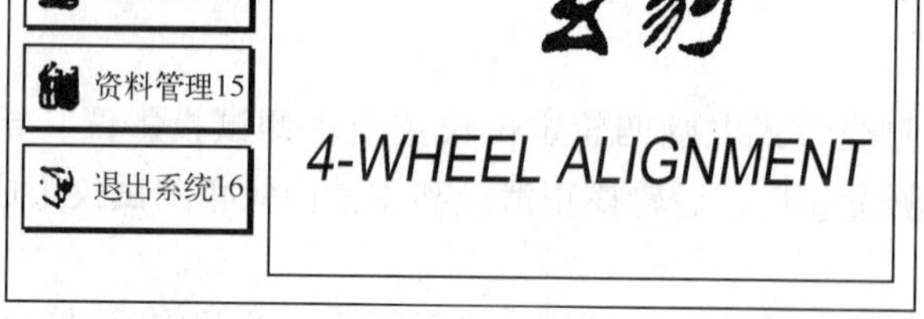

图4－5 系统测试界面

② 按“F1”键，进行车型选择。根据屏幕画面提示，选择输入待测车辆的车系、车型和轮辋直径，输入无误后按“Enter”键确认。

③ 对被测车要首先进行轮辋补偿，以减少轮辋变形过大对测量结果的影响（如果变形不大，可省略）。进行轮辋补偿时，应支起车轮以使其能自由旋转，对于前轮还应使其处于

正前打直位置。打开各传感器上的电源开关，此时要检查各传感器是否还在水平位置。

a. 在车轮转动前应首先发送一次数据（即按传感器上的“△”键一次）。

b. 按车轮的前进方向每转动 90°，注意要保持机头（传感器）处于水平位置后，才能发送一次数据（即按传感器上的“△”键一次）。未按键前“△”键对应的指示灯要熄灭方能发送，如果不熄灭可重新开机进行。

c. 4 个车轮可随意进行，也可同时进行，但不可同时按下各传感器上的“△”键发送数据。（主机上的红外线射灯闪光为射灯被遮挡；传感器的充电灯闪光为传感器无电，需要充电）

④ 轮辋补偿完毕，按“Esc”键，屏幕退回主菜单测试画面；按“F4”键进入定位测量功能后，根据屏幕上的提示，逐步按要求操作，将显示出被测车车轮定位的检测结果。

⑤ 车轮定位的调整，可在测试画面上选择车轮调整按钮 F2，再根据屏幕提示选择调整内容，进入调整画面，开始进行调整选择的项目。调整结束后，要退回到主菜单（按“Esc”键），重新测量一次，若仍不符合要求，需再进行调整。

a. 主销后倾角调整（如图 4－6 所示）。应在选中该项调整内容并进入调整画面后才开始调整后倾角；调整结束后，应退回主菜单，重新测量一次，若不符合要求，需再进行调整。

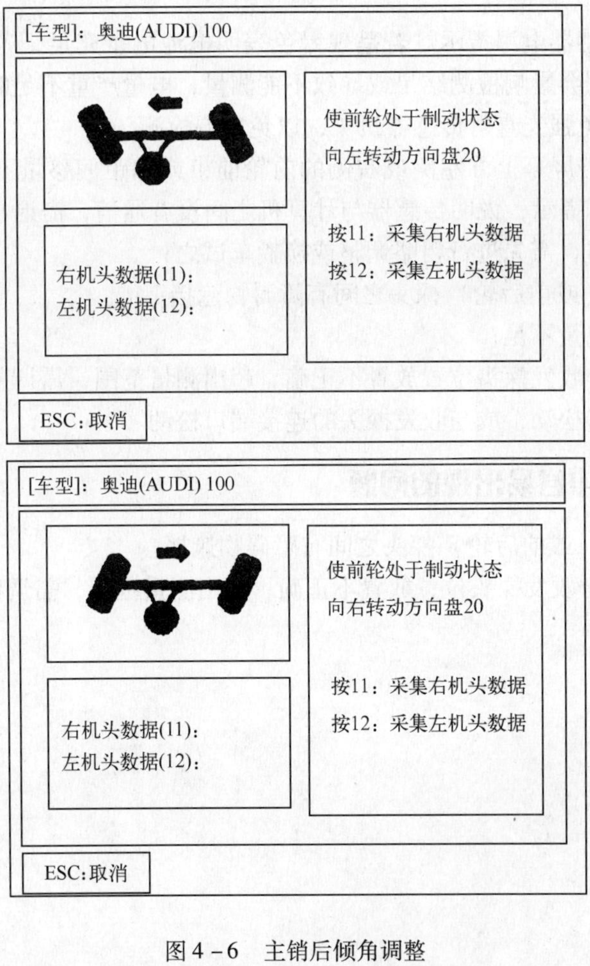

图 4－6　主销后倾角调整

b. 后轮前束调整。应在选中该项调整内容并等屏幕出现调整画面后，才开始调整。调整过程中应始终使车后传感器机头保持水平。

c. 前轮前束调整。前轮摆正后，应将方向盘用固定架固定，调整时应均匀调整两侧转向拉杆，不允许调整单侧。为了保证调整结束后方向盘处于正中位置，前轮摆正时，应先将方向盘摆正，此时若屏幕上箭头不在正中位置，可按下“Esc”键强制进入。调整完毕后，按下退出键再进入前轮前束调整，如果此时箭头不在正中位置，调整单轮前束直到箭头在正中位置并进入调整功能。必要时再调整单轮前束，直到符合要求为止。调整时应始终使车前的传感器机头保持水平。

整个调整工作的正确顺序是：后轮外倾、后轮前束，主销后倾角、前轮外倾、前轮前束。调整过程中，若屏幕显示的数据出现异常，应退出调整，然后重新进入。

4.2.4 技术要求

根据各车辆制造厂的原厂技术标准。

4.2.5 检测中应注意的事项

① 充电时，必须保证传感器与挂具充电座之间接触牢固。充电时传感器充电指示灯呈现绿色。

② 使用时，传感器电源指示灯若呈现绿色表明电池电量充足，若呈现红色表明电量不足，必须充电。否则会影响检测结果或导致不能测量，电量严重不足时将不能开关机。

③ 测量时应避免强光直射传感器机头，以免影响检测。

④ 测试过程中若屏幕上方左侧或右侧的前轮前束或轴距偏移量不能被检测到，如出现蓝色五角星反复闪烁提示，说明传感器与计算机之间没有通信，需退出重新测量。原因有：

➢ 车辆变形严重，需先进行粗略调整或换辆车试之；
➢ 两前轮左右（或前后轮）探头之间有障碍物遮挡；
➢ 传感器电池电量不足；
➢ 箱体上方两个收发探头位置放置不正确、超出测量范围，需调整；
➢ 计算机用户卡松动，或与收发探头的连接端口松动。

4.2.6 检测中容易出现的问题

① 两前轮左右（或前后轮）探头之间有障碍物遮挡。

② 箱体上方两个收发探头位置放置不正确、超出测量范围，需调整。

第 5 章　车轮制动、侧滑、平衡和转向的检测仪器

汽车制动和转向系统是汽车确保安全驾驶的重要操作系统。它们的性能好坏，直接影响到车辆的行车安全。所以汽车管理部门规定，车辆应进行定期的安全性能检测，以确保汽车安全的可靠性。定期检测的内容主要有车辆的制动、侧滑性能，车轮的平衡性和方向盘的自由转动量等。

5.1　滚动式检测线的使用

K401 集中式汽车检测线用于检测与车辆主动安全相关的性能——制动性能、悬挂性能和操纵稳定性，基本配置包括汽车制动台、悬挂台、轴重台和侧滑台。K401 集中式汽车检测线由工控机加以控制，采用人性化的图形界面，操作简便。

5.1.1　仪器的主要技术性能

1. 额定使用条件

- 温度：0～40℃
- 相对湿度：20%～80%
- 电源电压：AC 380V，误差≤±10%
- 频率：50Hz，误差≤±2%

2. 主要功能

- 检测：对车辆的侧滑、轴重、悬挂、制动等进行测试。
- 车辆登录：提供车辆信息输入界面，保存检测车辆的基本信息；读取已存车辆信息。
- 历史查询：浏览检测数据、数据曲线，打印检测报表、曲线图。
- 系统配置：配置检测设备的信息、数据库信息。
- 设置标定：提供设备标定功能。
- 调试工具：提供故障诊断的辅助工具。

3. 结构组成

K401 集中式汽车检测线主要由电器控制柜、侧滑测试台、悬挂测试台和制动测试台组成，结构如图 5 - 1 所示。

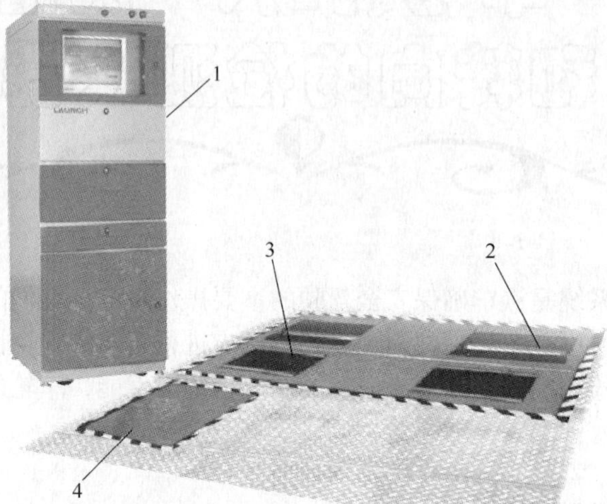

1—控制柜；2—制动测试台；3—悬挂测试台；4—侧滑测试台

图 5 - 1 K401 集中式汽车检测线

（1）侧滑测试台

为保证汽车转向轮无横向滑移地直线行驶，前轮的前束必须将车轮因外倾而引起的滚动现象抵消，同时左右轮主销后倾角也必须相等，以防止跑偏。侧滑测试台就是对前轮定位角进行综合检测的仪器。通过测试车轮行驶规定距离（一般在 0.5 ~ 1m 之间）的侧向滑移量来间接判断上述定位角配合是否适当，当侧滑量超过 ± 5m/km 的国家规定上限时，就要进行四轮定位检测，以找出侧滑超标的原因并予以校正。

（2）悬挂测试台

汽车悬挂系统是保证汽车行驶平顺性和稳定性的重要装置。悬挂系统的减振器如果失灵，会使车轮丧失足够的接地力而导致汽车的行驶转向性能恶化，从而直接危及汽车的安全性。

（3）制动测试台

制动性能是汽车重要的安全指标，制动力不足、制动距离过长、左右制动力差值过大是导致交通事故的重要因素。本制动台采用滚筒式，测试稳定性及重复性较好，适用于室内试验；更可测出最大制动力（但需有足够的轴荷予以配合）。滚筒为粘砂表面，附着系数可达 0.8，设有第三滚筒，可在制动滑移时准确测定车速，以保证在滑移率达到 30% 时及时停车，以避免车胎受损伤。

5.1.2 测试前的准备

1. 启动系统

打开控制柜和计算机电源，在启动 Windows 后，双击桌面的 Testlane. exe 图标，将进入系统主界面，如图5－2所示。

图5－2　系统主界面

2. 设置标定

单击“设置标定”按钮，要求输入标定口令，输入正确的标定口令（“8888”）后，进入“设备标定”界面，对相应需要标定的检测项目进行标定，如图5－3所示。

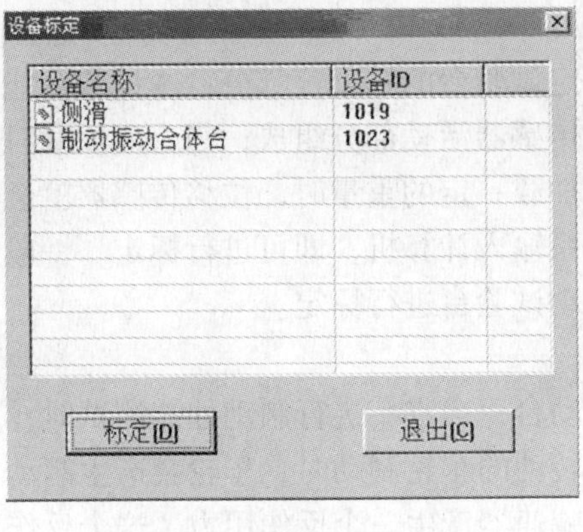

图5－3　“设备标定”界面

(1) 侧滑试验台的标定

将侧滑台立起来，此时可以看到侧滑台内的位移传感器。在位移传感器的输入（电源）端加上5V直流电压，使侧滑板不受任何外力，初调位移传感器在弹簧夹上的位置，使输出电压为2.5V左右，将锁紧螺母锁紧（该步骤在出厂时均已调好，一般情况下不需要调整）。在“设备标定”界面里选中“侧滑”，单击“标定”按钮，进入“侧滑标定”界面，如图5－4所示。

“侧滑台”有三种标定方式：线性标定、分段标定、分段浮动零点标定。大多数情况下以线性标定为主，这里就介绍线性标定。确认“侧滑台”已配置，按以下步骤进行标定。

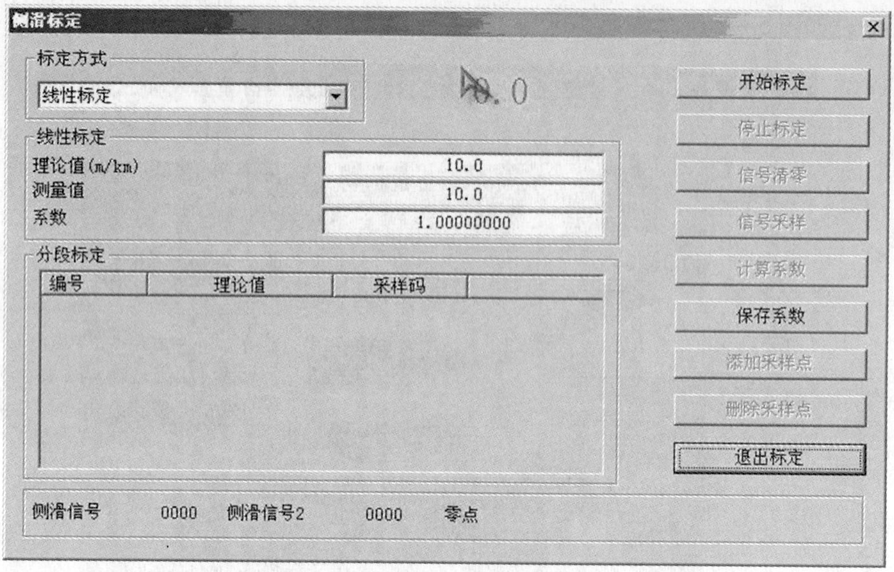

图 5-4 “侧滑标定”界面

① 选中“线性标定”后，单击“开始标定”按钮。

② 保证滑板静止，单击“信号清零”按钮。

③ 将侧滑板从自由状态向左（行车方向）推动 5.8mm（注意：该位移需用百分表读取，并且要一直保持到侧滑标定完成）。

④ 单击“信号采样”按钮，然后单击“计算系数”按钮。

⑤ 单击“保存系数”按钮，然后单击“退出标定”按钮。

（2）悬挂试验台的标定

悬挂振动试验台主要标定试验台的轴重仪部分，本试验台能测试汽车的轴重参数。它由两个振动台面连接两个位移传感器活动部分组成，当台面加载时，位移传感器的活动部分产生位移，因此在振动台面上加载一定的重量时，位移传感器就会输出一定的电压值，将加载重量及输出电压值的对应关系输入计算机，即可进行标定。一般通过在振动台面上放置砝码或已知质量的重物对悬挂振动试验台进行标定。

（3）制动试验台的标定

制动试验台属反力式制动台，当汽车进行制动性能测试时，车轮需在制动台的滚筒上转动来模拟路面行驶状态；当转动的车轮制动时，车轮会产生制动反力作用在滚筒上，并通过传动链作用在减速器上，使减速器产生一个反作用力，这个反作用力又通过减速器外壳上的连杆作用在测力传感器上，传感器将此力转变为电信号送给终端处理系统。

在如图 5-3 所示的“设备标定”界面里选中“制动振动合体台”，单击“标定”按钮。制动台有两个标定项目：标定轴重（如图 5-5 所示）和标定制动（如图 5-6 所示）。确认制动台按照台体参数配置。

1）标定轴重

① 如图 5-5 所示，选择“标定轴重”，然后单击“开始标定”按钮。

② 确保台面空载，单击“左轮清零”按钮，然后在悬挂台左台面上放一定质量的砝码（不低于 200kg）；将该质量乘以 9.8 计算后填写到“总轴重实际值”一栏。

③ 单击“采样左轮”按钮，然后单击“计算左轮”按钮计算左轮系数。

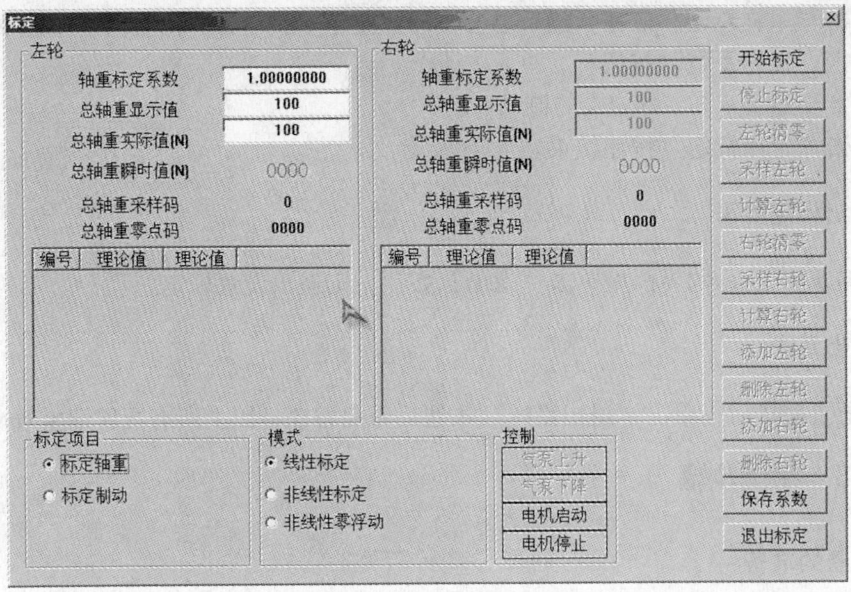

图 5－5　标定轴重

④ 单击“保存系数”按钮。

⑤ 重复步骤②、③、④标定右轮轴重。

⑥ 单击“退出标定”按钮结束。

2）标定制动

① 如图 5－6 所示，选择“标定制动”，然后单击“开始标定”按钮。

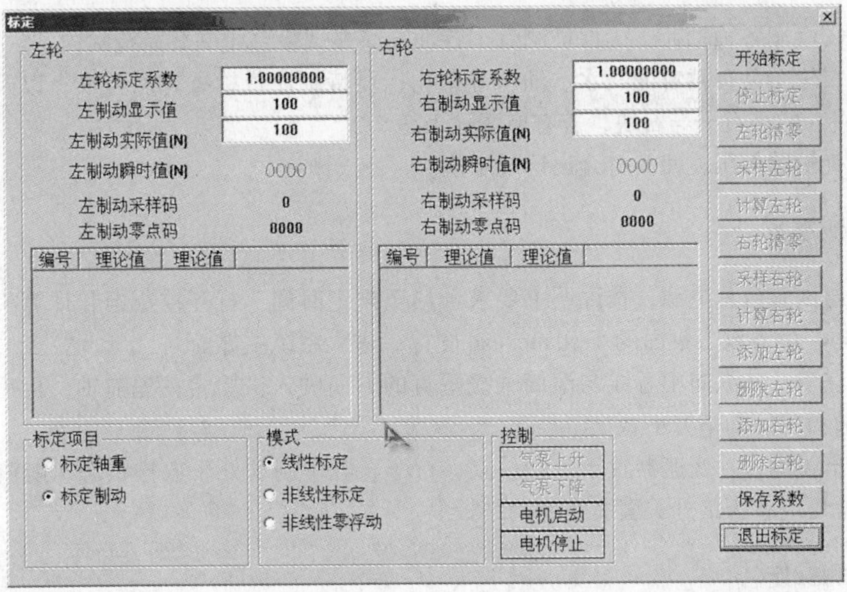

图 5－6　标定制动

② 确保台面空载，单击“左轮清零”按钮。

③ 用标定架在左制动台加一个力，用测力仪测出这个力的值乘以 11（标定架测力杠杆长度与滚筒半径之比），填写到“左制动实际值”一栏。

④ 单击“采样左轮”按钮，然后单击“计算左轮”按钮计算出左轮制动力系数。
⑤ 单击“保存系数”按钮。
⑥ 重复步骤②~⑤，标定右轮制动。
⑦ 单击“退出标定”按钮结束。

3. 退出标定界面

在如图5-3所示的界面里单击“退出”按钮，则退出设置标定。

4. 退出系统

系统配置完毕后，单击“退出系统”按钮后重启程序，以上所有配置即生效。

5.1.3 检测步骤

1. 仪器的准备

① 试验台滚筒表面应无泥、水、油等杂物。
② 使滚筒在无负荷状态下运转，检查并调整仪表指针零位。
③ 检查举升器动作是否灵活，若动作阻滞或有漏气部分应进行检修；检查举升器是否在升起位置，否则应使举升器升起到位。
④ 检查各指示灯工作是否正常。

2. 待测车辆的准备

① 核实汽车各轴轴荷，确保被测汽车各轴轴荷在试验台允许载荷范围内。
② 检查轮胎是否粘有泥、水、油污等杂物；要特别注意检查轮胎花纹，以及后轴双轮间是否有嵌入的小石子与石块，若有应清除干净。
③ 检查轮胎气压，使其符合出厂规定值。

3. 检测准备

① 接通试验台总电源，按说明书要求预热至规定时间。打开控制柜和计算机电源，在启动Windows后，双击桌面的Testlane.exe图标，进入系统主界面。
② 将汽车从其纵向中心线与滚筒轴线垂直的方向驶入试验台；先前轴，再后轴，使车轮处于两滚筒之间的举升平板上。
③ 汽车停稳后，变速器置于空挡位置，行车、驻车制动处于放松状态，能测制动协调时间的试验还应将脚踏开关套装在制动踏板上。

4. 检测操作

在系统主界面的车辆登录完成后，单击“检测”按钮，出现如图5-7所示界面，检测开始。所有的检测都是自动进行的，检测过程中无须界面操作。检测人员只要根据界面的提示对设备或车辆进行操作，就可以完成检测任务。如果检测过程中想停止检测，可以单击图5-2中的“中断”按钮，会弹出如图5-8所示的界面。

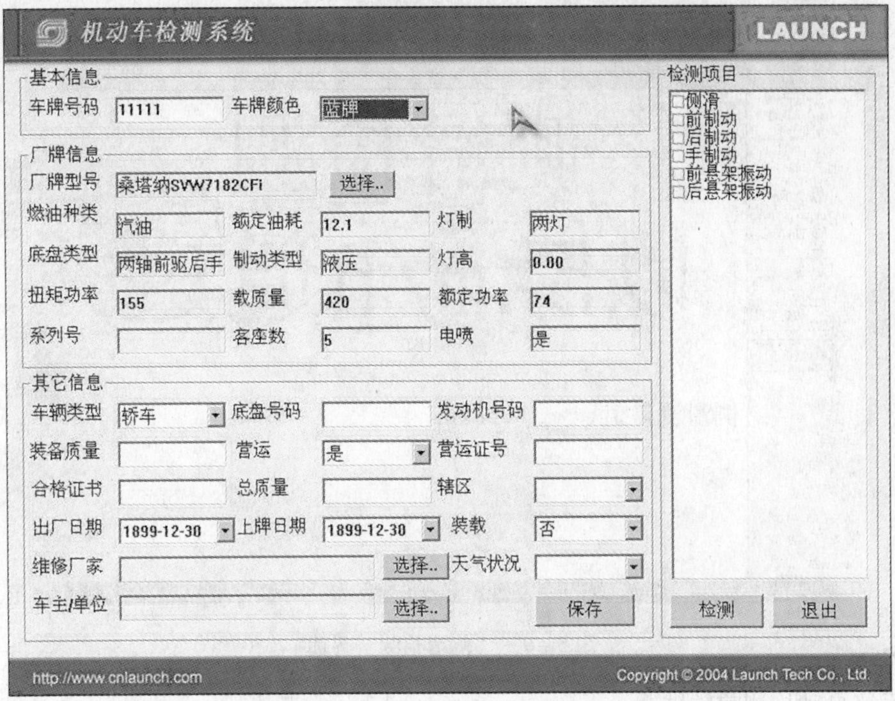

图 5－7　车辆登录对话框

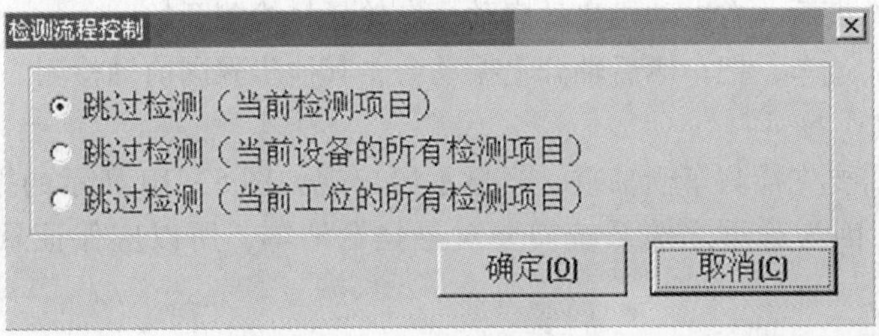

图 5－8　“检测流程控制”界面

- 此时如果选择跳过“当前检测项目”，则停止当前的检测项目，然后继续检测后面的项目。
- 此时如果选择跳过“当前设备的所有检测项目”，则停止检测当前设备所包含的项目，然后继续检测其他设备包含的项目。
- 此时如果选择跳过“当前工位的所有检测项目”，则停止检测，不再检测其他项目。

本检测线的检测顺序为侧滑、前轴重、前悬挂、前制动、后轴重、后悬挂、后制动。

下面是各检测项目检测界面的操作要求。

（1）侧滑检测

当出现如图 5－9 所示的“侧滑检测”界面时，引车员驾车以 5km/h 的车速驶过侧滑台。

（2）振动检测

① 当显示器上出现振动检测界面时，把车辆前轴开上振动台开始前轴检测，要保证两个车轮在测试台面上。

图 5-9 “侧滑检测”界面

② 系统自动检测前轴轴重。

③ 左电动机自动启动，左轮悬挂检测开始。

④ 左轮检测结束后，右电动机自动启动，右轮悬挂检测开始。

⑤ 后轴检测。过车，把车辆后轴开上振动台，其他步骤同前轴检测。

（3）制动检测

① 制动检测需要先检测车辆轴重。当显示屏出现如图 5-10 所示的提示时，把车辆开上悬挂台。注意，因为称重之前系统需要对悬挂台清零，所以应保证悬挂台上没有额外载荷。

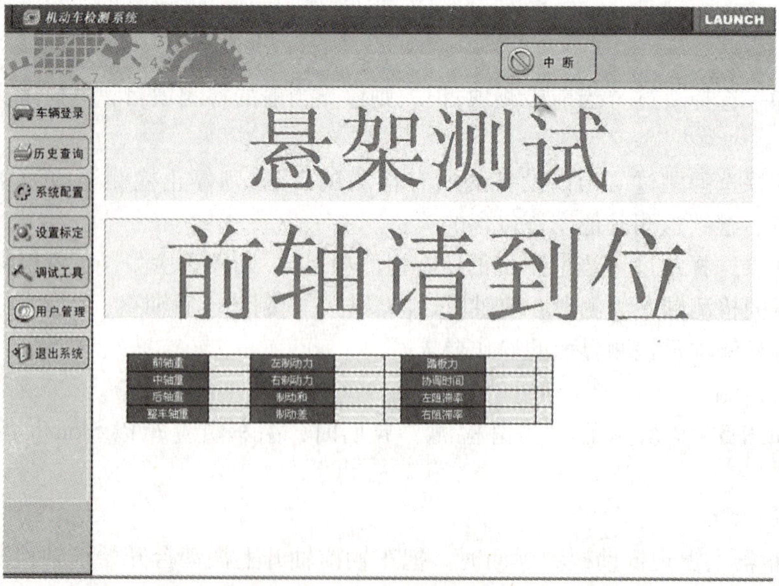

图 5-10 “悬架测试”界面

② 轴重检测完毕，显示屏出现如图5-11所示提示，此时把车辆前轴开上制动台，保证两个车轮嵌入两个滚筒之间。

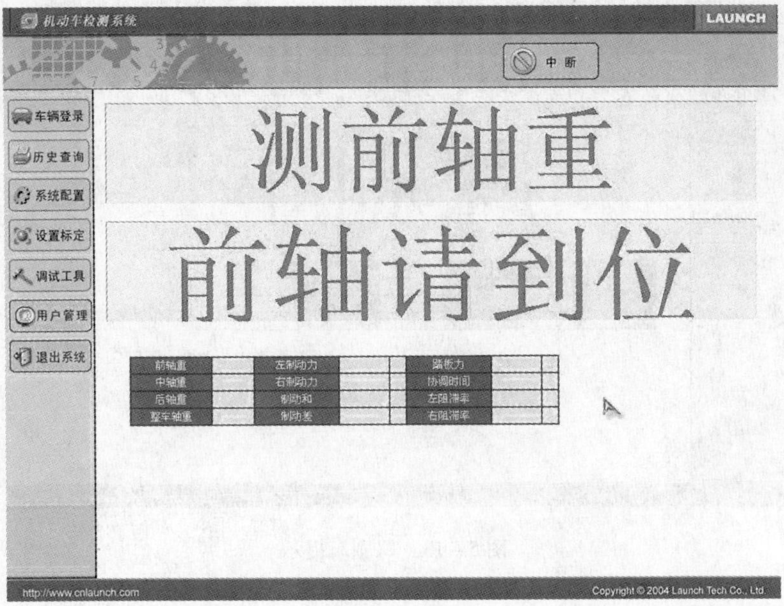

图5-11　“测前轴重”界面

③ 软件控制电动机启动，车轮随滚筒一起转动。当出现如图5-12所示提示时，前制动测试完成。

图5-12　“测前制动”界面

④ 屏幕上提示踩刹车，如图5-13所示，此时引车员踩制动踏板，如果制动力足够大，车轮与滚筒将抱紧停止转动。当屏幕提示松开时，松开制动，前制动测试结束。

⑤ 进行后轴检测，流程与前轴相似，在此略过。

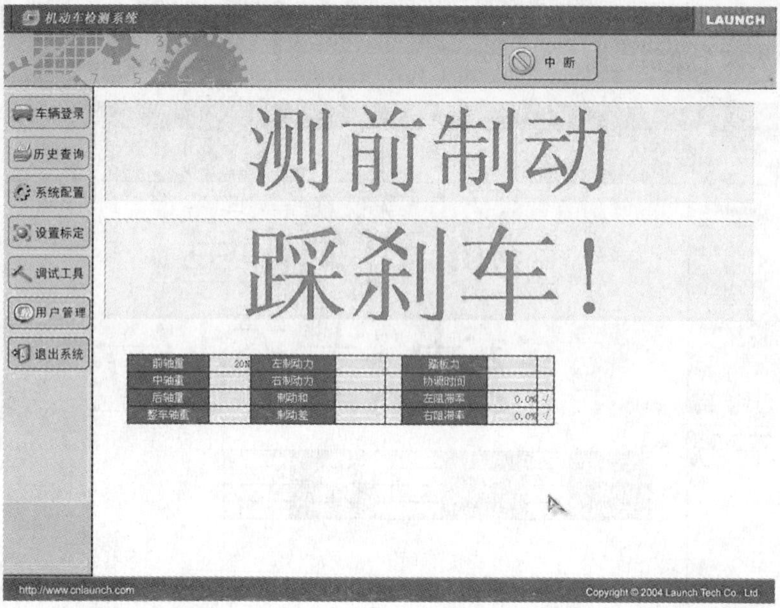

图 5－13　踩刹车提示

5.1.4　技术要求

制动力和侧滑测试结果按 GB18565—2001 的标准加以评价，标准如表 5－1 所示。

表 5－1　GB18565—2001 标准

悬挂测试标准	对正常测试的车辆，吸收度应大于等于 40%，同轴左右轮吸收率之差不得大于 15%
制动力测试标准	总制动和占整车质量的百分比应大于等于 60%（空载）
制动力平衡	制动力增长全过程中同时测得的左右轮制动力差的最大值，与全过程中测得的该轴左右轮最大制动力中大者之比，对前轴不得大于 20%，对后轴：当后轴制动力大于或等于后轴轴荷的 60% 时不得大于 24%；当后轴制动力小于后轴轴荷的 60% 时，在制动力增长全过程中同时测得的左右轮制动力差的最大值不得大于后轴轴荷的 8%
车轮阻滞力	各轮阻滞力占该轴轴荷的百分比应不大于 5%（空载）
驻车制动力	驻车制动力总和占该车整车质量的百分比应不小于 20%
侧滑评价标准	在 ±5m/km 之间

5.1.5　检测中应注意的事项

① 操作者应遵守下列操作规程，如果因不遵守操作规程而引起人身伤害和设备损坏，仪器生产公司将不承担任何责任。

② 工作场地应符合国家和地方的安全法规，操作人员应熟悉和遵守相应的安全法规。

③ 设备的电器部分应避免潮湿和水汽侵入。所有的电器设备应进行防潮防湿处理，设备应安装在干燥的地方，通风良好，必要时要装排风扇，用户可根据实际情况设置排水设施。

④ 所有的设备必须在设备允许的功能范围和量程内使用，不能过载使用。

⑤ 设备的操作人员应该经过培训，操作时应遵守设备的使用流程。设备及其周边环境应保持整齐、清洁。

⑥ 测试运行期间，任何无关人员应禁止走进设备区，禁止接触滚筒、链轮和其他旋转设备，也不得靠近被测车辆。

⑦ 测试车辆会排放废气，应保持测试环境的通风。

5.2　平板式检测线的使用

TLPB-3 平板式检测线采用计算机集中控制，被检车辆只需开上台体，进行一次刹车，即可检测出车辆的侧滑量、悬架装置性能（独立悬架车辆）、制动性能（四板式）等数据，台体选用高精度传感器，测试方式更接近于路面实际行驶情况。同时，检测结果可以曲线的方式通过打印机打印在报告单上，帮助维修人员对检测结果进行分析。

TLPB-3 平板式检测线具有手动和全自动检测功能，可以检测汽车的侧滑量、制动力、轴重、驻车制动力等数据。维修人员只要利用该机的全自动功能，就可以根据系统的汉字提示完成以上项目的检测。

5.2.1　仪器的主要技术性能

1. 额定使用条件

- 温度：0～40℃
- 相对湿度：20%～80%
- 电源电压：AC 220V，误差≤±5%，频率：50Hz，误差≤±2%

2. 测量范围

- 测试轴重：1～3 000kg；动态最大轴重 45 000kg
- 制动力测量范围：2×(0～10kN)
- 侧滑检测精度：5m/km

3. 结构组成

TLPB-3 汽车平板式检测线主要由测试平板和控制系统组成，结构如图 5－14 所示。

（1）测试平板

测试平板主要由上车导板、制动检测板、侧滑检测板，制动力传感器、侧滑位移传感器及称重传感器等部件组成。

（2）控制系统

控制系统主要由显示装置、计算机、键盘、鼠标、打印机、主开关、控制板等零部件组成。

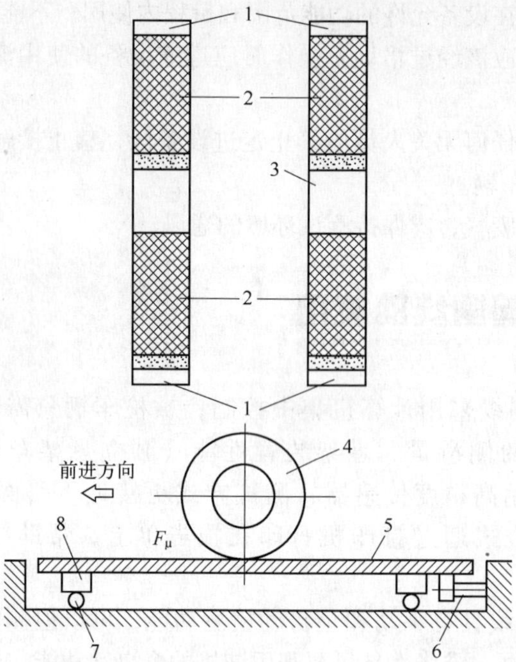

1—过渡板；2—制动检测板；3—空板；4—车轮；5—平板；6—拉力传感器；
7—钢球；8—承重传感器

图 5-14 TLPB-3 汽车平板检测线

5.2.2 测量前的准备

1. 仪器调校

（1）进入标定状态

开机前按住“打印”键，然后开启电源开关，稍等 5s 后松开“打印”键，即可进入标定状态。

（2）进行侧滑标定

进入标定状态后点动“切换”键，汉字提示屏即显示“侧滑标定”，“前左轮”数码管此时显示侧滑值。

1）零点示值误差的调试方法

将侧滑试验台台面、量具和工具擦拭干净，安装磁性表座、百分表、方箱，使方箱正面与滑板位置方向垂直，百分表测杆与方箱正面垂直，将百分表测头压入 5mm 后调整零。缓慢向内、向外移动滑板，观察百分表示值，若不为零，应调整弹簧拉力杆计，使百分表回零良好。以上动作重复三次，若调零不好，则应清洗滑板活动部件，再加润滑油。

2）示值误差的调试方法

当百分表为零值时，仪表“前左轮”数码管应显示零位，否则按“清零”键。缓慢向内、向外推动侧滑板，观察百分表示值，当百分表示值显示为 3、5、7 时，工位数码管应显示 6m/km、10m/km、14m/km。若数码管显示的数据与百分表的数据不符，可调节主板上

的可调电位器 W_1，使数据相同。重复3次，具体方法如表5-2所示。

表5-2　示值误差的调试

方向	仪表示值（m/km）	百分表示值（mm）	最大示值误差
向内	3		
	5		
	7		
向外	3		
	5		
	7		

说明：示值误差的计算公式为

$$\delta = X - A$$

式中　δ——示值误差（m/km）；

X——侧滑试验中显示仪表值（m/km）；

A——百分表示值（mm）。

要求侧滑量为3m/km、5m/km、7m/km时示值允许误差小于±0.1m/km。若不符合要求，则须重新调试。

(3) 进行轴重标定

进入标定状态后点动“切换”键，汉字提示屏即显示“轴重标定”，数码管“前左轮”与“前右轮”此时显示左板轴重与右板轴重值。将平板试验台台面、量具和工具清除干净，检测仪应处于自由状态，按下“清零”键。

① 将标准砝码置于前左边平板台上，如果数据与砝码实际质量不符，可调节信号板上的可调电位器 W_2，使数据相同。重复操作3次，使数据稳定。

② 将标准砝码置于前右边平板台上，如果数据与砝码实际质量不符，可调节信号板上的可调电位器 W_3，使数据相同。重复操作3次，使数据稳定。

③ 将标准砝码置于后左边平板台上，如果数据与砝码实际质量不符，可调节信号板上的可调电位器 W_4，使数据相同。重复操作3次，使数据稳定。

④ 将标准砝码置于后右边平板台上，如果数据与砝码实际质量不符，可调节信号板上的可调电位器 W_5，使数据相同。重复操作3次，使数据稳定。

(4) 进行制动标定

进入标定状态后点动“切换”键，汉字提示屏即显示“制动标定”，数码管“前左轮”与“前右轮”此时显示左板制动值与右板制动值。将平板试验台台面、量具和工具清除干净，检测仪应处于自由状态，按下“清零”键。

① 前左制动力标定。将标定传感器架设在前左平板的标定位置上，拧紧加力螺栓至平板刚好与制动传感器接触，将标定仪表和工位仪表清零。用加力杆旋转螺栓，此时标定仪表所显示的数据即为工位仪表应显示的数据，但要进行单位换算，公式为：标定仪表值（kg）×9.8÷10=工位仪表值（dnN）。如果不符，可调节信号板上的可调电位器 W_6，使数据相同。重复操作3次，使数据稳定。

② 前右制动力标定。将标定传感器架设在前右平板的标定位置上，拧紧加力螺栓至平

板刚好与制动传感器接触，将标定仪表和工位仪表清零。用加力杆旋转螺栓，此时标定仪表所显示的数据即为工位仪表应显示的数据，但要进行单位换算，公式为：标定仪表值（kg）×9.8÷10=工位仪表值（daN）。如果不符，可调节信号板上的可调电位器 W_7，使数据相同。重复操作3次，使数据稳定。

③ 后左制动力标定。将标定传感器架设在后左平板的标定位置上，拧紧加力螺栓，此时标定仪表所显示的数据即为工位仪表应显示的数据，但要进行单位换算，公式为：标定仪表值（kg）×9.8÷10=工位仪表值（daN）。如果不符，可调节信号板上的可调电位器 W_8，使数据相同。重复操作3次，使数据稳定。

④ 后右制动力标定。将标定传感器架设在后右平板的标定位置上，拧紧加力螺栓至平板刚好与制动传感器接触，将标定仪表和工位仪表清零。用加力杆旋转螺栓，此时标定仪表所显示的数据即为工位仪表应显示的数据，但要进行单位换算，公式为：标定仪表值（kg）×9.8÷10=工位仪表值（daN）。如果不符，可调节信号板上的可调电位器 W_9，使数据相同。重复操作3次，使数据稳定。

2. 仪器准备

① 检查试验平板上有无泥土、水、油污、砂石等杂物，若有则应清除干净。

② 使平台在无负荷状态下工作，检查并调整仪表指针至零位。

③ 检查举升器动作是否灵活，若动作阻滞或有漏气部分应进行检修；检查举升器是否在升起位置，若不在应使举升器升起到位。

④ 打开指示、控制装置上的电源开关（按说明书要求预热至规定时间），检查各指示灯工作是否正常。

⑤ 检查各导线有无因损伤造成接触不良现象。

3. 待测车辆的准备

① 核实汽车各轴轴荷，确保被测汽车车轴轴荷在试验台允许的载荷范围内。

② 检查轮胎是否粘有泥土、水、油污等杂物，要特别注意检查轮胎花纹内或后轴双轮胎间是否嵌有石子。

③ 检查轮胎气压，确保其符合制造厂规定值。

④ 车辆在预备线上等待检测。

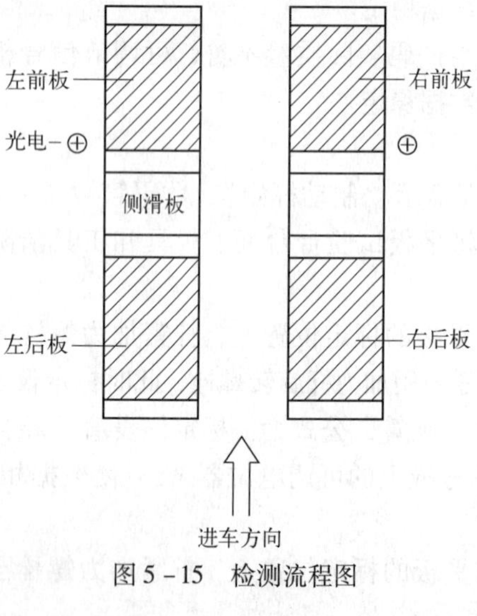

图5-15 检测流程图

5.2.3 检测步骤

① 如图5-15所示，被检车辆以5~10km/h的速度按“进车方向”向测试平板驶去，当前轮挡住光电时，汉字点阵屏提示刹车，引车员操纵刹车机构进行刹车并踩下离合器踏板，此时微电脑记录侧滑、前轮左右制动力、前轮左右轴重及后轮左右制动力、后轮左右轴重等数据。

② 接着汉字点阵屏提示“前进”，被检车辆以同样速度前进，当后轮通过光电时，汉字点阵屏提示检手刹，引车员操纵手刹，此时微

电脑记录后轮手刹力及后轮轴重。至此全自动检测完毕，数据在显示屏显示出来，如图 5-16 所示。点动“打印”键，则全自动检测的数据由微型打印机打印出来，以供参考。

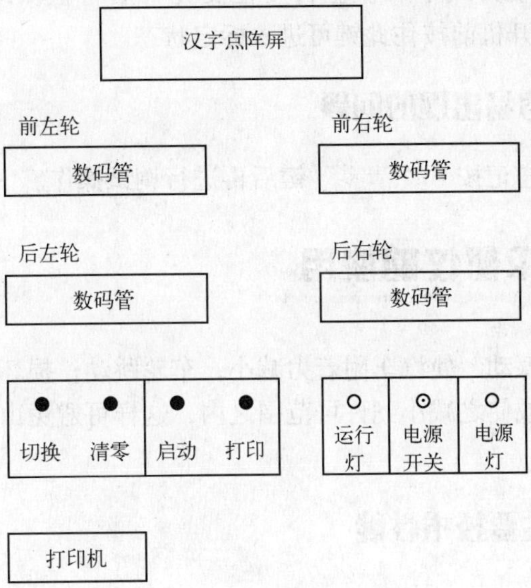

图 5-16　制动线检测仪显示屏

③ 将车辆驶离测试平板。

5.2.4　技术要求

此部分的技术要求根据国标 GB7258—2004，具体如下。

① 侧滑量应在 ±5m/km 之间。

② 制动力总和与整车质量的百分比：空载应大于或等于 60%；满载应大于或等于 50%。

③ 轴制动力与轴载荷的百分比：前轴应大于或等于 60%。

④ 制动力平衡要求：左右轮制动力差与该轴左右轮中制动力大者之比，对于前轴应小于或等于 20%；对于后轴应小于或等于 24%。

⑤ 汽车和无轨电车的单车制动协调时间不应大于 0.60s；汽车拖挂车的协调时间不应大于 0.80s。

⑥ 汽车和无轨电车车轮阻滞力：进行制动力检测时车辆各轮的阻滞力均不得大于该轴荷的 5%。

⑦ 驻车制动性能检验：车辆空载只乘坐一名驾驶员，驻车制动力的总和应小于该车在测试态状下整车质量的 20%；对总质量为整备质量 1.2 倍以下的汽车，此值应为≥15%。

5.2.5　检测中应注意的事项

①“切换”在手动时可将仪器于“制动”、“轴重”、“侧滑”三种工况之间进行切换，

在标定状态时可于“制动”、“轴重”、“侧滑”三种标定状态之间进行切换。

②“清零”为清除仪器因传感器漂移而产生的零位误差。

③“启动”为进入自动检测。

④“打印”在全自动方式下一次全自动检测完毕后将检测结果通过打印机打印出来（有打印机才有效）。在开机前按住此键可进入标定状态。

5.2.6 检测中容易出现的问题

进入标定状态时，忘记按下“清零”键后再进行调试操作。

5.3 车轮动平衡仪的使用

车轮不平衡会造成振动，使汽车附着力减小，车轮跳动，损坏减振器及其他零件。车轮平衡可消除轮胎的震动或使之减小到许可范围之内，这样可避免由此带来的不利影响及造成的损坏。

5.3.1 仪器的主要技术性能

1. 额定使用条件

- 温度：0～50℃
- 最大车轮质量：65kg
- 平衡精度：±1g
- 电源电压：AC 220V，误差≤±10%
- 功率：220W

2. 测量范围

- 可平衡最大轮胎直径：615mm

3. 结构组成

该仪器主要由驱动装置、转轴与支撑装置、显示与控制装置等组成。

（1）驱动装置

驱动装置驱动车轮达到所要求的平衡转速。

（2）转轴与支撑装置

转轴与支撑装置支撑被平衡的车轮，并使之在不平衡力的作用下产生震动，通过传感器测出与离心力成正比的不平衡量。

（3）显示与控制系统

显示与控制系统由微机运算，并将不平衡量及相位用数字显示器显示。其控制面板如图5－17所示。

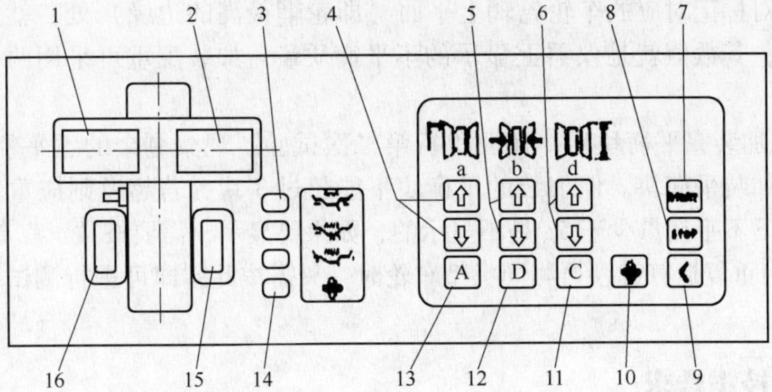

1—显示内侧不平衡值；2—显示外侧不平衡值；3—显示平衡方式；4—距离输入键；5—宽度输入键；6—直径输入键；7—启动键；8—急停键；9—显示实际不平衡值；10—选择最佳化；11—功能键（①克/盎司②毫米/英寸③自校准）；12—重复运算键；13—选择平衡方式的功能键；14—显示不平衡最佳方式指示灯；15—外侧不平衡位置显示；16—内侧不平衡位置显示

图 5－17　车轮动平衡仪控制面板显示图

5.3.2　测试前仪器的准备

① 清洁被测车轮，去掉原有的平衡块，按规定给轮胎充足气压。

② 将被测车轮安放在车轮动平衡仪的主轴上，选择与轮辋匹配的锥度块，再用专用的定位锥体和开合螺母锁紧固定。

③ 输入被测车轮与动平衡仪的距离：拉出平衡仪边缘的测量尺抵在轮辋边缘，读出此刻度尺数值即距离值；操作“a”组键按“↑”或“↓”键输入距离值，如图 5－18 所示。

④ 输入被测车轮的轮辋宽度：用宽度测量尺测出轮辋宽尺寸，操作“b”组键按“↑”或“↓”键输入轮辋宽度值［可先按“C”键（功能键），进行毫米与英寸的单位转换］。

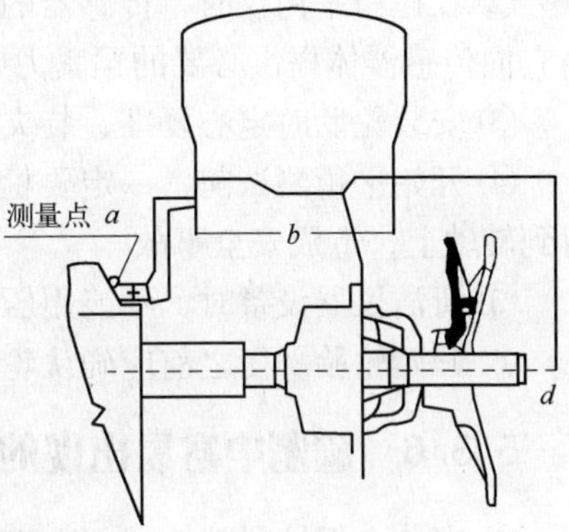

图 5－18　输入轮辋宽度

⑤ 将被测车轮的轮辋直径输入检测电路，用直径测量尺测出轮辋直径尺寸；操作“c”组键按“↑”或“↓”键输入轮辋直径值［可先按“C”键（功能键），进行毫米与英寸的单位转换］。

5.3.3　测试步骤

装上轮胎，在仪器上按选轮胎的规格指示输入距离、轮辋宽度和直径，然后按以下步骤操作。

① 盖上保护（安全）罩。检查台面上是否有工具、量具、平衡块等，以防滑落造成事故。

② 按下启动按钮“START”，车轮转动进行动平衡检测。由开始至车轮完全停止后，平衡仪会自动显示该轮胎两侧的不平衡质量（用克表示）。

③ 平衡块加装位置：打开保护罩，用手缓慢转动车轮，这时仪器上左右两侧发光二极管会随车轮的转动而不断地轮流发光，当某一侧的发光二极管（不平衡位置灯）同时发光

时，平衡仪正对标记对应的车轮轮辋上平面（即轮辋最高的边缘）处，就是需加装平衡块的不平衡部位，其数值就是仪器上显示的不平衡质量。加装配重可采用两个以上配重并列使用。

④ 按要求加装完平衡块后，还要进行第二次试验。观察剩余的不平衡量要少于5g以下，否则继续加装平衡块。但加装的平衡块不能超过3块，若超过则应重新进行动平衡测试。一般情况下不平衡量少于5g是不显示的，如果要显示，需要按“<”键。

⑤“D”为重复运算键，再测同类型车轮时，只需按此键即可进行测试，不必重新输入新的数据。

5.3.4 技术要求

① 不平衡量<5g（0.3oz），指示装置显示“00”或“OK”时才可以。

② 当不平衡量超过最大配重时可用两个以上配重并列使用。

③ 添加平衡块最多不能超过3块。

5.3.5 检测中应注意的事项

① 离车式平衡仪的主轴固定装置和就车式平衡仪的支架上都装有精密的位移传感器和易碎裂的压电晶体传感器，因此严禁冲击和敲打主轴或支架。

② 在检修平衡仪时，传感器的固定螺栓不得任意松动。因为此螺栓不是一般的紧固件，由它向传感器体提供必要的预紧力，当该预紧力发生变化时，电算过程将完全失准。

③ 安装轮胎时定心要准，装夹要牢固，否则会影响平衡精度。

④ 开始平衡测试前，一定要检查台面上是否有工具、量具、平衡块等物品，防止其滑落到转轴上，造成安全事故。

⑤ 清洁仪器设备时，不能用压力太高的压缩空气。

⑥ 开始轮胎平衡之前应确认轮胎安全可靠地锁定连接在法兰盘上。

5.3.6 检测中容易出现的问题

① 未盖上保护罩就按“START”按键。

② 开始平衡测试前，没有检查台面上是否还有工具、量具、平衡块等物品。

5.4 微电脑转向盘转动量、扭矩检测仪的使用

自由行程也称转向盘游动间隙，是指汽车前轮不发生偏转、转向盘所能自由偏转的角度，角度过大会使汽车转向不灵活、转向迟滞及转向时间增长。当前轮遇到障碍物时在横向力作用下自动偏转量增加，使汽车操纵困难，直接影响汽车行驶的安全。

5.4.1 仪器的主要技术性能

1. 额定使用条件

- 环境温度：0～40℃
- 相对湿度：<80%（无露滴）

➢ 电源电压：DC 6V（2#镍铬电池6节）
➢ 连接尺寸：$\phi380 \sim \phi550$mm

2. 测量范围

➢ 方向盘力矩：≤ ±200N · m
➢ 方向盘转角：≤ ±144°

3. 测量精度

➢ 方向盘力矩：0 ~ ±50N · m时为±1N · m；±51 ~ ±200N · m时≤2%
➢ 方向盘转角：≤1%

4. 结构组成

WFY-B微电脑转向盘转动量、扭矩检测仪由操作盘、主机、连接叉和定位杆四部分组成，结构如图5－19所示。

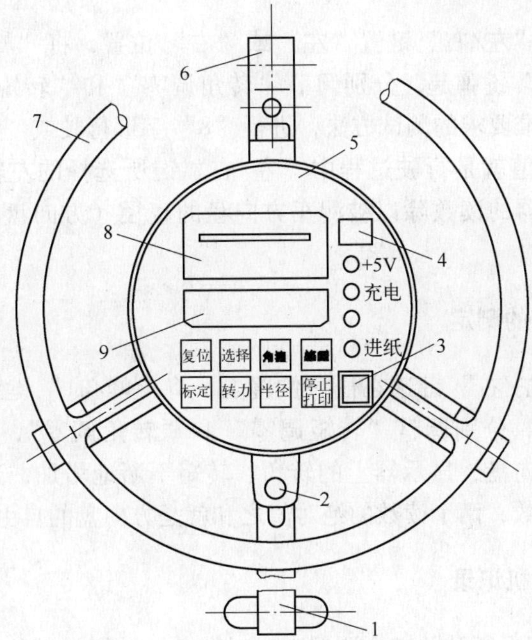

1—定位杆；2—固定螺栓；3—电源开关；4—电压表；5—主机箱；
6—连接叉；7—操纵盘；8—打印机；9—显示器

图5－19　WFY-B微电脑转向盘转动量、扭矩检测仪

5.4.2　测试前仪器的准备

① 检查时，汽车放在平坦路面上，前轮处于直线行驶位置。

② 将转向参数测试仪可靠地安装在被测车辆的方向盘上，安装时松开连接叉3只伸缩爪上的紧固螺钉。松开连接卡环，将卡环扣在被测车辆方向盘上并拧紧螺钉。调整3只伸缩

的卡子，使仪器原回转中心与被测车辆方向盘的回转中心重合，旋紧伸缩爪上的紧固螺钉，反复转动仪器的操纵盘，确认仪器连接无松动现象。然后调整“定位杆”的长度，将皮碗湿润后吸在被测车辆仪表盘（或玻璃）上，再将另一端插入仪器中心的转角传感器轴上并锁紧。至此，仪器安装完毕。

③ 转向仪在仪器出厂时已标好，长时间不用时要进行标定，具体方法如下。

a. 转角标定：打开电源，“左/右”键置在任意位置，“保持”键弹起，“峰/时”键置在实时位置，转动“转角调零”一圈，显示器应显示360°，如果不符可调整20kΩ电位器使其对应。

b. 转矩标定：打开电源，“左/右”键在任意位置，“保持”键弹起，“峰/时”键置在实时位置，调整“转矩调零”使转矩显示为零，沿仪器操纵盘切线方向施加一个已知力，如 $500N \times 0.2m = 100N \cdot m$，若不符可调整500Ω电位器。

5.4.3 测试步骤

1. 最大转向力的测定

按下电源开关，将“左/右”键置“左”或“右”位置，将“峰/时”键弹起，处在实时测量位置，将“保持”键弹起，分别调节“转角调零”和“转矩调零”，使显示器读数为零。然后按照国家标准要求的测试方法，进行“8”字形行驶或“蛇”形行驶，行驶结束后，转矩显示器上的数值就是行驶过程中“左/右”键所选择的左转或右转的最大转向力矩。最大转向力为显示器的读数除以被测车方向盘的直径（方向盘直径单位是m，转向力单位是N）。

2. 方向盘自由转角的测定

按下电源开关，“左/右”键选在任一位置上，将“峰/时”键弹起，处在实时测量位置，将“保持”键弹起，分别调整“转矩调零”和“转角调零”，使各显示器读数为零。然后向左或向右转动方向盘，显示器上的转角、转矩不断地增加，当方向盘转到力矩达到 $5N \cdot m$ 时再记录转角读数，两个读数的绝对值之和就是方向盘的自由转角。

3. 模拟量输出磁带机记录

在汽车进行“8”字形行驶的综合测试中，对转角、转矩及其他转向参数进行分析时需要使用磁带机记录，然后利用计算机或专用数据处理系统进行数据处理。

① 打开仪器开关，将“左/右”键置在任意位置，“保持”键松开，“峰/时”键置在实时位置，调整“转角调零”和“转矩调零”，使各显示器均显示零，待用。

② 将磁带机调好待用。

③ 将仪器的“转角输出”和“转矩输出”分别接到磁带机的信号输入端。

④ 按照试验要求和检测要求行驶，同时启动磁带机，则转角信号和转矩信号被记录到磁带机上，以便进行数据处理和分析。

再反向转动转向盘，感到有阻力时为止，这时指针刻度盘所划过的角度即为该车转向盘的自由行程。

5.4.4　技术要求

1. 转向盘自由转动量

① 时速 >100km/h 的车辆：方向盘自由转动量应≤ ±10°。

② 时速≤100km/h 的车辆：方向盘自由转动量应≤ ±15°。

2. 转向盘转向力

机动车在平坦、硬实、干燥和清洁的水泥或沥青道路上行驶，以 10km/h 的速度在 5s 之内沿螺旋线从直线行驶过渡到直径为 24m 的圆周行驶，施加于转向盘外缘的最大切向力不得大于 245N。

5.4.5　检测中应注意的事项

① 转向器配合间隙要调整适当。

② 转向传动机构配合调整不当、转向主销衬套与主销的配合间隙过大，都会影响测试结果。

③ 轮毂轴承配合不得有松旷。

④ 当长时间不用或显示器左上角有“LOBAT”符号出现时，需要对仪器电源进行充电，充电一次可连续使用 10 个小时。仪器配套提供专用的充电机，用户不能随意使用其他电源充电。充电时，关断仪器电源开关，先将充电机插头插入位于面板上的“充电”插孔内，然后接通充电机交流电源，充电机指示灯亮，充电时间为 8 ~ 10h。

5.4.6　检测中容易出现的问题

① 检查方向盘自由转动量和转向垂臂与转向器的安装时，汽车前轮没有处于直行位置。

② 转向垂臂与转向器在安装时，未能找到转向器滚轮处在蜗杆的中间位置。

第 6 章 废气排放和噪声检测仪器的使用

汽车排放的废气和产生的噪声对环境的污染十分严重，既破坏了人类正常生存的环境，也危及了人们的身体健康。所以监督并检测废气和噪声的污染程度，是采取措施保护环境、减少污染的一个重要步骤。

6.1 数字式废气分析仪的使用

NHA-401 型数字式废气分析仪采用不分光红外线吸收法原理，对汽车排放废气中的 HC（碳氢化合物）、CO（一氧化碳）、CO_2（二氧化碳）浓度进行检测，采用电化学传感器对 O_2（氧气）浓度进行检测。NHA-401 型数字式废气分析仪面板显示如图 6－1 所示，背面显示如图 6－2 所示。

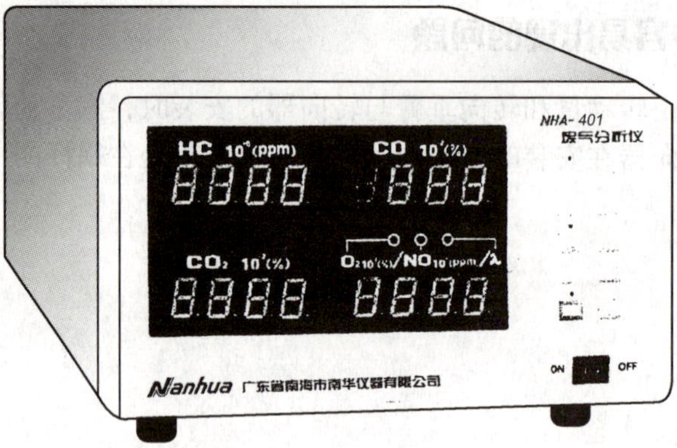

图 6－1　NHA-401 型数字式废气分析仪面板

6.1.1 仪器的主要技术性能

1. 额定使用条件

- 环境温度：5～40℃
- 相对湿度：<95%
- 大气压力：70.0～106kPa

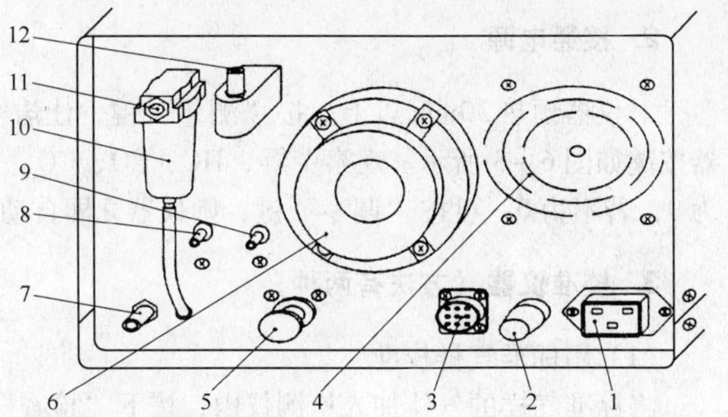

1—电源插座；2—熔断器；3—输出信号；4—冷却风扇；5—二次过滤器；
6—滤纸式过滤器；7—样气出口；8—氮氧传感器；9—氧传感器出口；
10—分水过滤器；11—样气入口；12—标准气入口

图6-2　NHA-401型数字式废气分析仪背面

- 电源电压：AC 220V，误差≤±10%
- 电源频率：50Hz，误差≤±1%

2. 测量范围

- HC：0~10 000 10^{-6}（ppm）vol
- CO：0~10.0 10^{-2}（%）vol
- CO_2：0~20.0 10^{-2}（%）vol
- O_2：0~23.0 10^{-2}（%）vol

3. 结构组成

NHA-401型数字式废气分析仪主要由排气取样装置、排气分析装置、含量指示装置和校准装置等组成。

（1）排气取样装置

排气取样装置由取样探头、滤清器、导管、水分离器和泵构成。

（2）排气分析装置

排气分析装置由红外线光源、气样室、旋转扇轮（截光器）和传感器等构成。

（3）含量指示装置

含量指示装置主要由CO指示装置和HC指示装置构成。

（4）校准装置

校准装置设有用加入标准气样进行校准的装置，也设有用机械方式简易校准的装置。

6.1.2　测试前仪器的准备

1. 连接

将取样管连接到取样探头的末端，另一端接到仪器的取样气入口，然后用压紧螺母上紧（确认前置过滤器、二次过滤器、纸式过滤器已分别装入洁净的滤芯和滤纸）。

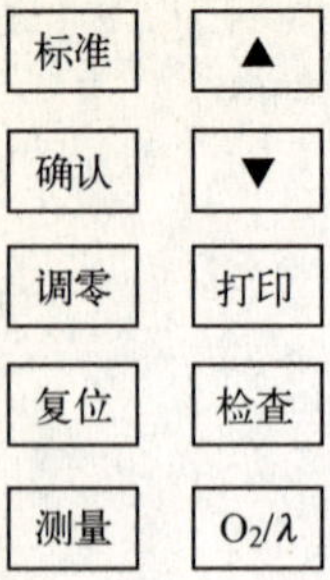

图 6－3　仪器按键

2. 接通电源

对仪器预热 30min 以上。按“测量”键，让洁净空气进入仪器，仪器按键如图 6－3 所示。观察荧屏，HC、CO、CO_2、O_2 显示的数值应该为 0，若不为 0，可按“调零”键，则仪器立即自动调零。

3. 校准仪器（方法有两种）

（1）用标准气样校准

将标准气样的气体加入检测仪内，按下“检查”键，看荧屏上所显示的数值与各标准值是否一致。其中 HC 组分的数值要用标准气样瓶上所注明的标含 HC 值（如 0.319）乘以检测仪铭牌所标明的系数值（如 0.519 0），求得的值（如 0.16ppm）才是校准标准值。即

气瓶标示值 × 仪器铭牌标示的换算系数 = 正己烷换算浓度（校准值）

若仪表上指示的数值大于校准标准值，可按下“标准”键，再按“▼”键使数值标准达至标准值。若仪表上指示的数值小于校准标准值，可按“▲”键使数值校准达至标准值。每一个数值调校正确后按“确认”键，以转至下一个标准值进行校准调校（对于没有标准刻线的仪器，要在标准气样校准后立即进行简易校准，使仪表指针与标准气样校准后的指示值重合）。“O_2/λ”为显示 O_2 或 λ 的转换按键。

（2）简易校准（机械检查）

在不用加入标准气至仪器内时（仪器内还有足够的标准气时），可按“检查”键（简易校准开关）进行检查校准，查看荧屏数值是否达到所使用仪器标定的数值（NHA-401 型数字式废气分析仪要求为：HC 1 500ppm；CO 1.5%；CO_2 3.0%；O_2 20.9%，空气中氧的百分含量）。如果数值相差不大可不用校正，若相差过大，则必须补充灌入标准气进行校准。

6.1.3　测试步骤

① 检查取样探头和导管内是否有残留 HC。如果管内壁吸附残留 HC 很多，仪表指示会大大超过零点以上，要用压缩空气或布条清洁取样探头和导管。

② 使汽车发动机预热至 80℃以上，发动机各方面应在正常运转状态下，调整好怠速和点火提前角，阻风门全开。

③ 开动采样泵，按“复位”键待仪器复“0”位（因仪器具有自动调零功能，一般不需调整，若不复“0”位，则可使用“调零”或“校准”旋钮进行调整。调整时先调 CO 再调 HC）。按“检查”键检查指示是否在标准气的规定值内。

④ 将取样探头插入排气管中，插入深度 400mm，发动机由怠速工况加速至 0.7 倍的额定转速，维持 60s 后降至怠速状态，按“测量”键（由于 O_2、λ 共用同一显示屏，故可按切换键进行切换）。发动机在怠速状态维持 15s 后开始读数，读取 30s 内的最高值和最低值，取其平均值作为检测结果。若为多排气管，则取各排气管检测结果的算术平均值。

⑤ 按“打印”键，可利用打印机将测量结果打印出来。

⑥ 测量结束后，把取样探头从排气管里抽出来，应让采样泵持续工作 5min，以吸入新

鲜空气。按“复位”键，待仪器进入复“0”位后，再进行下一次的检测；不按“复位”键，仪器将保留原有的测量数据。若不检测，则可关机（先关采样泵，后关电源开关）。

6.1.4　技术要求

该技术要求为 2001 年 1 月标准，具体如下。

① 检测前应将发动机怠速和点火正时调至最佳状态。

② 检查排气系统，不得有任何泄漏。

③ 检测间隔应有 5 ~ 10min。

④ 排放标准如表 6－1 所示。

表 6－1　排放标准

	HC		CO	
	小车（2.5 t 以下）	大车	小车	大车
电子燃油喷射式	150ppm	200ppm	0.8%	1%
化油器式	900ppm	1 200ppm	4.0%	4.5%

6.1.5　检测中应注意的事项

① 防止将水、汽油、灰尘等吸入仪器，否则会影响滤清器、泵、分析部位的正常工作，甚至引起损坏。

② 注意观察流量监测器的指针位置，当指针接近红色区域时，说明抽气流量偏低，要及时更换滤清器，否则会使测量误差增大。

③ 不要过度拉伸取样软管，以免导致连接处破损。

④ 当仪器的取样系统被汽车排气中的粉尘、油泥等异物阻塞，导致取样系统的流量大大下降时，仪器内装的蜂鸣器将连续鸣响。此时，应将气泵电源（或仪器电源）切断，检查并清洗取样探头、分水过滤器、管路等，以排除阻塞，并更换二次过滤器滤纸，使仪器恢复正常工作。

6.1.6　检测中容易出现的问题

① 待测车辆未预热至工作温度就开始测量。

② 取样探头和导管内还有残留废气，未用压缩空气或布条等清洁干净就开始测量。

③ 测量结束后，将取样探头从排气管里抽出来就立即关机。

6.1.7　检测结果分析

① HC 超标：是混合气燃烧不完全（油、电路故障，检查调整火花塞间隙，检查调整点火正时）的原因引起的。

② CO 超标：是混合气过浓（正常是 1∶14.8，应检查、清洁、调整化油器和空气滤清器）的原因引起的。

③ CO_2 超标：最佳值为 15%，若过低为混合气较稀，过高为混合气较浓（可调整怠速）。

6.2 数字式烟度计的使用

柴油发动机的废气排放，在全负荷和加速工况时以排出黑烟最为常见。黑烟的发暗程度用排气烟度表示，排气烟度用烟度计进行检测。

FD-2 型数字式烟度计是采用光电检测原理，从汽车排气管通过滤纸吸取一定量的废气和烟，再用光线照射附着在纸上的炭粒，根据反射光线的程度，用污染指示出烟的浓度的一种仪器。

6.2.1 仪器的主要技术性能

1. 额定使用条件

➢ 环境温度：0 ~ 40℃
➢ 相对湿度：<85%
➢ 电源电压：AC 220V，误差≤ ±10%
➢ 电源频率：50Hz，误差≤ ±1%
➢ 内置电源：7.5V，可充电电池

2. 测量范围

➢ 0 ~ 10RB 波许烟度，烟度的最小分辨率为 0.1RB

3. 结构组成

FD-2 型烟度计属于半自动滤纸式烟度计，由抽气泵、指示器和烟度显示部分组成。

（1）抽气泵

抽气泵泵体内有橡胶活塞，泵体工作容积为 330mL。取气泵用夹头体紧固在排气管上，采样探头紧固在排气管口上，抽取柴油机排出的烟气。

（2）指示器

指示器由电源系统、光电发信器、放大部分组成。

（3）烟度显示部分

烟度计面板上安装有调零电位器、电源指示、充电指示、电源开关和数字显示屏。

6.2.2 测试前仪器的准备

① 将气密性能良好的抽气泵用管夹板固定在汽车或附近零件上。对于小轿车，因排气管位置离地较近，故夹板可倾斜安装。

② 将带散热片的取样管插入汽车排气管中，把夹头体用蝶形定深螺钉夹紧在排气管上，调整插入深度（300mm），如图 6－4 所示，然后拧紧固定。

③ 接上电源和光电发信器的连接线。

④ 接通电源开关，对仪器预热 15min。

⑤ 将光电发信器镜头竖直放在叠起的滤纸（10 张以上）上，转动仪器的“对零”旋钮（左旋钮），令仪器表针指向零位。

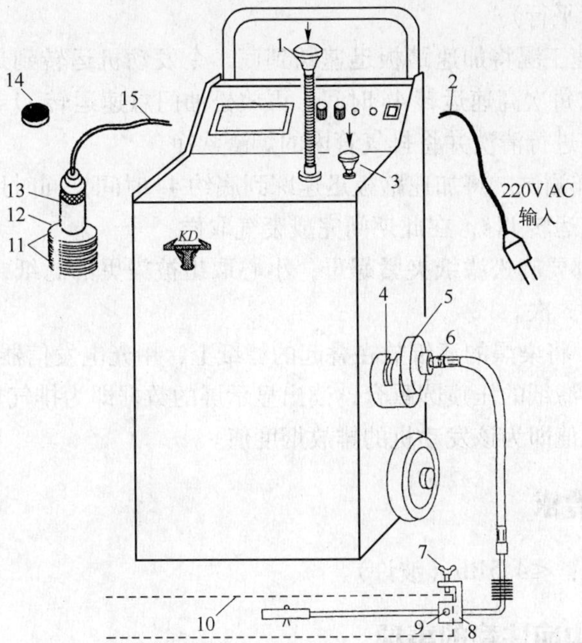

1—手柄；2—接三芯电源插座；3—抽气按钮；4—滤纸插入口；5—滤纸夹紧螺母；
6—软管连接螺母；7—蝶形定深螺钉；8—夹头体；9—定深螺杆；
10—柴油机排气管；11—衬垫滤纸；12—被测滤纸；
13—发信器；14—发信器镜头盖；15—接烟度插座

图 6－4　FD-2 型数字式烟度计使用示意图

⑥ 将烟度计标准滤纸放在叠起的滤纸上，将光电发信器镜头竖直放在标准滤纸上，转动仪器的“调整”旋钮（右旋钮），将指针调整到标准滤纸上所标的值，如标准滤纸为 4.9Rb（波许），则指针也应调至 4.9Rb（波许）。反复操作步骤⑤、⑥，使仪表指针符合要求。

⑦ 拧上气泵软管连接螺母，连接气泵与取样管。

⑧ 用力将手柄压下，直至自锁，如图 6－5 所示，使气泵处于待命状态。

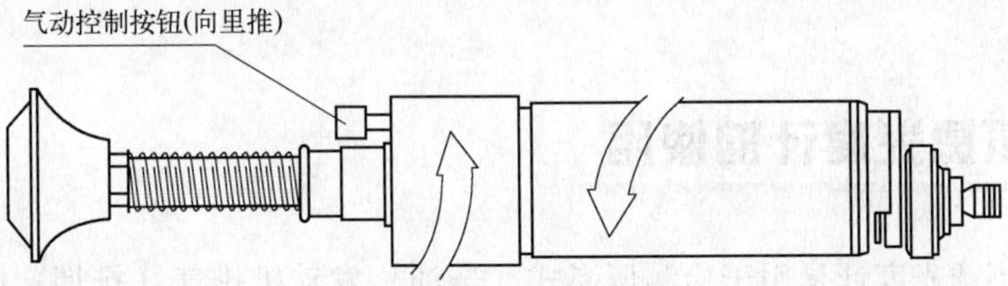

图 6－5　FD-2 型数字式烟度计抽气泵示意图

6.2.3　测试步骤

① 使发动机处于正常的工作温度（75 ~ 85℃）状态。

② 旋松滤纸的夹紧螺母，则滤纸插入口打开，小心插入滤纸，再旋紧夹紧螺母。

③ 把取样探头插入柴油机排气管内 300mm 处，拧紧蝶形定深螺钉，锁定取样管（要保

持其中心线与排气管平行）。

④ 由发动机怠速工况将加速踏板迅速踩到底，令发动机运转到最大转速约4s后松开，如此反复3次（要求每次高速运转4s时间，再放松油门怠速运转11s），以利用压缩空气对取样软管和取样探头进行清洗并将排气管内的烟渣吹净。

⑤ 然后进行取样测试。将加速踏板迅速踩到底约4s时间，同时用力按下仪器上的取样键，维持发动机怠速运转11s，在此期间完成废气取样。

⑥ 每次取样后都要旋松滤纸夹紧螺母，小心取出被染黑的滤纸，并做好记录，同时更换新滤纸。重复进行3次。

⑦ 检测烟感度。将染黑的滤纸放在叠起的滤纸上，用光电发信器竖直放在被测滤纸上，使发信器端口外圆与滤纸的压痕圆重合，读出显示屏的数据即为排气烟度值。将每次的烟度值相加，取算术平均值即为该发动机的排放烟度值。

6.2.4 技术要求

烟度排放标准为：≤4.5Rb（波许）。

6.2.5 检测中应注意的事项

① 滤纸必须保持清洁，不能受潮变色，变质后均不能使用，以免影响测量结果。

② 应检查抽气泵的气密性能。

6.2.6 检测中容易出现的问题

① 用于将光电发信器镜头竖直放置的叠起滤纸太薄（张数太少），造成漏光，令感应不准确。

② 取样前，未进行3次将发动机运转到最大转速，以利用压缩空气对取样软管和取样探头的清洗。

6.2.7 检测结果分析

排放超标的原因是燃油未燃烧或未完全燃烧，可能由供油系统的供油提前角和供油量的调整不当引起。

6.3 不透光度计的使用

NHT-1型不透光度计是用于检测压燃式（柴油）发动机排气（排烟）中可见污染物的便携式智能化仪器。本仪器采用先进的测量技术及国外先进的测量部件，适合于环境保护部门、机动车检测站、发动机制造厂、汽车制造厂、汽车修理厂等单位使用。

6.3.1 仪器的主要技术性能

1. 额定使用条件

➤ 环境温度：5～40℃

➢ 相对湿度：<95%
➢ 电源电压：187 ~ 242V，误差≤ ±10%
➢ 电源频率：50Hz ± 10Hz，误差≤ ±1%
➢ 最大消耗功率：200W

2. 测量范围

➢ 不透光度（N）：0 ~ 99.9%
➢ 光吸收系数（k）：0 ~ 16.0m^{-1}
➢ 转速：300 ~ 9 999r/m
➢ 油温：-50 ~ 200℃
➢ 示值允许误差：不透光度，±2.0%（绝对误差）；
　　转速（压电式），±1.0%（相对误差）；
　　油温，±2℃（绝对误差）

3. 结构组成

不透光度计主要由测量单元、控制单元、取样探头、连接电缆等组成，结构如图 6 - 6 所示。

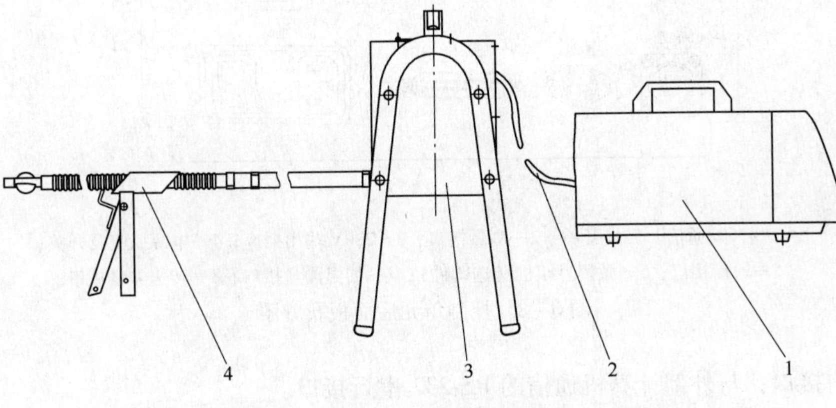

1—控制单元；2—连接电缆；3—测量单元；4—取样探头

图 6 - 6　不透光度计的结构

（1）控制单元

控制单元前面板的布置及各部分的名称如图 6 - 7 所示。

控制单元后面板的布置及各部分的名称如图 6 - 8 所示。

控制单元后面板各部分的功能如下。

①“打印/通信”转换开关：使仪器在“本机打印”或“与外部计算机通信”间切换。

② 测量接口：用于连接信号电缆，接收来自测量单元的检测数据信号。

③ 交流 220V 输出插座：用于连接电源电缆，将 220V 交流电源输出给测量单元。

④ 电源插座及开关：输入 220V 交流供电电源，开关用于接通或断开电源，内装 3A 保险管和电源噪声滤波器。

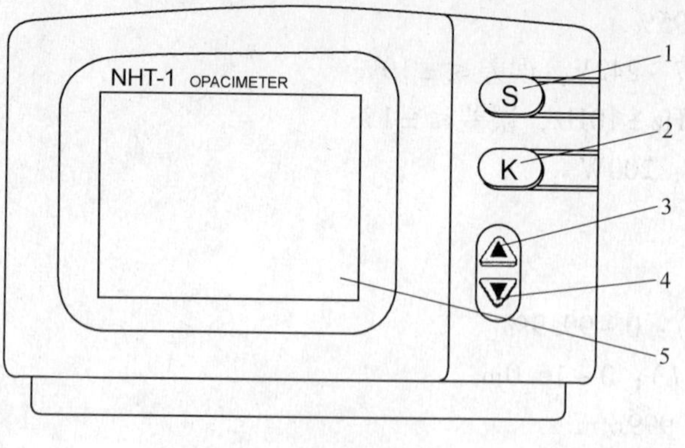

1—“S”键；2—“K”键；3—“↑”键；4—“↓”键；5—液晶显示屏

图6－7　控制单元前面板布置图

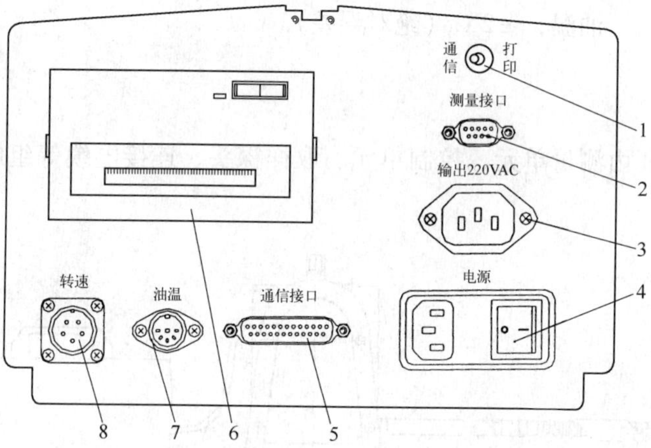

1—“打印/通信”转换开关；2—测量接口；3—220V输出插座；4—电源插座及开关；
5—通信接口；6—微型打印机（选购件）；7—油温测量接口；8—转速测量接口

图6－8　控制单元后面板布置图

⑤ 通信接口：与外部计算机通信的RS-232串行接口。

⑥ 微型打印机（选购件）：可打印每次测量结果的数据。

⑦ 油温测量接口：用于输入油温测量信号。

⑧ 转速测量接口：用于输入转速测量信号。

（2）测量单元

测量单元顶面和侧面的布置及各部分的名称如图6－9所示。

测量单元各部分的功能如下。

① 风扇：清洁空气由此进入，并形成保护气幕。

② 排烟入口：与取样探头的导管相连，被测车辆的排烟由此进入测量单元。

③ 交流电源输入插座：用于连接电源电缆，接收控制单元输出的交流电源。

④ 测量信号接口插座：用于连接信号电缆，向控制单元输出检测数据信号。

⑤ 支架：支撑测量单元并使其高于地面一段距离，以便测量后的排烟和保护气幕的空气排出。

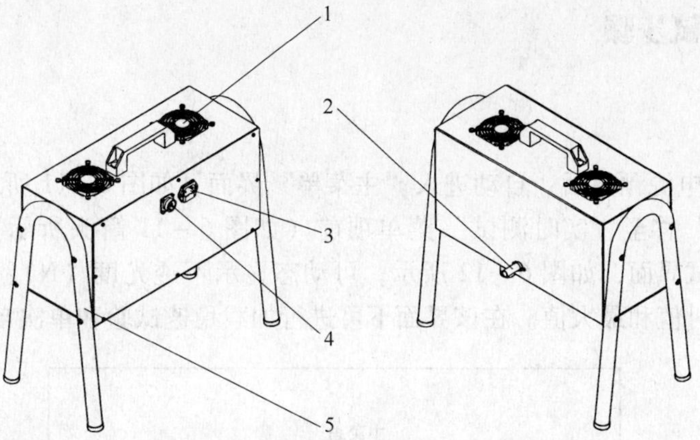

1—风扇；2—排烟入口；3—交流电源输入插座；4—测量信号接口插座；5—支架

图 6－9　测量单元

6.3.2　测试前仪器的准备

① 将支架安装在测量单元上。

② 将取样探头的导管套在测量单元的排烟入口上，并且拧紧导管卡箍上的螺钉，防止结合部位漏气。

③ 用测量信号电缆连接测量单元及控制单元的测量信号接口。

④ 用电源电缆连接测量单元的电源输入插座及控制单元的电源输出插座。

⑤ 用连接电缆连接转速测量接口与转速传感器。

⑥ 将油温探头的电缆插头插入油温测量接口。

⑦ 把电源线的插头插入控制单元的电源插座上，并注意检查仪器接地是否良好。供仪器使用的电源插座应有可靠的保护地线，以保证操作人员和仪器的安全。

⑧ 仪器按以上的步骤安装完成后，可接通电源开关进行预热，仪器显示界面如图 6－10 所示。它显示仪器的型号、名称及版本号，图形下部是状态提示区。仪器刚进入此界面时，显示“正在检测，请稍等”，然后开始预热，提示转换为“正在预热”，提示后面是以倒计时方式显示的“剩余时间”，预热时间为 15min。在预热期间，可以使用↑、↓键调整液晶显示屏的亮度。预热倒计时结束后，仪器进行自动校准，并进入“主菜单”界面。

NHT-1

不透光度计

版本7.1

状态：正在预热。剩余时间：××分××秒

↑↓键调整亮度，S键退出。

图 6－10　预热界面

6.3.3 测试步骤

1. 实时测试

① 仪器接通电源预热后，自动进入“主菜单”界面，如图6－11所示，此时可使用↑、↓键将光标“→”移至“实时测试”菜单项前（如图6－11箭头所示）。按K键确认后，仪器进入实时测试界面，如图6－12所示，可动态显示不透光度（N）、光吸收系数（K）、转速、油温的瞬时值和最大值。在该界面下可进行加载稳速试验和单次自由加速试验。

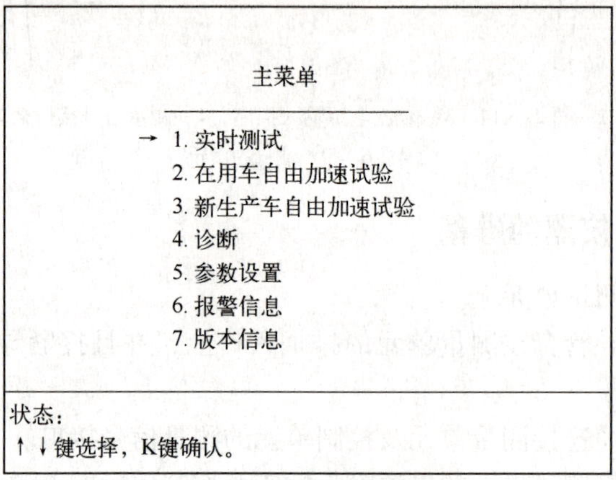

图6－11 主菜单界面

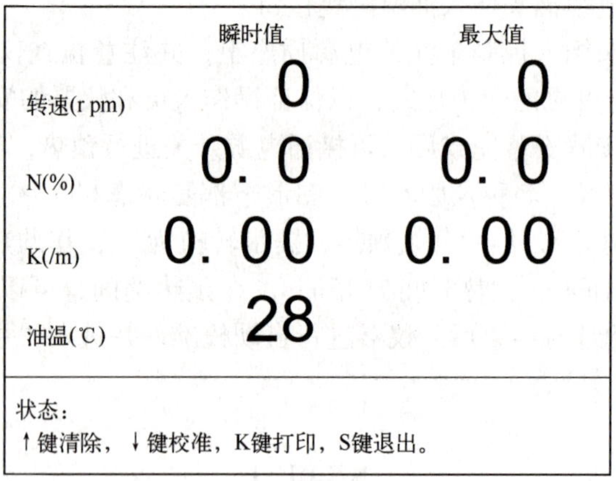

图6－12 实时测试界面

② 被测车辆在进行测试前须热车一段时间，若车辆刚刚行驶过，则不必热车。

③ 若需要测量发动机转速，可参考后面8的方法。

④ 若需要测量发动机油温，可参考后面9的方法。

⑤ 在测量每一辆汽车前，应先按↓键，仪器将提示“正在校准，请稍等”，校准完成，仪器提示“校准完成”。校准时须将仪器的测量单元及取样探头放于清洁空气环境中，以便仪器自动校准准确，否则测量结果可能会失准。当执行校准操作时，仪器在内部自动校准零位（0%）及满量程位（99.9%），校准过程约需3s。校准零位，即校准仪器在全透光状态

下的数值；校准满量程位，即校准仪器在全遮蔽（不透光）状态下的数值。

⑥ 校准完毕，将测量单元放于汽车排气管附近。由于测量单元在进行测量时，须吸入干净空气作为保护气幕，若吸入废气，则会影响测量结果，因此测量单元不应放置在废气扩散的方向，而应与之保持直角。测量单元的放置方式如图 6 – 13 所示。

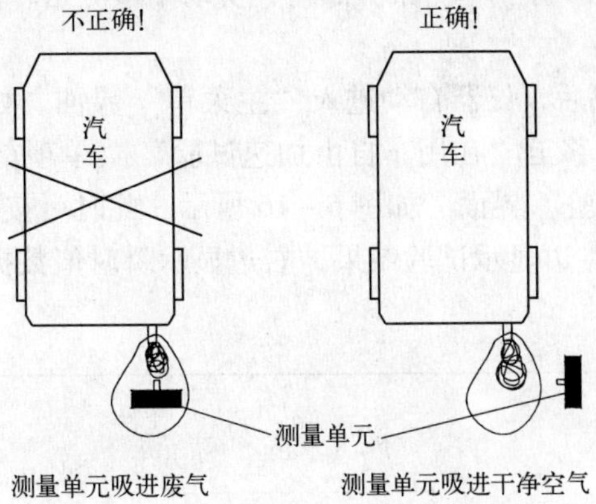

图 6 – 13　测量单元放置方式

⑦ 在将取样管插入车辆排气管前，应先将车辆油门连续踩下 2 ~ 3 次，使发动机内的烟炱全部排出，以便测量准确。将取样探头插入所测车辆的排气管时须注意：取样探头必须插入排气管内约 30cm，除非排气管长度小于此长度，在此情况下，应尽可能插入接近此长度；并要注意任何时候都不应使取样探头的管口被排气管内的弯曲处阻挡，以免影响测量结果；还应保证取样探头插入方向与排气方向相一致。具体如图 6 – 14 所示。

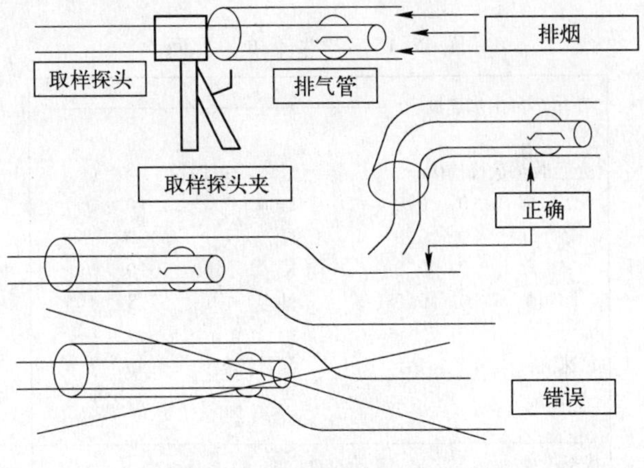

图 6 – 14　取样探头插入方式

⑧ 以上步骤完成后可对车辆进行加载稳速试验和单次自由加速试验。加载稳速试验可直接读取实时值作为测量采样数据。自由加速试验的方法为：迅速踩下车辆的油门踏板，使发动机恢复至怠速状态。在发动机转速急剧上升的过程中，排烟将会急剧增加，当发动机转速到达最高额定转速后，排烟将迅速减少。仪器不断采样此过程的数据，并不断比较，找出最大值，最大值可保持并显示在屏幕的左边区域。测量过程中可按 K 键打印实时数据和最大值，最大值可保持，直至按↑键将最大值清除为止。最大值清除后，可开始另一次自由加速试验。测量完成，将取样探头从车辆排气管中取出，将测量单元放回清洁处。对另一辆汽

车进行测试，可重复以上②～⑧项步骤。若不需测量油温与转速，则第③、④项步骤可省略。按 S 键可退出此界面，返回主菜单。

2. 在用车自由加速试验

在用车自由加速试验适用于环境保护部门、机动车检测站、汽车修理厂等单位，操作过程如下。

① 仪器接通电源预热后，仪器自动进入“主菜单”界面，如图 6－15 所示。此时可使用↑、↓键将光标“→”移至“在用车自由加速试验”菜单项前，按 K 键确认后，仪器将进入“在用车自由加速试验”界面，如图 6－16 所示。此时可按 GB3847—2005 的规定进行 3 次自由加速试验，屏幕左边显示试验结果，右边显示瞬时值数据和测量次数，可动态观察仪器的测量状态。

主菜单

1. 实时测试
2. 在用车自由加速试验
3. 新生产车自由加速试验
4. 诊断
5. 参数设置
6. 报警信息
7. 版本信息

状态：
↑↓键选择，K键确认。

图 6－15 “主菜单”界面

在用车自由加速试验

光吸收系数峰值(/m):		瞬时值:		
1)	0.00	转速	0	r
2)	0.00	N	0.0	%
3)	0.00	K	0.00	/m
平均值	0.00	油温	28	℃
怠速值:	0 r	测量次数:	0	

状态：
↑键开始，K键打印，S键退出。

图 6－16 “在用车自由加速试验”界面

② 被测车辆在进行测试前须热车一段时间，若车辆刚刚行驶过，则不必热车。

③ 若需要测量发动机转速，可参考后面 8 的方法。

④ 若需要测量发动机油温，可参考后面 9 的方法。

⑤ 以上步骤完成后，可开始进行自由加速试验。对每一辆汽车进行测试时，操作员须

按屏幕下部的提示进行操作，具体步骤如下。

a. 按一下↑键开始测试，屏幕提示“请将探头放于清洁处，准备校准”，仪器延时 4s 后自动进入校准操作，并提示“正在校准，请稍等”，表示仪器正在进行校准操作。校准前须将仪器的测量单元及取样探头放于清洁空气环境中，以便仪器自动校准准确，否则测量结果可能会失准。当执行校准操作时，仪器在内部自动校准零位（0%）及满量程位（99.9%），校准过程约需 3s。校准零位和校准满量程位的说明同前面。

b. 校准完成后，仪器提示“校准完成，请插入探头并保持怠速”。此时操作员应先将车辆油门连续踩下至少 3 次，使排气系统和发动机内积累的烟炱全部排出，以便测量准确。然后将测量单元放于汽车排气管附近。测量单元不应放置在排烟扩散的方向，应与之保持直角（见图 6-13）。之后将取样探头插入车辆的排气管，插入时的注意事项同前面（见图 6-14）。最后使汽车发动机转速保持在怠速状态，并按 K 键确认，此时仪器将检测车辆的怠速转速，并将此怠速显示在“怠速值”一栏中。

c. 怠速检测完成后，仪器提示“请加速”。见此提示后，操作人员可开始进行自由加速试验，方法为：迅速踩下车辆的油门踏板，使发动机急剧加速至最高额定转速，并保持该转速，直至屏幕提示出现“请减至怠速，并保持”为止（操作人员在远离仪器而看不到提示的情况下，可保持最高转速约 3s），然后立即松开油门踏板，使发动机恢复至怠速状态。仪器提示“请加速”的时间为 5s，提示“请减至怠速，并保持”的时间为 10s，超过 15s 后，仪器将自动停止采样，转入数据处理程序，从采样数据中找出最大值，作为本次的测量结果，并将它显示在屏幕的左边区域。

d. 一次测试结束后会自动转入下一次测试，仪器显示“请加速”，操作人员可重新开始另一次自由加速试验，此时可重复 c 步操作。仪器只保存连续 3 次的测量数据，并在每次测试完成后立即显示本次的光吸收系数峰值。

e. 按照 GB3847—2005 的规定，在用车自由加速试验应重复 3 次，并将这 3 次峰值的算术平均值作为测量结果。此界面下连续 3 次试验完成后，将提示“测试中止，数据无效”。试验结束后，可按 K 键打印 3 次试验的峰值及其平均值、怠速值。

⑥ 测量完成，将取样探头从车辆的排气管中取出，将测量单元放回清洁处。对另一辆汽车进行测试，可重复以上②~⑤项步骤。若不需测量油温与转速，则第③、④项步骤可省略。按 S 键可退出此界面，返回主菜单。

3. 新生产车自由加速试验

新生产车自由加速试验适用于发动机制造厂、汽车制造厂等单位，操作过程如下。

① 仪器接通电源预热后，自动进入“主菜单”界面（如图 6-15 所示），此时可使用↑、↓键将光标“→”移至“新生产车自由加速试验”菜单项前。按 K 键确认后，仪器进入“新生产车自由加速试验”界面，如图 6-17 所示。左边显示试验结果，右边显示瞬时值数据和测量次数，可动态观察仪器的测量状态。

② 被测车辆在进行测试前须热车一段时间，若车辆刚刚行驶过，则不必热车。

③ 若需要测量发动机转速，可参考后面 8 的方法。

④ 若需要测量发动机油温，可参考后面 9 的方法。

⑤ 以上步骤完成后，可开始进行自由加速试验。对每一辆汽车进行测试时，操作员须按屏幕下部的提示进行操作，具体步骤如下。

新生产车自由加速试验

光吸收系数峰值(/m):		瞬时值:	
1)	0.00	转速	0r
2)	0.00	N	0.0%
3)	0.00	K	0.00/m
4)	0.00	油温	28℃
平均值	0.00		
怠速值:	0r	测量次数:	0

状态:
↑键开始，K键打印，S键退出。

图6-17 “新生产车自由加速试验”界面

a. 按一下↑键开始测试，屏幕提示“请将探头放于清洁处，准备校准”，仪器延时4s后自动进入校准操作，并提示“正在校准，请稍等”，表示仪器正在进行校准操作。校准前须将仪器的测量单元及取样探头放于清洁空气环境中，以便仪器自动校准准确，否则测量结果可能会失准。当执行校准操作时，仪器在内部自动校准零位（0%）及满量程位(99.9%)，校准过程约需3s。校准零位和校准满量程的说明同前面。

b. 校准完成后，仪器提示“校准完成，请插入探头并保持怠速”。此时操作员应先将车辆油门连续踩下2~3次，使排气系统和发动机内积累的烟炱全部排出，以便测量准确。然后将测量单元放于汽车排气管附近。测量单元不应放置在排烟扩散的方向，应与之保持直角（见图6-13）。之后将取样探头插入车辆的排气管，插入时的注意事项同前面(见图6-14)。最后使汽车发动机转速保持在怠速状态，并按K键确认，此时仪器将检测车辆的怠速转速，并将此怠速显示在“怠速值”一栏中。

c. 怠速检测完成后，仪器提示“请加速”。见此提示后，操作人员可开始进行自由加速试验，方法为：迅速踩下车辆的油门踏板，使发动机急剧加速至最高额定转速，并保持该转速，直至屏幕提示出现“请减至怠速，并保持”为止（操作人员在远离仪器而看不到提示的情况下，可保持最高转速约3s)，然后立即松开油门踏板，使发动机恢复至怠速状态。仪器提示“请加速”的时间为5s，提示“请减至怠速，并保持”的时间为10s，超过15s后，仪器将自动停止采样，转入数据处理程序，从采样数据中找出最大值，作为本次的测量结果，并将它显示在屏幕左边区域。

d. 一次测试结束后会自动转入下一次测试，仪器显示“请加速”，操作人员可重新开始另一次自由加速试验，此时可重复c步操作。仪器只保存连续3次的测量数据，并在每次测试完成后立即显示本次的光吸收系数峰值。

e. 按照GB3847—2005的规定，新生产车自由加速试验应重复3次，并将这3次峰值的算术平均值作为测量结果。此界面下连续3次试验完成后，将提示“测试中止，数据无效”。试验结束后，可按K键打印3次试验的峰值及其平均值、怠速值。

⑥ 测量完成，将取样探头从车辆的排气管中取出，将测量单元放回清洁处。对另一辆汽车进行测试，可重复以上②~⑤项步骤。若不需测量油温与转速，则第③、④项步骤可省略。按S键可退出此界面，返回主菜单。

4. 诊断与准确性检查

仪器接通电源预热后，自动进入“主菜单”界面（如图 6－15 所示），此时可使用↑、↓键将光标“→”移至“诊断”菜单项前。按 K 键确认后，仪器进入“诊断”界面，如图 6－18所示。在此界面下，可显示测量单元的内部数据，以便当发生故障时对测量单元进行诊断。本界面也可进行校准操作和准确性检查。

N(原始值)：	0.0	%
K(原始值)：	0.00	m
排烟温度：	50	℃
测量管壁温度：	80	℃
检测器温度：	45	℃
发光源温度：	45	℃
内部环境温度：	40	℃
左风扇电流：	400	mA
右风扇电流：	400	mA
电源电压：	14.8	V
实时光强：	3500	
全暗强度	385	
状态：		
↓键校准，S键退出。		

图 6－18　“诊断”界面

由于仪器在进行校准时，只校准了零位和满量程位，因此在此两点之间的线性须靠仪器的电子与光学器件保证。在仪器使用一段时间后，可能由于光学器件被污染或电子元件老化，而引起测量误差，此时必须进行准确性检查。“诊断”界面所显示的不透光度和光吸收系数是未经修正的原始数值（光通道有效长度为 215mm），而其他界面所显示的数量均是已修正的数值（光通道标准等效长度为 430mm）。用户应定期使用此界面对仪器进行准确性检查，以保证仪器的测量精度。准确性检查按以下步骤进行。

① 进入“诊断”界面后，按一下↓键，开始进行自动校准，仪器提示“正在校准，请稍等”，表示仪器正在进行校准操作。校准前须将仪器的测量单元及取样探头放于清洁空气环境中，以便仪器自动校准准确，否则测量结果可能会失准。当执行校准操作时，仪器在内部自动校准零位（0%）及满量程位（99.9%），校准过程约需 3s。校准完成后，仪器将提示“校准完成”。

② 用滤光片（注意，必须使用本公司配备的滤光片）插入测量单元底部靠光电检测器一侧的引导槽中。如图 6－19 所示，观察屏幕上显示的不透光度值（原始值），此值减去滤光片的标准数值即为示值误差。在准确性检查过程中，切勿将测量单元倒置或倾侧，否则将会影响测量结果。滤光片使用完毕，应立即放回盒中，以免长时间曝光造成损坏。滤光片必须定期检定，以保证其数值准确。每次使用前，若滤光片脏，可用镜头纸清洁，不要用酒精或其他清洁剂清洗。按 S 键可退出此界面，返回主菜单。

5. 参数设置

仪器接通电源预热后，自动选入“主菜单”界面（如图 6－15 所示），此时可使用↑、

↓键将光标“→”移至“参数设置”菜单项前。按K键确认后，仪器进入“参数设置”界面，如图6－20所示，此界面能对仪器内部的3项参数进行修改、保存。在出厂前，仪器所有参数已设置为默认值（如图6－20所示），一般情况下不需进行修改。但在特殊情况下，用户可根据实际使用情况做适当修改。操作人员不要随意更改其中内容，此界面只供专业维修或管理人员使用。所有参数保存于仪器内部，断电后不会丢失。

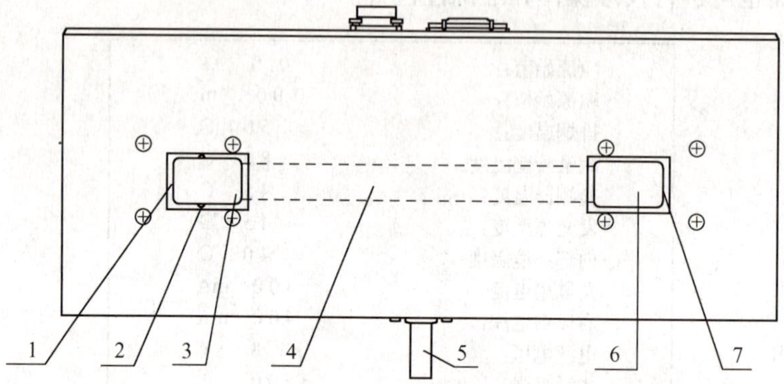

1—透镜；2—滤光片插槽；3、6—废气出口；4—测量室；5—废气入口；7—透镜

图6－19 测量单元底面

参数设置

→ 1. 发动机冲程 : 四冲程

2. 转速测量方式 : 压电式

3. 滤波常数 : 模式1

4. 恢复出厂设置

状态：

↑↓键选择、修改，K键确认，S键退出。

图6－20 “参数设置”界面

进入“参数设置”界面后，修改参数的具体操作方法为：按↑键或↓键使光标“→”移动到需更改的参数前，按K键确认，光标将移动到该参数的数据或内容前，此时若修改内容，可按↑键或↓键。内容更改后，按K键确认，使内容修改有效，且光标“→”移回该项参数前，结束一次修改操作；若按S键，则使内容修改无效并恢复至原状态。若要修改其他参数可重复以上步骤。光标位于参数项前时，可按S键退出此界面，返回主菜单。

“发动机冲程”有“两冲程”和“四冲程”两项可供选择。此项参数影响压电式转速测量的准确性，而对光电式和电池式转速测量不起任何作用。用户在测量转速前应准确设置此项参数。

“转速测量方式”有“压电式”、“光电式”和“电池式”三项可供选择，用户应根据所使用的测量方式正确选择。

“滤波常数”有“模式1”和“模式2”两项可供选择。根据不同的设置，仪器在进行数据处理时选用不同的滤波常数。当设置为“模式1”时，仪器的滤波作用较大，测量响应时间约为1s；当设置为“模式2”时，仪器的滤波作用较小，测量响应时间约为0.5s。用户可根据实际需要，对此项参数进行设置。

在选用“恢复出厂设置”项时，只需按K键确认，即可使3项参数恢复至出厂时的内容。

6. 报警信息

控制单元能实时监控测量单元的内部状态，当测量单元内部发生故障或未达到可测量状态时，控制单元可及时向用户发出报警，在各界面的右下角显示“报警”字样，并且不断闪烁。若用户发现仪器报警，可通过“报警信息”界面查询，以确定报警原因，以便进行保养与维修。查询报警信息可按以下步骤进行。

仪器接通电源预热后，自动进入主菜单界面（如图6-15所示），此时可使用↑、↓键将光标“→”移至“报警信息”菜单项前。按K键确认后，仪器进入“报警信息”界面，如图6-21所示。在“报警信息”界面中，当故障出现时，相对应故障信息前的“（ ）”内将出现“＊”，故障消除后“＊”将自动消除。当任何一项信息前出现“＊”时，各界面的右下角将出现“报警”字样，当所有“＊”消失后，“报警”字样也消失。按S键退出此界面，返回主菜单。

报警信息
( )内部环境温度超出范围
( )检测器温度超出范围
( )测量管壁温度超出范围
( )电源电压超出范围
( )不透光度值超出范围
( )风扇电流超出范围
( )风扇平衡性超出范围
( )全透光强超出范围
( )全暗光强超出范围
( )存储器数据错误
状态：
S键退出

图6-21　“报警信息”界面

7. 版本信息与显示亮度调整

仪器接通电源预热后，自动进入主菜单界面（如图6-15所示），此时可使用↑、↓键将光标“→”移至“版本信息”菜单项前。按K键确认后，仪器进入“版本信息”界面，如图6-22所示。此界面显示仪器的型号、名称及版本号，图形下部是状态提示区。可以使用↑、↓键调整液晶显示屏的亮度。按S键退出此界面，返回主菜单。

8. 转速测量

本仪器配置3种转速测量方式，即压电式、光电式和电池式，各适用于不同的场合。压电式适用于汽车制造与维修行业，其特点是测量准确，但操作较复杂；光电式和电池式适用于汽车检测站及环保部门，其特点是操作较为方便。本仪器的常规配置方式是压电式，其他方式所需器件可由用户选购。

NHT-1

不透光度计

版本7.1

状态：

↑ ↓ 键调整亮度，S键退出。

图 6－22 “版本信息”界面

压电式转速测量原理是：通过测量柴油发动机喷油管的喷油脉动而间接测量出发动机的转速。应先关闭所测车辆的柴油发动机，再按以下方法将转速夹夹于柴油机的喷油管上。

① 使用前，应先测量所测车辆柴油发动机的喷油管直径，以便使用相应直径尺寸的压电式转速夹。仪器生产厂家只配备 6.0mm 直径转速夹一个，其他直径尺寸的转速夹由用户选购。

② 测量前应先检查所夹喷油管位置是否有油污、灰尘或油漆。若有，应先用细砂纸清除，并用布擦干净，以保证能导电。所夹喷油管位置应圆而直，无伤痕或弯曲等情况，且应选在靠近喷油口一端，而远离发动机汽缸一端。

③ 将转速夹的接线端插入连接电缆的连接器，夹于喷油管上，用手拧紧转速夹上的固紧螺母（注意，转速夹与喷油管完全接触后，再将固紧螺母多拧 1/4 周即为拧紧状态。切勿用机械工具拧紧，以免损坏转速夹），否则可能导致测量数据不稳定；而连接电缆的鳄鱼夹则夹于喷油管的螺母上（注意，此螺母也要清洁干净），可参看图 1－19。

④ 转速测量方式和发动机冲程数必须设置正确，否则将影响转速测量的准确性，具体的设置方法可参考“参数设置”部分。

以上①～④项必须严格执行，否则可能导致测量不准确或不稳定。

9. 油温测量

测量发动机油温前，应先关闭所测车辆的柴油发动机，将油温探头插入部分擦干净，然后插入发动机油缸中，探头长度与油表尺长度应一致（可用探头上的封口橡胶进行调节），否则发动机和油温探头均可能损坏。插入后用套于探头上的封口橡胶堵住插入口，以防机油喷出。测量完毕应将探头上的机油用布清除干净。不能将油温探头折叠或过分弯曲，以防损坏探头。

6.3.4 检测中应注意的事项

① 供仪器使用的电源插座应有可靠的保护地线，以保证操作人员和仪器的安全。

② 在测量过程中，切勿将测量单元倒置或倾侧，否则将会影响测量结果。另外，搬动或移动测量单元时，应使用测量单元上的把手，而不应拉扯测量单元的连接电缆，避免使其从测量单元的接口插座上脱出。为防止以上情况发生，最好把连接电缆用扎带绑于测量单元的支架上，如图 6－23 所示。如果控制单元与测量单元之间的连接电缆没有接好，显示屏的状态栏会出现提示："通信错误，请重试!"这时用户应检查测量信号电缆或电源电缆是否连接好。

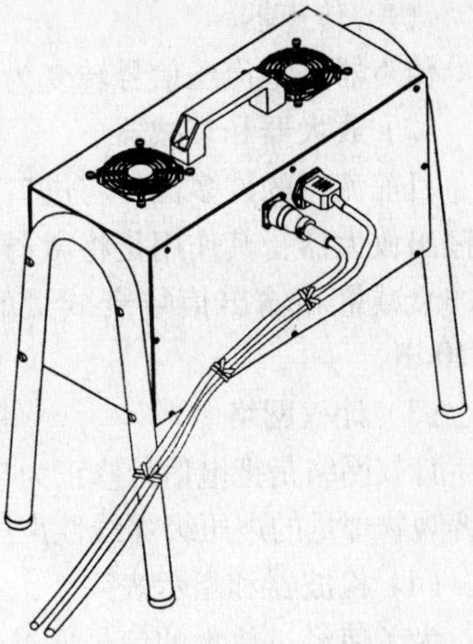

图 6－23　测量单元与连接电缆

③ 注意：预热期间，请勿将取样探头放在车辆的排气管中，而应放在清洁的空气中，以便预热后仪器能正确自动校准。预热期间若按 S 键，仪器将终止预热，提前进入工作状态。但是预热时间不足，会引起仪器的零位漂移和示值误差超差。

④ 测量过程中如果要返回主菜单或进行打印操作，在按 S 键（退回主菜单）或 K 键（打印结果）前，必须先按一下↓键终止测量过程。

6.4　便携式声级计的使用

声级计是一种能将工业噪声、生活噪声和交通噪声等，按人耳听觉特性近似地测定噪声级的仪器，其面板如图 6－24 所示。噪声级是指用声级计测得的并经过听感修正的声压级（dB）。

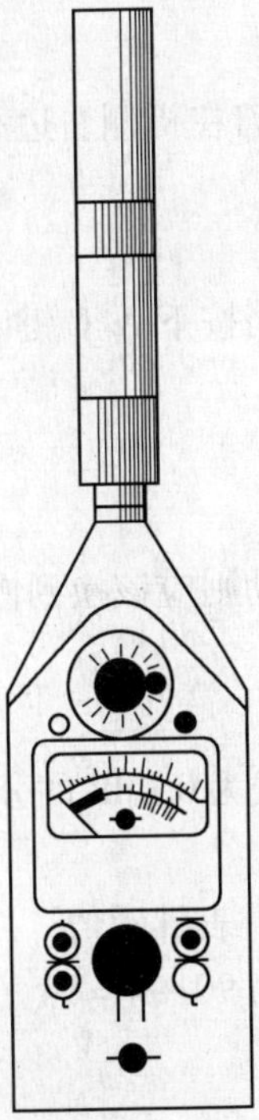

图 6－24　声级计面板图

6.4.1　仪器的主要技术性能

1. 额定使用条件

- 环境温度：0～50℃
- 相对湿度：<95%
- 内置电源：DC 9V
- 测量精度：<2dB

2. 测量范围

- 声压级：0～120dB
- 频率：1 000Hz

3. 结构组成

声级计一般由传声器、放大器、衰减器、计权网络、检波器、指示表头和电源等组成。

(1) 传声器

传声器是把声压信号转变为电压信号的装置，也称为话筒，是声级计的传感器。

(2) 放大器和衰减器

目前流行的许多国产与进口的声级计，在放大线路中都采用两级放大器，即输入放大器和输出放大器，其作用是将微弱的电信号放大。输入衰减器和输出衰减器是用来改变输入信号的衰减量和输出信号衰减量的，以便使表头指针指在适当的位置。其每一挡的衰减量为10dB。

(3) 计权网络

计权网络是把电信号修正为与听感近似的值的网络。通过计权网络测得的声压级，已不再是客观物理量的声压级（线性声压级），而是经过听感修正的声压级，叫做计权声级或噪声级。

(4) 检波器和指示表头

为了使经过放大的信号通过表头显示出来，声级计还需要有检波器，以便把迅速变化的电压信号转变成变化较慢的直流电压信号。

6.4.2 测试前仪器的准备

(1) 连接

测量前打开底盖，按规定安装电池，连接传声器，按下“ON”键使仪器接通电源，预热10min。

(2) 接通电源

按下电池检验键（BAT），检查电池电量，指针应指在粗弧线范围内，否则表示电池电量不足，应更换电池。检查完毕再次按BAT键使其复位。

(3) 校准仪器

先将量程控制器置于90dB位置，然后按下MEAS/CAL键，用螺丝刀在机侧右边小孔内进行调整，将表针调到表内带△标记（4dB分贝）的位置。

(4) 频率计数按键A/C的使用

① 当A/C键处于原始位置时，表示仪器可作A计数声压级测量。当按下A/C键时，表示仪器可作C计数声压级测量。通常均使用A计数作声压级测量。

② 指针快速摆动时，应换至慢（S）挡。

(5) 时间计数键F/S的使用

当F/S键处于原始位置时，表头工作在（F）挡，出现表针快速摆动则应该换到慢（S）挡进行测量。按一下F/S键即为慢挡检测。

(6) 刻度值表示

零上为正值（刻度线以上），零下为负值，长刻度线为1dB、短刻度线为0.5dB的分度。

(7) 量程控制器的使用

转动量程控制器可以选择合适的测试量程，读数时应将量程读数加上表针示值。

例如：量程控制器在90dB挡，表针指示值为4dB时，其实际读数为90+4=94（dB）；若表针指示值为-5dB，则读数为90-5=85（dB）。

6.4.3 测试步骤

① 车辆以常用挡位、50km/h以上的不同车速匀速行驶，分别进行测量。

② 用声级计“慢”挡测量“A”、“C”计权声级，分别读取表头指针最大读数的平均值，测量结果记入规定的表格中。

6.4.4　技术要求

① 车外最大允许噪声级应符合表 6－2 的国标规定。

表 6－2　车外最大允许噪声级

车辆种类		车外最大允许噪声级不大于	
		1985 年 1 月 1 日前生产的产品	1985 年 1 月 1 日起生产的产品
载货汽车	8t≤载质量≤15t	92	89
	3.5t≤载质量≤8t	90	86
	载质量＜3.5t	89	84
	轻型越野车	89	84
公共汽车	4t＜总质量＜11t	89	86
	总质量≤4t	88	83
轿车		84	82
摩托车		90	84
轮式拖拉机（44kW 以下）		91	86

② 车内最大允许噪声级。客车车内最大噪声级不大于 82dB。

③ 汽车驾驶员耳旁噪声级。该噪声级应不大于 90dB。

④ 机动车喇叭声级。该声级在距车前 2mm、离地 1.2m 处测量时，其声值应为 A 声级（90～115）dB。若超出标准，应对喇叭进行调整。

6.4.5　检测中应注意的事项

① 测量场地应平坦而空旷，在测试中心以 25m 为半径的范围内，不应有大的反射物，如建筑物、围墙等。

② 测量场地跑道应有 20m 以上平直、干燥的沥青路面或混凝土路面，路面坡度不超过 0.5%。

③ 测量时应注意，不要被偶然的其他声源峰值干扰，且测量次数应 >2 次。

6.4.6　检测中容易出现的问题

仪器校准时，忘记先将量程控制器置于 90dB 的位置后再按下 MEAS/CAL 键进行调整。

第7章 电器设备的检测仪器

汽车电器设备是汽车的四大组成部分之一，其技术状况的好坏直接影响汽车的动力性和经济性。使用先进的检测仪器对电器设备的技术性能参数进行检测是判断电器设备好坏的先进手段。

7.1 点火正时仪的使用

点火正时仪又称正时灯，是用来测量汽油发动机点火提前角的专用仪器。发动机的点火提前角是否适当，对发动机的性能、油耗、排污等均有极大的影响，不合适的点火提前角会使发动机性能下降10% ~30%，燃油多耗10% ~15%。使用正时仪可方便地对车辆进行测量及调整分电器位置，使之达到各种型号发动机规定的点火提前角。点火正时检查有以下两种方法。

1. 一般检查

启动发动机，使其冷却水温上升到70 ~80℃，并在发动机怠速运转时突然加速。若此时发动机转速迅速增加，有轻微爆燃敲击声并很快消失，表明该发动机点火正时（即点火时间正确）；若发动机转速不能随节气门的加大而迅速增加，感到“发闷”或排气管发出“突突”声，则表明点火过迟，若能明显听到发动机发出金属敲击（敲缸）声，则表明点火过早。

图7-1 点火正时灯

2. 使用点火正时灯检查

点火正时灯的外形如图7-1所示，正时灯是利用灯光闪烁与运动同步的原理制成的。灯的闪烁时间极短，当运动的皮带轮或飞轮的正时记号与灯光脉动同步时，给人以飞轮或皮带轮不动的感觉，这样便可清楚地观察到点火正时的效果。

7.1.1 仪器的主要技术性能

1. 额定使用条件

- 环境温度：0 ~40℃
- 相对湿度：<80%

➢ 电源电压：DC 12V
➢ 连接线：电源线 1.5m；触发线 1.0m

2. 测量范围

➢ 传感器测试提前角（°）：汽油机 0.8～44
　　　　　　　　　　　　柴油机 7～44
➢ 测量精度：0.1

3. 结构组成

点火正时仪（正时灯）由手握的枪身、闪光灯触发电路、点火传感器和高压感应线夹 4 部分组成。

7.1.2　测试前仪器的准备

① 安装正时灯。把正时灯的红色及黑色导线夹子分别接在蓄电池的正、负极上。

② 将正时灯传感器信号的高压感应线夹夹在发动机 1 缸高压线上，将发动机专用转速表的红线接点火线圈分电器的“－”接柱，黑线搭铁。

7.1.3　测试步骤

① 查找飞轮或曲轴前端带盘上 1 缸压缩终了上止点标记和点火提前角标记，擦拭使其清晰可见。如果标记不清晰，最好用粉笔或油漆将标记描白。常见正时记号如图 7－2所示。

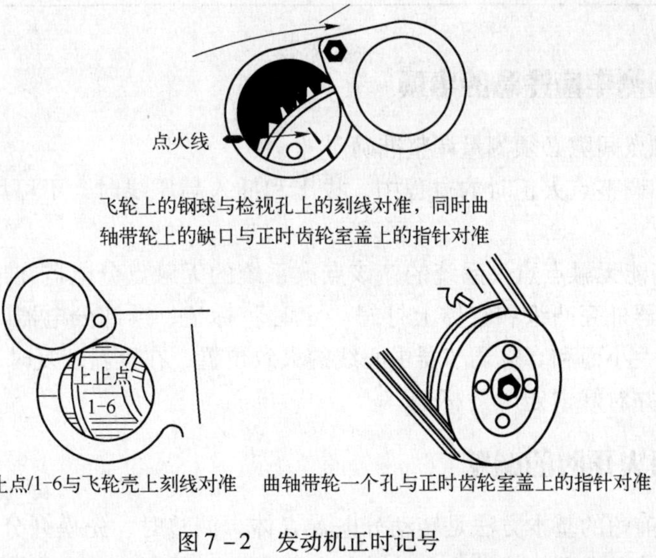

图 7－2　发动机正时记号

② 启动发动机使其达到正常工作温度，拆下真空提前装置的真空管（双膜片式拆下副膜片室软管），并把其口堵住。

③ 保持发动机在怠速下稳定运转。打开正时灯，这时正时灯会以某一频率闪光。

④ 将正时灯光照射到发动机的正时标记处（有些发动机的正时标记在曲轴皮带轮及正

图7-3 点火提前角的检查

时齿轮盖间)，调整正时灯电位器，使正时标记清晰可见，如同固定不动一样。随着灯光闪亮，观察正时标记。如图7-3所示，在光线正好照亮两重合的正时标记时，此时表头读数即为发动机怠速运转时的点火提前角。若正时灯发出的光线正好照亮正时记号，且两标记正好重合，表明点火时间正确。若发动机上的正时指针出现在正时标记的前方，表明点火过早；若指针出现在正时标记之后，表明点火过迟。点火提前角应符合原厂规定值。

7.1.4 技术要求

各车型点火提前角应符合原厂技术标准，常见车型的点火提前角如表7-1所示。

表7-1 常见车型发动机的点火提前角

车　型	点火提前角
富康 DC7140 型轿车	6°~10°
北京 2023S 型越野汽车	12°~18°
长安 SC1010 微型载货汽车	10°
解放 CA1046 型载货汽车	8°
捷达轿车	19°~21°
奥迪 100 型轿车	3°
东风 EQ1092 型载货汽车	6°~10°
天津夏利 TJ7100 型轿车	3°~7°

7.1.5 检测中应注意的事项

① 断电器触点间隙必须测量调整准确。

② 在检查和调整点火正时的过程中，拔出和插入高压线时，不可用力过猛，以免损坏高压线。

③ 装用了高能无触点点火系统的，该点火系统的无触点分电器在出厂前已调整到最佳状态，且在分电器外壳凸缘和缸体上打好“定时”标记，拆卸分电器时，应记住分电器联轴节偏心扁尾的大小面和真空调节器中心线的大致位置，在重新装复时，将线路连接好，然后按原位插入，并对好“定时”标记。

7.1.6 点火正时的调整

调整点火提前角的基本方法是转动分电器壳体。调整时，先松开分电器夹板固定螺钉，点火过早时应顺着分电器轴旋转方向转动分电器壳体，点火过迟则反向转动分电器壳体。

7.1.7 检测中容易出现的问题

① 不会判断点火正时的过早或过迟。

② 调整后未能拧紧分电器外壳夹紧螺钉。

7.2　投影式汽车前照灯检测仪的使用

汽车前照灯是保证汽车夜间安全行驶及提高行驶速度的重要条件。前照灯的技术指标即发光强度和光束照射方向，必须符合标准。当发光强度不足或光束照射位置偏斜时，驾驶员不易辨清前方的障碍物或易给对方来车驾驶员造成眩目，因而导致交通事故。为此，应定期对前照灯进行检测、校正。

7.2.1　仪器的主要技术性能

1. 额定使用条件

- 环境温度：0 ~ 50℃
- 相对湿度：<85%
- 大气压力：70.0 ~ 106kPa
- 电源电压：AC 220V，误差≤±10%
- 电源频率：50Hz，误差≤±1%

2. 测量范围

- 仪器箱升降高度的调节范围：50 ~ 130cm
- 检测光束照射方向偏移范围：0 ~ 50cm/（10m）
- 检测光度范围：0 ~ 40 000cd

3. 结构组成

投影式汽车前照灯检测仪由行走部分、仪器箱、对准器、发光强度指示装置和光轴偏斜量指示装置等组成。

（1）行走部分

行走部分由支柱、底座、导轨及 3 个固定的车轮组成，使仪器在水平地面上能直线行驶。

（2）仪器箱

仪器箱是仪器的主要检验部分，其上装有前照灯光束照射方向选择指示旋钮。

（3）对准器

对准器安装在仪器箱顶盖上，用于观察被检车辆的相对正确位置。

（4）发光强度指示装置

发光强度指示装置由电源指示开关、电压欠压指示灯、光度表、3 组按键开关和 3 组调零装置组成。

7.2.2　检测前仪器的准备

① 在前照灯检测仪不受光的情况下，检查光度计和光轴偏斜量指示计是否对准机械零点，若不对正，可用零点调节螺钉调整。

② 检查聚光透镜和反射镜的镜面上有无污物，若有，应用柔软的布或镜头纸擦拭干净。

③ 检查对准器的技术状况。若对准器无气泡，则应进行修理；若气泡不在红线框内，可用水准调节器或垫片进行调整使其至水平。

④ 检查导轨是否沾有泥土等杂物，若有，应扫除干净。

⑤ 检查前照灯检测仪的电源电压。旋至“CHECK”挡，光强计指示位置至少≥300×100cd，若<300×100cd，则应更换干电池。

⑥ 检查轮胎气压是否标准、前照灯是否安装正确，清除前照灯上的污垢。汽车蓄电池应处于充足电状态。

⑦ 将被检车辆尽可能以与前照灯检测仪的轨道保持垂直的方向驶近检测仪，直至前照灯与检测仪受光器（前透镜）之间的距离达到规定的3m检测距离。

⑧ 利用检测仪顶部的对准（正）器观察仪器与车辆的相对位置，如图7－4所示。仪器应对正汽车的纵轴线，即对正器中十字线的中心点对正汽车的纵轴线，垂直线左右对称。若十字线不清楚或观察目标不清楚，可以通过调节对准（正）器焦距旋钮进行调整。

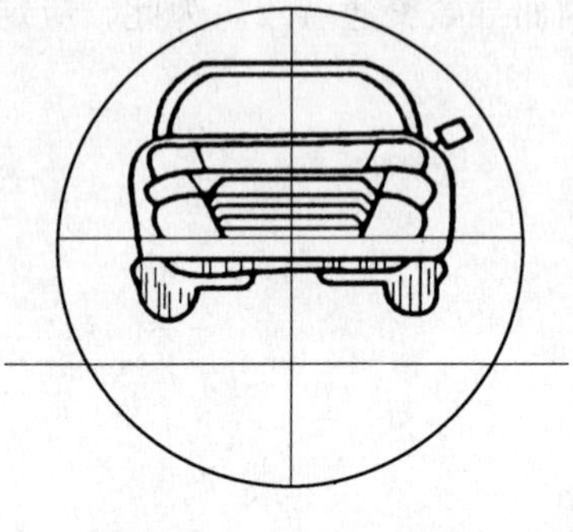

图7－4 用对准器找正

7.2.3 测试和调整的步骤

1. 检测近光光束的下倾值

打开近光灯调整光束，使其通过透镜射到仪表的屏幕上，由观察窗口目视，转动光束照射方向，旋转指示旋钮，使光斑明暗截止线左端呈水平的部分与屏幕上的实线重合，如图7－5所示。此时，光束照射方向选择旋钮上的读数即为下倾值。光束照射选择指示旋钮刻度盘上标有10、20、30、40、50的数值，分别表示前照灯近光照射到距离为10m、20m、30m、40m、50m的屏幕上的光束中心下倾值，单位为cm。

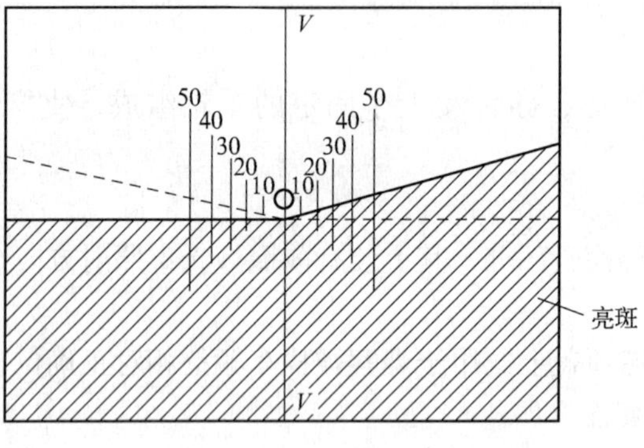

图7－5 近光光束检测调整示意图

2. 检测近光光束的左右偏移值

光束左右偏移量为近光光斑明暗截止线的转角点与仪器屏幕上V-V线的偏移值，单位为cm。若明暗截止线的转角点在V-V线左边10cm的刻线上，则表示近光光束中心的左偏值为10cm。

3. 检测近光暗区的发光强度

使近光光斑的明暗截止线左侧水平部分与仪器屏幕上的实线重合，按下近光按键开关，直接从光度表读取数值，其读数小于625cd 为合格，否则为不合格。

4. 检测远光光束方向

变换前照灯为远光，直接从屏幕上检测光束是否符合要求。远光光束照射到屏幕上的最亮部分，应当落在以屏幕上的圆孔为中心的区域，如图 7 -6 所示。其偏移值可直接从屏幕上读出。

5. 检测远光的发光强度

按下远光Ⅰ按键开关，如果最大发光强度不超过 20 000cd，再按远光Ⅱ按键开关，从光度表上读数，若远光灯的最小发光强度大于 15 000cd，则符合有关规定。

6. 检测另一只前照灯

重复上述两项操作，对另一只前照灯进行检测。

如果检测前照灯的光束不符合要求，应通过调整螺钉，使其达到规定标准。

7. 汽车前照灯的调整

① 移动检验仪器前透镜使之与被测车辆前照灯之间的距离符合规定要求。

② 旋转上下运动手柄，调整仪器箱的高度，使之与被检汽车前照灯中心高度一致。推拉左右运动手柄，使仪器沿导轨水平运动，以使仪器与被检前照灯对准。

③ 拆除前照灯的塑料装饰罩，接通近光灯，观察两近光灯光形明暗截止线是否与屏幕上的近光明暗截止线（外倾图形）相重合。若光形向上偏移，应反时针方向旋转前照灯上方的调整螺钉，使光束向下移动，直至明暗截止线重合；反之，若光形向下偏移，应顺时针方向旋转调整螺钉。若光形向左偏移，应反时针方向旋转前照灯右侧的调整螺钉，使光束向右移动，直至明暗截止线重合；反之，若光形向右偏移，应顺时针方向旋转调整螺钉。

④ 左前照灯的调整螺栓位置如图 7 -7 所示（右前照灯的调整螺栓位置与此对称），用十字旋具转动相应的调整螺钉即可进行前照灯侧向和高度的调整。

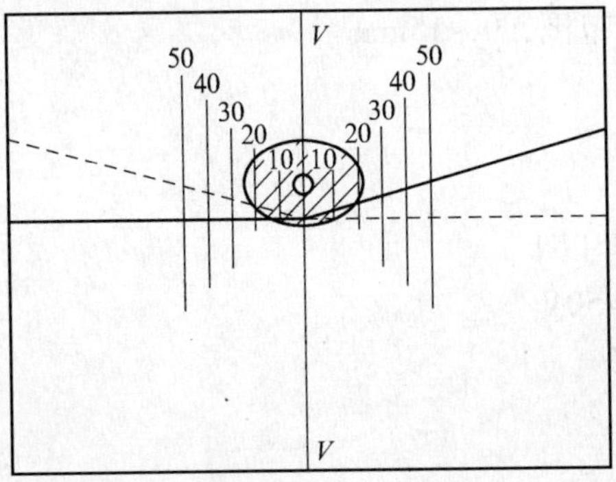

图 7 -6　远光光束调整检测示意图

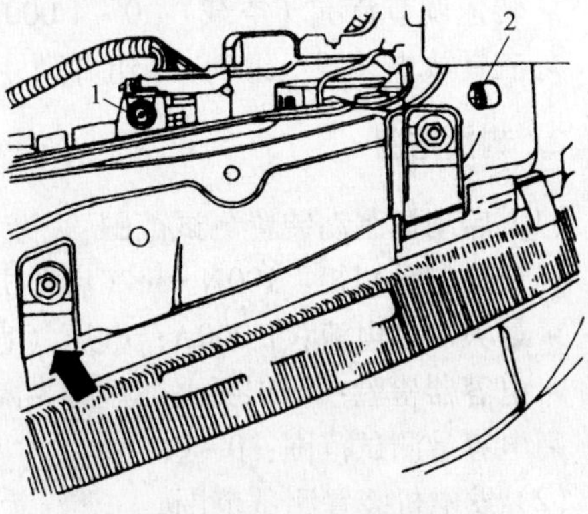

1—侧向调整螺栓；2—高度调整螺栓

图 7 -7　前照灯调整

7.2.4 技术要求

1. 发光强度

发动机怠速时，安装两只前照灯的车辆，每只灯的发光强度应为 15 000cd 以上；4 只前照灯的车辆，每只灯的发光强度应为 12 000cd 以上。

2. 光轴偏斜量

车辆的正中心线应停在指定的位置，然后打开远光灯，观察光束的偏移量：
左灯——向左偏不大于 10cm/10m，向右偏不大于 17cm/10m；
右灯——向左偏不大于 17cm/10m，向右偏不大于 17cm/10m；
向上——不高于本车前照灯中心距地面高度；
向下——不低于本车前照灯中心距地面高度的 85%。

7.2.5 检测中容易出现的问题

① 检测仪与汽车没有对正就开始检测。
② 检测仪与汽车的距离不符合规定就开始检测。

7.3 汽车电器万能试验台的使用

TQD-2 型汽车电器万能试验台用于检验汽车的交直流发电机、启动机、分电器、调节器、点火线圈、无触点开关、电动刮水器（雨刮）、电喇叭等电器设备。

7.3.1 仪器的主要技术性能

1. 额定使用条件

- 环境温度：0 ~ 40℃
- 相对湿度：< 85%
- 电源：AC，50Hz、220V，单相；DC，12V、24V
- 转速调节范围（空载）：0 ~ 4 000r/min；转向：正、反转
- 三针放电装置：组列，8 组并列；间隙调节范围，0 ~ 15mm

2. 测试范围

（1）启动机制动装置测试范围
- 最大制动扭矩：100N · m（启动机功率 5kW 以下）
- 最大制动电流：1 000A；电压（直流）：0 ~ 50V
- 电容器检验：辨别断路、短路、漏电、完好
- 电容量测试范围：0 ~ 0. 5μF

（2）发电机装置测试范围
发电机功率在 750W 以下（除 750W 14V）的各种交直流发电机、硅整流发电机。
- 直流发电机检验：空载、负载、电枢

- 电子调节器检验；节压、节流、限流
- 启动机检验：空载、制动扭矩
- 分电器检验：分电器点火均匀性及点火提前
- 磁电机检验：点火性能、点火提前
- 点火线圈检验：点火性能，变速点火性能
- 蓄电池检验：电压
- 电喇叭检验：声响
- 电动刮水器（雨刮）检验：动作状况
- 硅整流发电机检验：空载、负载

3. 结构组成

TQD-2 型汽车电器万能试验台主要由台身、台面、调速电动机、升降龙门夹具、启动机制动器、电枢感应仪、充电器、仪表盘等组成，其外形如图 7－8 所示。

图 7－8　TQD-2 型汽车电器万能试验台

（1）升降龙门夹具

升降龙门夹具由升降台板、升降丝杆、滑块和夹紧丝杆等组成，用来紧固被测试发电机、磁电机等。它可以进行上、下调节，调节结束后利用固定手轮固定。

（2）启动机制动器

启动机制动器位于台面右方（面对仪表盘），夹具可滑动并有固定手柄，启动机可用夹块、丝杆固定，供启动机空载运转，以及测试制动、转矩等。

（3）电枢感应仪

电枢感应仪位于台面左方，供检验电枢之用。其上有电源开关、指示灯、试棒、钢片、电流表等，钢片接在交流电流表上。

（4）交流电源插座

交流电源插座位于台后中部，接单相交流电（220V、50Hz），用于为试验台提供交流电输入。交流电源的 4 个熔断器为 RC1 型 10A/380V，置于台面下的空舱中。

(5) 电容测试装置

电容测试装置用于测试电容。

(6) 可调电阻器

可调电阻器为滑线可调式，位于台身左下方，可用手轮调节，最大电阻值为2.38Ω，电流为30A，供发电机试验与充电共用，但旋转方向不同。

(7) 真空压力表及接口

真空压力表及接口置于台面右中部。

(8) 调速电动机

调速电动机置于台面中部，与测速发电机相连，通过摇转其中的手轮，可以改变转速高低。

(9) 点火线圈

点火线圈为12V，装在仪表盘内左上方，其高压端即插座。

(10) 充电器

充电器为硅半导体整流器。

TQD-2 型汽车电器万能试验台仪表盘示意图如图7－9所示。表示如下：

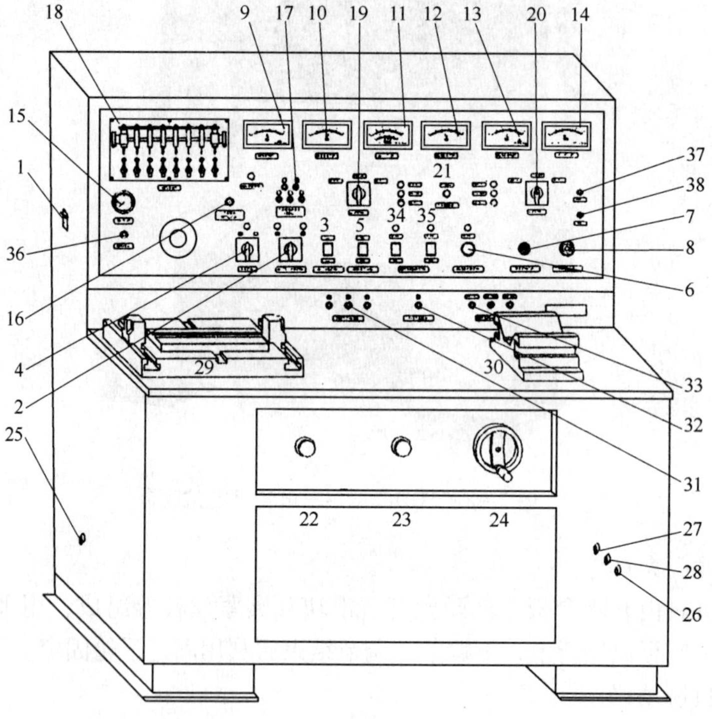

1— 电源总开关；2—转速换向控制开关；3—转速选择开关；4—电动机开关；5—12V/24V 励磁电压选择开关；6—启动机控制开关；7—启动机磁力开关插座；8—启动机插座；9—直流电流表；10—发电机电压表；11—转速表；12—启动机电压表；13—启动机电流表；14—扭矩表；15—真空压力表；16—点火线圈高压端插座；17—点火线圈和发电机接线端；18—三针放电装置；19—功能开关Ⅰ；20—功能开关Ⅱ；21—点火频率调节电位器；22—转速调节；23—负载调节；24—真空调节；25—交流电源线；26—直流电源接线柱；27—启动机电源线（+）；28—启动机电源线（－）；29—发电机、分电器夹具；30—启动机夹具；31—无触点开关接线端；32—外接点火线圈插座；33—电喇叭、电动刮水器接线端；34—12V 电喇叭、电动刮水器试验开关；35—24V 电喇叭、电动刮水器试验开关；36—真空接口；37—12V 熔断器；38—24V 熔断器

图7－9 TQD-2 型汽车电器万能试验台仪表盘示意图

7.3.2　测试前仪器的准备

① 使用前应将转速调节（22）放置“0”位，由左向右逐渐增速。

② 转速表有两条刻度线，以开关（3）控制。根据检验要求的转速拨动开关（3），使刻度线符合检验要求，以免将转速表冲击损坏。

③ 对不同项目的检验前均应将转速调节旋钮（22）和负载调节旋钮（23）逆时针旋到底。

④ 使用试验台时，应将台面清理好，不得将被试品、工具、附件等堆放在台面上。

⑤ 检验发电机时，选用六角套管与橡胶接头和调速电动机连接固定，使其同心，被试物一定要夹紧。

7.3.3　测试步骤

1. 发电机检验

将功能开关Ⅰ(19）拨到发电机挡位，该挡指示灯应亮。

（1）空载检验

将被测发电机紧固在夹具上，调整好夹具，使发电机与调速电动机主轴同心。选用随机配套的六角套筒，用橡胶接头将发电机与调速电动机连接，接线如图 7－10 所示。转速选择开关（3）拨到与测量转速对应的量程，根据被测发电机方向，拨动转速换向控制开关（2)，根据发电机的励磁电压要求拨动励磁电压选择开关（5），接通电机开关，调节转速调节旋钮（22)，由转速表（11）指出被测发电机原出厂规定的转速时，读发电机电压表（10）的电压数值，即为被测值。

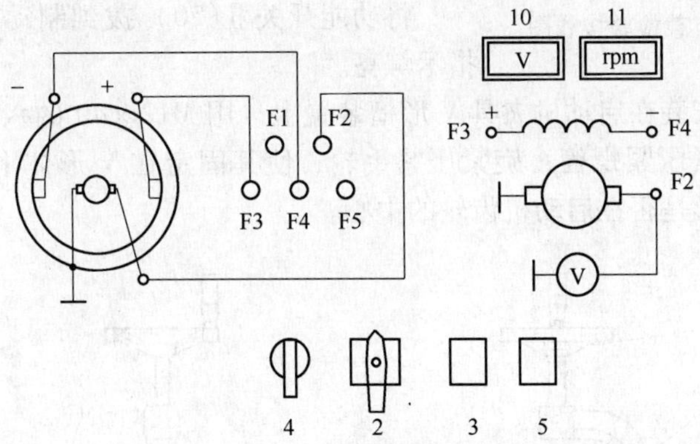

图 7－10　电动机空载检验接线图

（2）负载特性试验

发电机负载特性试验的接线如图 7－11 所示。在空载试验接线的基础上用附件线将发电机输出和 F5 相连，调节转速调节旋钮（22)，可从转速表（11）读出转速值，调节负载调节旋钮（23)，可从直流电流表（9）读出发电机的负载电流值。注意：调节负载调节旋钮时，观察直流电流表（9)，不要使负载电流超过发电机的额定电流。发电机电压表（10）可以读出发电机输出电压值，从而实现负载特性试验，在该试验过程中可以观察发电机转速与负载之间的变化。

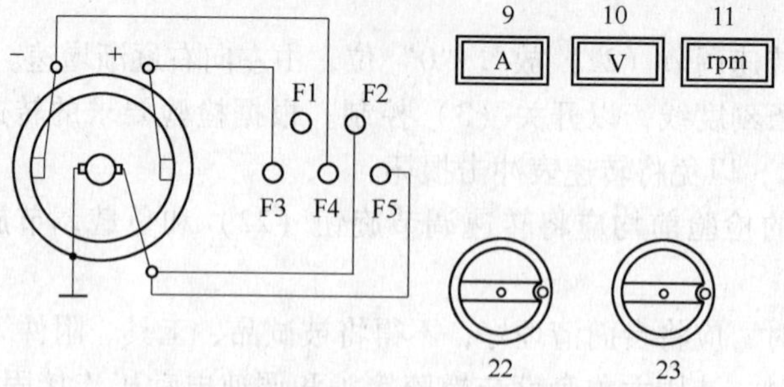

图 7－11 发电机负载特性试验接线图

2. 启动机检验

（1）空载检验

将被测启动机夹紧在制动夹具上，用附件线将启动机电磁开关和启动机磁力开关插座（7）相连，用附件线将启动机和启动机插座（8）相连，如图 7－12 所示。根据被测启动机的额定电压，变换启动机电源线（28）在蓄电池 12V、24V 的位置。按启动机控制按钮（6）启动机开始转动，空载电压、电流分别由电压表（12）、电流表（13）显示，观察其转动是否正常。用户可根据需要自备转速表测启动机转速。

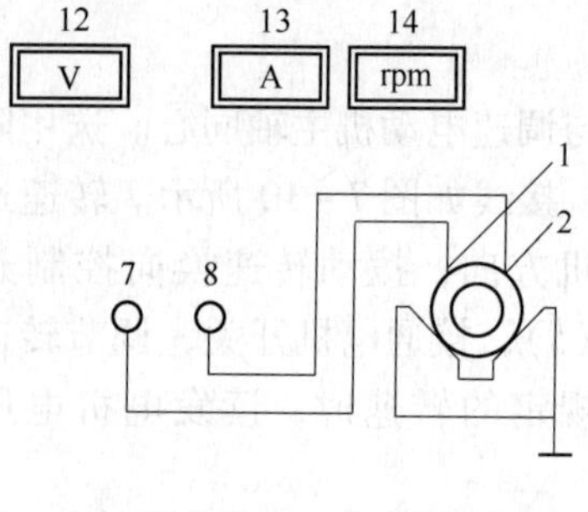

1—开关接头；2—启动机接头

图 7－12 启动机空载检验接线图

（2）制动试验（必须选用空载检验良好的启动机）

将功能开关Ⅱ(20) 拨到制动扭矩位置，制动扭矩指示灯亮。

将被测启动机安装在启动机夹具 V 形槽装置上，用 M12×40 的六角螺栓把启动机和龙门紧固在一起，旋紧压紧螺栓；旋紧压紧手轮，使其固定在 V 形体上，如图 7－13 所示。观察支撑块上的齿形是否在启动机齿轮的中心。

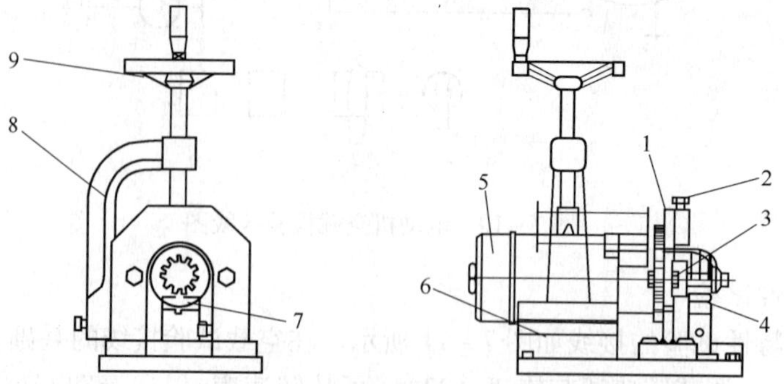

1—龙门；2—压紧螺栓；3—紧固螺栓；4、7—支撑块；5—启动机；6—V 形体；8—支架；9—压紧手轮

图 7－13 启动机制动检验安装图

根据被测启动机制动时的电压、电流规定正确配以适当电压、适当容量的电池，按下启动机控制开关按钮（6）（必须按紧，不得松动），启动机被制动，启动机电压表（12）、电流表（13）分别显示出启动电压和电流，从扭矩表（14）上可读出制动时的扭矩数值。启动机制动时间不得超过 5s，每次时间间隔不少于 10min。

3. 分电器检验

将功能开关Ⅰ(19) 拨到分电器的挡位，该挡指示灯亮。

（1）火花强度检验

将被测分电器用随机配套的专用夹具装在发电机夹具上（方法和发电机一样），不通电，用手转动电动机转轴，使分电器转轴同电动机一起转动。用附件线（高压线）将分电器高压插头与点火线圈高压端插座（16）相连，分电器其余高压插头用附件线（高压线）与下部火花针并列相连，如图 7 – 14 所示。F1 连接分电器低压接头，旋转上部火花针，调其间隙至规定值。根据试验要求，按分电器转向选择转速换向控制开关（2），合上电机开关（4），然后转动转速调节手轮（22）至分电器规定转速值后，火花以一定强度在间隙轮流发生。

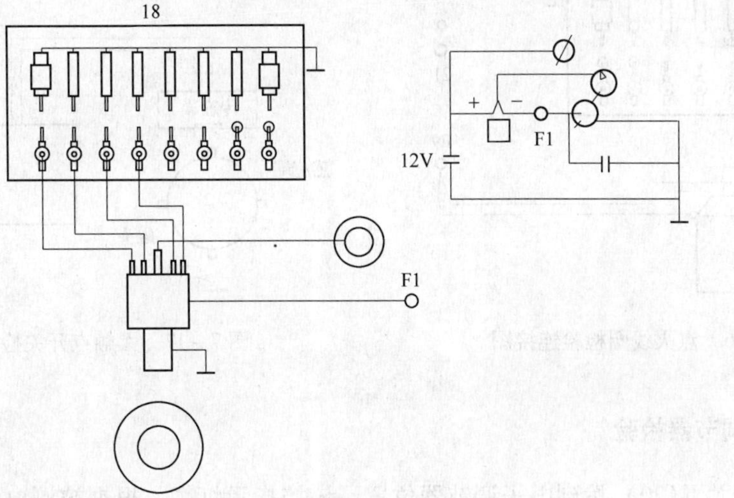

图 7 – 14　分电器检验接线图

（2）真空装置真空度检验

将被测分电器按分电器检验的方法装夹后，再进行真空装置检验。将附件抽真空管一端和真空接口（36）相接，另一端接分电器接头，如图 7 – 15 所示。用手转动真空调节手轮（24），观察真空表的真空度。按分电器技术要求检查其真空度。

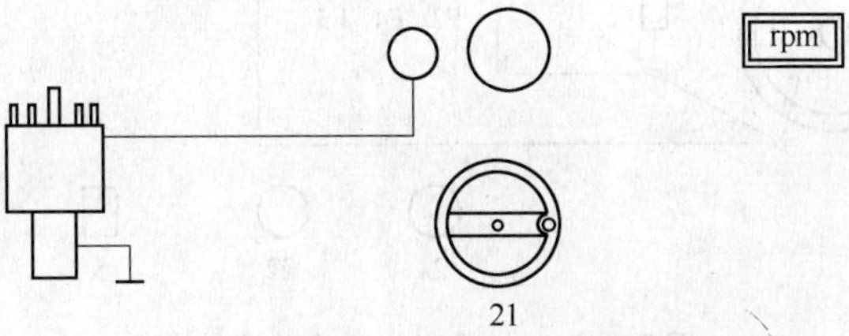

图 7 – 15　分电器真空装置真空度检验连接图

4. 点火线圈检验

将功能开关Ⅰ(19) 拨到点火线圈挡位，该挡指示灯亮。将随机附带的点火试验专用线的插头插入外接点火线圈插座 F9 上，将夹子夹到待测点火线圈初级两端，如图 7－16 所示。将高压线的接头用附件线（高压线）与下部火花针相连，将火花间隙调至点火线圈的规定距离。调节点火频率调节电位器（21），根据火花情况判断点火线圈的好坏。

5. 无触点开关检验

将功能开关Ⅱ(20) 拨到无触点开关位置，将被测无触点开关的红线接无触点开关接线的 F8、绿线接 F7、黑接线 F6；信号线与传感器相连，将点火线圈高压端（16）用高压线与放电针（18）相连，如图 7－17 所示。用无触点开关的磁铁和传感器的感应端近距离抖动接触，观察放电火花，判断无触点开关的好坏。

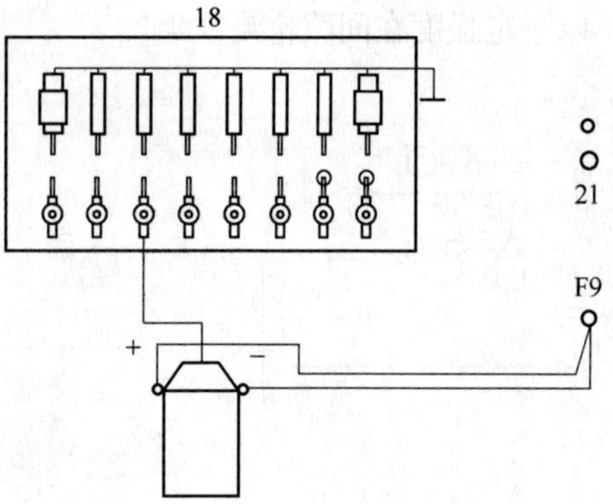

图 7－16　点火线圈检验连接图

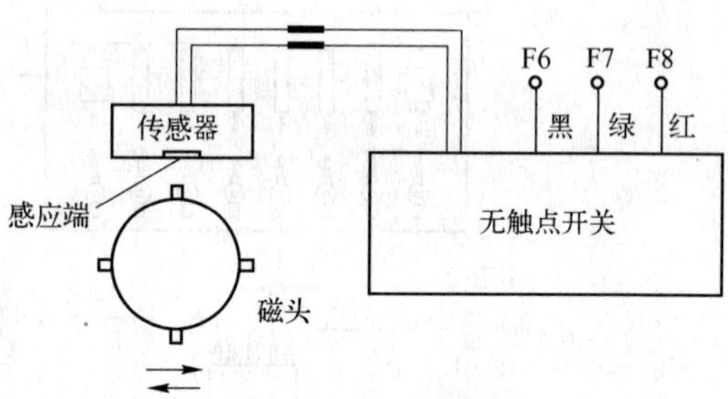

图 7－17　无触点开关检验连接图

6. 电子调节器检验

将功能开关Ⅱ(20) 拨到电子调节器位置，该挡指示灯亮。根据被测电子调节器的电压选择开关（5）合上电动机开关（4），调节调速电动机手轮（22）转速渐增，如图 7－18 所示。发电机电压表（10）显示电压高于 12V 或 24V 时将 F3 上的连线取下，继续增速，发电机电压表（10）的电压值应在 12V 或 24V 时不再增高。

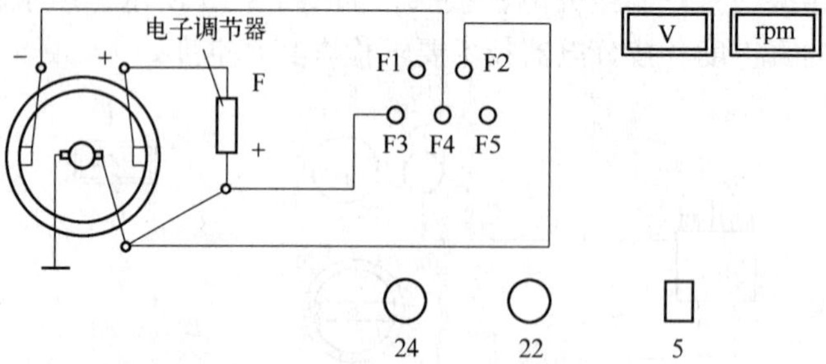

图 7－18　电子调节器检验连接图

7. 喇叭、电刷试验

按开关 34 可进行 12V 喇叭、电刷的试验，按开关 35 可进行 24V 喇叭、电刷的试验，连接如图 7 - 19 所示。

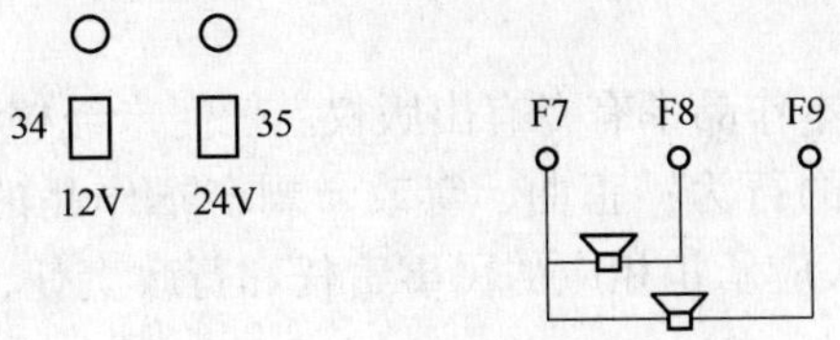

图 7 - 19 喇叭、电刷试验连接图

7.3.4 技术要求

本试验的技术要求根据各车辆制造厂的原厂技术标准。

7.3.5 检测中应注意的事项

① 操作者及其他人员不要站在制动器装置两侧，以防伤人。

② 高压试验时不得触及三针放电装置之下的火花针。

③ 正式检验时应先进行空运转试验，有异常情况应停车检查。

④ 使用前应检查功能开关Ⅰ、功能开关Ⅱ的位置是否正确；不工作时，把开关至于“0”位。

⑤ 正在工作时，严禁拨动功能开关Ⅰ、功能开关Ⅱ和转速换向控制开关。

⑥ 每个项目试验结束后，应将试验用连线收好，将功能选择开关拨到“0”位，防止造成短路损坏机器。

⑦ 如果控制电源 12V 或 24V 没有电，应检查 12V 熔断器或 24V 熔断器是否熔断。

⑧ 定时对蓄电池进行检查，亏电时应及时补充。

反侵权盗版声明

举报电话：(010) 88254396；(010) 88258888
传　　真：(010) 88254397
E-mail：dbqq@phei.com.cn
通信地址：北京市万寿路173信箱
电子工业出版社总编办公室
邮　　编：100036